PENA COMO RETRIBUIÇÃO E RETALIAÇÃO
— o castigo no cárcere —

Conselho Editorial
André Luís Callegari
Carlos Alberto Alvaro de Oliveira
Carlos Alberto Molinaro
Daniel Francisco Mitidiero
Darci Guimarães Ribeiro
Elaine Harzheim Macedo
Eugênio Facchini Neto
Draiton Gonzaga de Souza
Giovani Agostini Saavedra
Ingo Wolfgang Sarlet
Jose Luis Bolzan de Morais
José Maria Rosa Tesheiner
Leandro Paulsen
Lenio Luiz Streck
Paulo Antônio Caliendo Velloso da Silveira

S944p   Suecker, Betina Heike Krause.

      Pena como retribuição e retaliação: o castigo no cárcere / Betina Heike Krause Suecker. – Porto Alegre: Livraria do Advogado Editora, 2013.

      187 p.; 23 cm.

      Inclui bibliografia.

      ISBN 978-85-7348-855-5

      1. Pena (Direito) - Estado. 2. Justiça - Teoria. 3. Justificação (Direito). 4. Direito penal. 5. Crime - Punição (Direito). I. Título.

CDU 343.8

CDD 345.077

Índice para catálogo sistemático:
1. Penas: Punição   343.8

(Bibliotecária responsável: Sabrina Leal Araujo – CRB 10/1507)

Betina Heike Krause Suecker

PENA COMO RETRIBUIÇÃO E RETALIAÇÃO

— o castigo no cárcere —

Porto Alegre, 2013

© Betina Heike Krause Suecker, 2013

Capa, projeto gráfico e diagramação
Livraria do Advogado Editora

Foto da capa
© Can Stock Photo Inc. / albund

Revisão
Rosane Marques Borba

Direitos desta edição reservados por
Livraria do Advogado Editora Ltda.
Rua Riachuelo, 1300
90010-273 Porto Alegre RS
Fone/fax: 0800-51-7522
editora@livrariadoadvogado.com.br
www.doadvogado.com.br

Impresso no Brasil / Printed in Brazil

Agradeço a Deus, pelo dom da vida.

De forma muito especial à pessoa mais importante a quem devo um agradecimento eterno por tudo, minha mãe, Beatriz. Ao meu pai, Heinz (*in memoriam*), pelo homem honradíssimo que ele foi, e às minhas amadas irmãs, Simone e Sabine, que compartilham a existência comigo.

Aos Professores do Doutorado em Direito da PUCRS, que me acolheram com tanto carinho e distinção: ao Prof. Dr. Thadeu Weber, pela orientação e pelas conversas filosóficas; ao Prof. Dr. Carlos Alberto Molinaro, pela generosidade em ter me dado um norte fundamental para alavancar esse texto, e ao Prof. Dr. Ingo Sarlet, meu sincero afeto, com a admiração que tenho pelo seu caráter.

Prefácio

Regrar a convivência humana sempre foi uma necessidade e continua sendo o grande desafio das organizações sociais e políticas, sobretudo o Estado Democrático de Direito. No entanto, violar essas regras ou interpretá-las a seu favor parece constituir-se da própria natureza humana. Diferentes concepções de Estado já foram defendidas na tentativa de organizar e administrar as relações sociais e os conflitos entre indivíduos, grupos e sociedades e punir os infratores. Nesse viés, questões de diferentes ordens são objeto de debates e divergências: O que é um Estado justo? Que princípios deveriam orientar sua estrutura básica, isto é, suas instituições mais importantes? Considerando a necessária cooperação entre cidadãos livres e iguais, qual é a concepção de justiça mais apta a orientá-la? Haverá um acordo possível em torno de alguns princípios? Como justificar o dever de punir por parte do Estado? A partir de que princípios estará legitimado a fazê-lo? O que é propriamente uma punição justa?

O estudo de Betina Suecker discute especificamente o problema da justificação do dever de punir por parte do Estado. Mas a partir de que princípios, já que as alternativas são muitas? A justificação do dever de punir parece ser inerente ao próprio pacto social. Não estaria, por conseguinte, legitimado por ele? Por que então falar em justificação da punição? Ela não está implícita na própria fundação do Estado? Talvez a questão central não seja a justificação da punição, mas o debate em torno da maneira de fazê-lo.

A contribuição da autora se destaca pela defesa do princípio da retribuição e o da retaliação. Ao explicitá-los, insiste na tese da coerência entre os princípios de justiça que deveriam orientar o Estado de Direito e a tarefa do Estado na aplicação do castigo através da "racionalidade das leis". A dignidade da pessoa humana e os direitos fundamentais são apresentados como garantia da defesa contra atos arbitrários por parte do Estado.

Os princípios da retribuição e da retaliação são explicitados através de meticulosa análise das obras de A. Heller (o primeiro) e H. Kelsen (o segundo). Merece destaque a tentativa de uma fundamentação jusfilosófica da pena (a autora se refere à eticidade da pena). Uma distinção entre valores éticos, normas jurídicas e normas morais ampliaria esse debate para além das pretensões da autora. A fundamentação moral da pena é uma questão em aberto.

É oportuna a releitura dos doutrinadores em destaque, sobretudo no que se refere à evolução do seu pensamento em relação à justificação do dever de punir. No embasamento teórico, Betina tem a preocupação de avançar no debate com Heller e Kelsen, mostrando as ambiguidades, os avanços e os limites de seus princípios. Relaciona com rara argúcia os referidos princípios com a liberdade e a justiça, embora insista que a preocupação central do estudo gire em torno da legitimidade do Estado no dever de punir.

Um trabalho desse tipo não podia deixar de relacionar os princípios defendidos com temas clássicos do Direito Penal, como a ressocialização, a dignidade da pessoa humana e os direitos fundamentais, por um lado, e mostrar as implicações concretas com os crimes contra à natureza, contra à ordem tributária e a lei Maria da Penha, por outro.

Um livro sobre o dever de punir não pode olhar só para quem pune e as suas diferentes formas, mas precisa considerar, por mais penoso que isso às vezes possa parecer, para a dignidade da pessoa do apenado e seus direitos fundamentais. A discussão sobre a pena justa e o Estado justo e moralmente correto passa por isso. E a autora deixa isso claro.

Ao discutir o dever de punir, a autora tem o mérito de enfrentar e aprofundar o debate em torno da própria legitimidade da pena e do ato de punir. Associado ao problema da justiça a contribuição é indiscutível.

O livro interessa não só aos estudiosos do Direito Penal, mas também aos preocupados com os temas clássicos da Teoria do Direito, tais como a justiça, a liberdade, a responsabilidade e os direitos fundamentais.

Prof. Dr. Thadeu Weber

Sumário

Apresentação – *Ingo Wolgang Sarlet* 7

Considerações iniciais...13

1. Princípios da justiça na justificação do dever de punir: a retribuição e a retaliação 19

1.1. Os princípios como fundamentos do sistema jurídico 19

1.2. Conflitos entre princípios jurídicos...22

1.3. Eticidade e pena: uma relação dicotômica?...27

1.4. O princípio da responsabilidade como corolário da liberdade...................32

1.5. Por um fundamento jusfilosófico à consequência jurídica do delito 37

1.6. A busca de uma teoria da Justiça na justificação do dever de punir............40

1.7. A justiça punitiva em Agnes Heller: o princípio da retribuição...................45

1.8. O princípio da retaliação em Kelsen: a vingança pelo Tribunal...................53

2. O poder de retribuição do Estado 63

2.1. A necessidade da imposição da pena...63

2.2. Uma retribuição privada...65

2.3. Dever de punir como vingança divina...68

2.4. A pena como espetáculo: a vingança pública...70

2.5. A Escola Clássica e o Iluminismo...73

    2.5.1. Os princípios do Iluminismo...75

        2.5.1.1. Legalidade e culpabilidade...75

        2.5.1.2. Humanidade e proporcionalidade...79

        2.5.1.3. Intervenção mínima e lesividade...85

2.6. A Escola Positiva: o atavismo criminoso 88

2.7. Um diálogo entre a pena e a Psicologia...92

2.8. A retribuição esperada pela sociedade punitiva e a tolerância zero...............96

2.9. Aquele que retribui: o juiz criminal e a ausência de neutralidade 101

3. Os princípios da retribuição e da retaliação na justificação do dever de punir pelo Estado: pena de prisão como castigo...109

3.1. Os princípios constantes no Direito Penal para a justificação do dever de punir 109

    3.1.1. Teorias relativas: prevenção geral positiva, negativa e especial...........109

3.1.2. Teorias mistas..112

3.2. A retribuição: os princípios da Justiça em Heller e Kelsen........................115

    3.2.1. Retribuição e o dever-ser da ressocialização....................................121

    3.2.2. Retribuição e dignidade da pessoa...125

    3.2.3. A retribuição nos crimes contra a natureza....................................131

    3.2.4. As teorias da pena: retribuição na Lei Maria da Penha.......................140

    3.2.5. A pessoa jurídica: retribuição nos crimes contra a ordem tributária......146

    3.2.6. Retribuição e direitos fundamentais...152

    3.2.7. A retribuição e o sentido jurídico da sanção penal...........................157

    3.2.8. Sistemas processuais como legitimadores da intervenção penal: o processo como instrumento de retribuição....................................162

    3.2.9. Retribuição e a seletividade da pena...165

    3.2.10. A pena como retribuição: princípio, necessidade ou arbítrio?............168

Considerações finais..175

Referências..181

Apresentação

Na condição de Coordenador do Programa de Pós-Graduação em Direito da PUCRS é sempre uma alegria poder participar, agora na condição de apresentador, da publicação de uma obra que, também no presente caso, corresponde ao texto, devidamente ajustado a partir das críticas e sugestões manifestadas pela banca examinadora, de uma tese de doutoramento apresentada no âmbito do nosso Doutorado em Direito. Cuida-se da tese de BETINA KRAUSE, jovem e talentosa professora universitária e advogada, que ostenta o instigante título "Pena como Retribuição e Retaliação – O Castigo no Cárcere", trabalho que, além da marca do talento e dedicação imprimida pela autora, contou também com a competente e sempre luminosa orientação, ao longo do Doutorado, do ilustre colega e amigo, Professor Doutor Thadeu Weber.

Para além dos judiciosos comentários a respeito da obra e de suas virtudes já tecidos no culto prefácio, que aqui só cabe endossar, chamam a atenção a fluidez do texto, a ampla e qualificada pesquisa bibliográfica, sem que a autora tenha perdido de vista o fio condutor do marco teórico e a articulação de elementos oriundos da Filosofia do Direito, Teoria da Justiça e dos Direitos Fundamentais. Como convém a uma tese doutoral, a autora não se limita a uma coleta de referências bem estruturada sobre determinado tema, mas problematiza, analisa e mesmo assume tom propositivo, tudo a convergir numa obra rica em matizes e ideias, mas também deixando portas abertas para maiores desenvolvimentos. Numa ambiência, como é o caso brasileiro, marcado por alguma dose de fundamentalismo acadêmico e polarização social, o texto aponta para a tolerância e harmonia, o que, de todo modo, sugere uma aposta na Justiça, cujos princípios foram objeto de atenção desde a primeira parte do texto.

Assim, feitas tais sumárias considerações, pois o nosso intento não é o de comentar a obra em si, já pelo fato de que é o leitor quem deverá ter o contato direto com o texto, sem intermediários, apenas nos resta desejar que a BETINA e seu livro ora lançado, encontrem ampla receptividade e uma longa vida, em que a retribuição seja representada pelo esgotamento rápido da obra e a retaliação corresponda à reedição por parte da Editora.

Porto Alegre, março de 2013.

Prof. Dr. Ingo Wolfgang Sarlet
Coordenador do PPGD da PUCRS

Considerações iniciais

O crime é um fenômeno das sociedades complexas. O conflito faz parte da natureza humana e da convivência entre as pessoas. O contrato social foi uma forma encontrada pelas comunidades para tentar viver em paz, com regras de convivência muito bem definidas. Essas regras ditariam, frente a todos, o proibido, o permitido e o obrigatório, limitando o agir das pessoas em agrupamentos. A paz social é um dos fins do Direito. Contudo, não se pode contar com a adesão espontânea de todos os interessados. Alguns serão obedientes, outros não, tendo em vista que a vida é composta pela diferença.

A limitação ao agir parece ser a maior norma do convívio social, no respeito ao outro, na alteridade, no reconhecimento do outro como um sujeito de valor, como um portador de dignidade pessoal. Entretanto, as regras são burladas. Na transgressão, o Direito, através do Estado, antecipa-se no ordenamento, dispondo consequências a condutas esperadas, mas indesejadas. Comportamentos transgressores devem ser retribuídos, através do binômio crime e castigo. Diante do delito, o Estado tem o dever de punir.

Apenar significa impor uma sanção. Pena, por sua vez, é uma consequência jurídica do delito. Castigo é uma forma de privação de algum direito fundamental, que implique sofrimento a quem é dirigido. Pesar e dor são alguns efeitos aos quais as penas se propõem. Pena é castigo, especialmente, em se tratando da pena de prisão. Um castigo necessário para os delitos de maior gravidade, o qual não deixa de demonstrar que o Estado age ao punir aquele que não se comporta conforme o Direito. Essa é a previsão legal. As normas penais guardam preceitos primários, ao descreverem a conduta típica, e um secundário, ao estabelecerem o quanto de pena o juiz poderá dosar para aquele agente.

O problema central dessa temática é: como justificar o dever de punir do Estado?

A proposta concentra-se em dois princípios da Justiça, os quais traduzem a teoria absoluta da pena: a retribuição e a retaliação, em

Hans Kelsen e Agnes Heller. Retribuição é um pagamento; retaliação, uma vingança. O Estado Democrático é aquele o qual prevê direitos fundamentais, que sobrevive baseado em uma Carta Política que se legitima pelo contrato social e que encontra suporte no princípio da legalidade. Esse Estado é capaz e legítimo para a imposição de apenamentos, sendo considerado eleito para tal.

Afasta-se do particular a tarefa primitiva de vingar-se de forma irracional e atribui-se a tarefa de castigo ao Estado, um castigar pautado pela racionalidade das leis. Quem retalia é o ente estatal, bem como exige que o particular responda pelo que cometeu. Assim como os direitos fundamentais representam uma defesa do particular contra possíveis arbítrios e excessos do Estado sobre a esfera privada, a punição é um dever fundamental do Estado. Retribuir não é uma forma irracional de tratar o criminoso, e o Estado não é autoritário por praticar tal função punitiva. Não haverá ferocidade como em movimentos punitivos mais radicais, haverá o cumprimento de princípios que traduzem a legalidade dessa intervenção.

É por isso que os princípios da retribuição e da retaliação serão a base da abordagem que defende que ao Estado cabe castigar, retaliar e retribuir. A retribuição e a retaliação, para Kelsen, justificam-se pela lei do talião: o mandamento cristão do amor é uma doutrina revolucionária.

Uma retribuição possível resulta em uma forma encontrada pelo Estado para responder (retribuir) ao criminoso, quando o comportamento esperado não foi o escolhido por ele, quando o Estado se frustra na manutenção da paz social.

Heller e Kelsen trazem importantes contribuições em relação às penas. Como sinônimos de seu alcance está a retaliação, que, diante de uma leitura atenta em Kelsen, se percebe como retribuição, dotada da racionalidade do Tribunal. Na doutrina desse positivista, encontram-se passagens que ora a justificam sob a denominação de retribuição, ora de retaliação, trazendo o sentido de revanche, vingança, pagamento do mal com o mal derivado do crime. O marco teórico em Kelsen, notadamente, revela a defesa do dever de punir pelo positivismo jurídico.

Para Kelsen, a sanção está diretamente ligada à ideia de coerção contra uma ação ou omissão determinada pela ordem jurídica. Para Heller, punição é uma forma de vingança efetuada nos termos das normas e das regras. Novamente, tem-se a retribuição e a retaliação legitimando, dentro desses dois princípios de Justiça, a pena tal qual está posta.

Importa ressaltar, neste momento, que, a despeito do marco positivista e dessa identidade atribuída a Kelsen, o leitor mais atento poderá perceber uma evolução em seu pensamento, ao longo da cronologia das obras, que aponta para a aquisição de ideias evangélicas, comparando o Direito às aplicações das penas ao longo dos tempos, em especial, na época mosaica. O "olho por olho" defendido por Kelsen não é aquele dotado de paixão, de ódio ou de cólera: é um talionismo estatal, longe do significado e da extensão sentida e atribuída pelo particular. Esse ponto merece destaque para a compreensão do sentido do presente texto.

Heller, uma filósofa húngara, atribui à pena uma retribuição, como um princípio de Justiça verificável, excetuando-se ou excluindo-se outros dois princípios apontados pela autora, que são a intimidação e a reforma. Esses últimos merecem uma analogia com as teorias da pena relativas e mistas, as quais serão refutadas, tendo em vista que a retribuição é a única que consegue explicar o dever de punir e justificá-lo no Estado Democrático de Direito. Ao particular não cabe retaliar (vingar-se) ou retribuir ao criminoso (atribuir uma reprimenda e responder perante o fato): o Estado detém essa prerrogativa. Na obra da referida autora está clara a ideia de retribuição no sentido de punição, justificável, tendo em vista o "débito" do agente perante a autoridade criminal.

O primeiro capítulo desta exposição terá como norte um embasamento teórico até sua culminação com as principais defesas de Heller e Kelsen a respeito da justificação do dever de punir, mesmo que tenham formações diferentes. A vingança é objeto de intercâmbio, tanto na retribuição como na retaliação: sai das mãos do particular e chega ao Tribunal. Esse é o órgão que detém a capacidade de retribuir e retaliar, através do ordenamento: o mal para os maus.

O diálogo que o Direito Penal estabelece com outras ciências apenas vem a enriquecer a justificação das penas com base na retribuição e na retaliação. A retribuição possível é aquela mais próxima do que prevê o ordenamento: um pagamento, uma prestação de contas entre o juiz criminal, que a impõe e aplica, e o autor do fato. O *possível* vem ao encontro do pensamento de Kelsen sobre a Justiça: não é um juízo que contente e traga felicidade a todos, em que pese sua relativização, mas um objetivo a ser buscado, dentro do imperfeito.

Retribuir e retaliar são dois princípios de Justiça que solidificam o exercício do dever de punir do Estado, cuja história das penas merecerá uma reflexão, para que se possa cotejar como a sanção evoluiu desde o início de seu surgimento. A temática gira em torno de que a pena, notadamente a de prisão, é defensável como instrumento de vingança pública (retaliação), de contenção à liberdade mal-administrada pelo particular. Por isso, a apreciação da Filosofia do Direito, que norteia uma investigação sobre os Princípios da Justiça, faz-se imperiosa.

A imposição da pena, a imputação de um castigo depende da liberdade: é por isso que o ser humano acaba sendo "escravo" das escolhas de seu viver. O livre-arbítrio serve para se apurar, dentro do Direito, se aquele que age ou que se omite diante de determinada situação deveria ter adotado outro comportamento e se podia compreender a extensão de seu atuar. A liberdade não deixa de ser um pressuposto para a retribuição. Kelsen não pensa em Justiça como algo absoluto. Justiça é uma qualidade de uma conduta humana específica. Felicidade para todos e contentamento geral não existem. Essa não é a realidade dos fatos como se impõe. Tal ressalva é importante para a compreensão de Kelsen acerca do justo. O presente estudo traz a visão de Heller, um conceito ético de justiça que propõe a bondade para os bons, o que é a recompensa da retribuição, desde logo, não divorciando da possibilidade de cotejo com outras abordagens que enriqueçam o estudo da liberdade, da responsabilidade do agente, no enfoque de seu comportamento.

Kelsen declara que uma norma "justa" é a válida. Isso pressupõe que a justiça está mais atrelada a uma interpretação de validade. O que é felicidade para um pode não ser para o outro. Se o crime traz satisfação para um, pode trazer intenso pesar a outro. Avaliando os danos causados pelo crime, como juízo de valor negativo, visto como um mal, a liberdade daquele que o pratica envolve a sua capacidade de responder por ele: não pelo benefício próprio atingido, mas pelos impactos e danos causados a outras pessoas, que não foram respeitadas em suas necessidades de manutenção de uma vida digna e preservada de atentados.

A relevância da abordagem não está centrada na discussão acerca de conceitos de justiça entre Heller e Kelsen. O objetivo e a problemática central, os quais justificam o porquê das reflexões expostas, é a contribuição ao estudo do Direito, notadamente do Direito Penal, aliado aos princípios de Justiça retributiva, de como se pode sustentar a legitimidade do Estado no dever de punir.

No segundo capítulo, será realizada uma reflexão histórica com a evolução e os limites do dever de punir pelo Estado, através de um enfoque criminológico. Esse direcionamento buscará as contribuições de outras áreas do saber, para o enriquecimento da compreensão do fenômeno da criminalidade e como o Estado tem respondido no decorrer dos tempos. As ideologias penais e sua influência sobre o julgador, aquele que retribui, são objeto de apreciação, para que seja possível a verificação dos diversos pensares acerca do crime e da pena.

O fenômeno criminológico tem sido banalizado diante de inúmeros posicionamentos atécnicos, que tentam explicá-lo através de processos psicológicos de retaliação irracional, como a defesa de penas humilhantes e cruéis, que violam o princípio da dignidade pessoal. A Criminologia é uma ciência do ser, enquanto o Direito, do dever-ser. Pensar na Criminologia requer uma visão para além do Direito, como uma ciência auxiliar que se ocupa em debater sobre o fenômeno da violência, a vitimologia, a sociedade, o crime e o criminoso.

Além disso, os princípios penais merecem enfoque quando da inserção inevitável da legalidade como o vetor da aplicação do Direito Penal, na demonstração de que o indivíduo saiba como se comportar (ou deixar de fazê-lo) diante das expressas previsões legais acerca das condutas puníveis. A proporcionalidade das penas consiste em outro princípio que guarda estreita relação com a retribuição, a retaliação e o exercício dos direitos fundamentais: que o Estado não pune excessiva tampouco insuficientemente, considerando-se, naturalmente, que o gozo dos direitos fundamentais será limitado em decorrência da pena.

Finalmente, os princípios da retaliação e da retribuição possível nortearão o terceiro capítulo e como interferem nas compreensões acerca dos direitos fundamentais, da dignidade pessoal, nos crimes contra a natureza, contra a mulher e os praticados em detrimento da ordem tributária, além de reflexões sobre essas formas de criminalidade. A pena deve respeitar a pessoa do condenado em sua dignidade. Por isso, far-se-á referência a conceitos como humilhação, ressocialização e o sentido jurídico da sanção penal, que se destina a pessoas com livre-arbítrio que afrontaram a ordem social, mas que não deixaram de ser portadoras de dignidade.

Os direitos fundamentais devem ser observados, independentemente da natureza do delito, considerando-se a racionalidade do Estado ao apenar. A limitação dos direitos fundamentais não fere o exercício da retribuição pelo Estado: o particular deve ser capaz de responder pelas escolhas que fez.

Cumpre salientar, por derradeiro, que as ciências que estudam a criminalidade retratam a importante contribuição positivista kelseniana ao estudo do Direito e não trazem qualquer intenção de se apossar da ciência jurídica: coexistem com o Direito, a título de enriquecimento do estudo do crime e do castigo, o que implicará menções acerca de juízos de valor incidentes sobre essas práticas, em razão dessa junção com outros saberes.

O objetivo da abordagem centrou-se em uma análise acerca dos princípios mais aptos à justificação do dever de punir pelo Estado, através da teoria absoluta. Objetivou-se a demonstração de que, em um comparativo entre dois autores (Hans Kelsen e Agnes Heller) e dois princípios (retaliação e retribuição), é possível viabilizar a construção teórica pretendida: a justificação do Estado, ao impor sanções penais, como um dever diante da inobservância das regras do contrato social frente à prática de um delito, retribuindo e retaliando.

1. Princípios da justiça na justificação do dever de punir: a retribuição e a retaliação

1.1. Os princípios como fundamentos do sistema jurídico

Os princípios, no ordenamento jurídico, dentro de um âmbito normativo, requerem uma série de considerações, sobre as quais inúmeros juristas nacionais e internacionais se debruçam. Nesse sentido, existe a preocupação com a questão da justificação e da fundamentação de um sistema a partir de seus princípios, inclusive penalógicos, que guardam um conteúdo axiológico indiscutível e que dão sustentáculo às decisões judiciais.

Entretanto, a ciência, na contemporaneidade, enfrenta justamente as quebras de paradigmas e uma luta inevitável e, ao mesmo tempo, inglória: a incerteza. E essa imprecisão traz angústia, sentimento do qual o magistrado não está livre quando da prestação jurisdicional e quando do confronto, do litígio posto à sua apreciação, o qual não pode se eximir de julgar.

Guastini refere que os princípios "são normas que revestem uma 'especial importância' ou que aparecem como normas 'caracterizantes' do ordenamento jurídico ou de uma das suas partes, essenciais para sua identidade ou fisionomia".[1]

Frise-se a importância da conceituação de sistema jurídico. Freitas traz sua definição com base na axiologia e na hierarquização, para que sejam estabelecidas as bases de uma hermenêutica sistemática, tendo em vista a axiologia dos princípios, as normas estritas e os valores jurídicos

> [...] entende-se apropriado conceituar o sistema jurídico como uma rede axiológica e hierarquizada topicamente de princípios fundamentais, de normas estritas (ou regras) e de valores jurídicos cuja função é a de, evitando ou superando antinomias em sentido

---

[1] GUASTINI, Riccardo. *Distinguiendo*. Barcelona: Gedisa, 1999, p. 151.

lato, dar cumprimento aos deveres justificadores do Estado Democrático, assim como se encontram consubstanciados, expressa ou implicitamente na Constituição.[2]

Se como aduz Dworkin, os princípios resultam de julgamentos racionais morais e aliados ao que, em Psicologia, se poderia denominar de processos auxiliares de aprendizagem, pois englobam uma apreensão do mérito e do seu conteúdo de abrangência, por que contestá-los, ao invés de mantê-los universais, ao menos, dentro de um sistema?

Para tanto, o filósofo do Direito traz as distinções entre princípios e regras. Os primeiros possuem

> [...] uma dimensão que as regras não têm – a dimensão do peso ou importância. Quando os princípios se intercruzam [...] aquele que vai resolver o conflito tem de levar em conta a força relativa de cada um [...] uma regra jurídica pode ser mais importante que outra porque desempenha um papel maior ou mais importante na regulação do comportamento [...] se duas regras estão em conflito, uma suplanta a outra em virtude de sua importância maior [...] uma delas não pode ser válida. A decisão de saber qual delas é válida e qual deve ser abandonada ou reformulada deve ser tomada recorrendo-se a considerações que estão além das próprias regras.[3]

Por isso, no eventual conflito entre princípios, um deles será aplicado (eleito) em detrimento do outro, considerando-se o valor subjacente e a inteligência de sua direção, sem, contudo, invalidar o outro preterido, que continua com validade dentro do sistema e que será eleito, possivelmente, na situação mais aproximada e adequada de abrangência. Pela interpretação de Dworkin, a relativização dos princípios não exclui sua supremacia sobre as regras, no ordenamento, em especial quando são os fundamentadores e norteadores de uma decisão, em seu sentido.

Um processo racional envolve decisão e coerência, satisfatória ou suficiente. Dentro da hierarquia do sistema, os princípios dizem mais com um vértice de legitimação da existência de normas que de "bengalas" para arrazoamento de decisões.

Nesse contexto, busca-se um caminho dentro dos conflitos entre os princípios, sendo que, para um determinado litígio ou lide penal, é viável a aplicação de mais de um enunciado, implicando eleições pelo magistrado.

Esse caminho deve conter um significado, um sentido. Interpretar um texto estático significa trazê-lo a uma realidade que se impõe e justificá-lo como uma premissa teórica que dá suporte a uma série de argumentos criados para a extração de sua aplicabilidade. É por isso que, nessa eleição, do mais oportuno ou digno de ser referenciado, em um

---

[2] FREITAS, Juarez. *A interpretação sistemática do Direito*. 4. ed. São Paulo: Malheiros, 2004, p. 54.

[3] DWORKIN, Ronald. *Levando os direitos a sério*. São Paulo: Martins Fontes, 2002, p. 43.

caso concreto, acaba surgindo a discussão acerca da ausência de neutralidade judicial, ou seja, não do comprometimento de uma decisão pelo explícito ou doloso beneficiamento de uma das partes pelo juiz, mas de uma adequação principiológica e axiológica baseada em suas concepções e seu conhecimento jurídico prévios.

Outra questão que parece merecer referência diz respeito aos discursos ideológicos e motivadores em uma decisão, ou em qualquer decisão, baseada em princípios, os quais, por sua vez, se alicerçam em valores do sistema que se harmonizam para a integração da ideologia do próprio universo jurídico: haverá tantos discursos quantos forem os leitores. Ou melhor: haverá tantos sentidos e significados quantos universos pessoais, subjetivações de quem aposta na utilização dos princípios para uma decisão bem fundamentada.

Como em qualquer relação humana, o poder está envolvido. Esse poder, em uma decisão, pode ser contestado, não negado em sua existência. Afirmar a aplicação de um princípio significa reafirmar uma supremacia frente a outras regras mais detalhadas, numerosas e sujeitas a um comando de um enunciado mais genérico.

Ávila admite que "o intérprete não só constrói, mas reconstrói sentido, tendo em vista a existência de significados incorporados ao uso linguístico e construídos na comunidade do discurso".[4]

Ressalta-se que esses significados são construídos, vinculados e não divorciados com as particularidades de cada um dos componentes dessa comunidade linguística, incluindo-se, também, o magistrado.

Por isso, bem resumem Atienza e Ruiz Manero, quando reforçam a ideia de uma valoração intrínseca e extrínseca do sistema jurídico frente ao que pretende tutelar, o que se evidencia desde uma perspectiva principiológica:

> Uma ação ou um estado de coisas pode ser intrinsecamente valioso ou extrinsecamente valioso (ou desvalioso). É intrinsecamente valioso quando se atribui valor (positivo) por si mesmo [...]. Extrinsecamente valiosa é, pois, uma noção derivada que pressupõe a existência de coisas intrinsecamente valiosas.[5]

É clara a ideia de que o sistema é baseado em uma ordenação normativa e axiológica, pois o conteúdo que se extrai dos enunciados parte de uma convicção transmitida pelo legislador do que merece valor e do que é passível de reprimenda. Dentro dos tipos penais, por exemplo, um preceito primário diz qual conduta é denominada criminosa, e um

---

[4] ÁVILA, Humberto. *Teoria dos princípios*: da definição à aplicação dos princípios jurídicos. 5. ed. São Paulo: Malheiros, 2005, p. 33.

[5] ATIENZA, Manuel; RUIZ MANERO, Juan. *Las piezas del Derecho*: teoría de los enunciados jurídicos. Barcelona: Ariel, 1996, p. 138.

secundário prevê uma sanção. O espírito da lei penal vem apenas demonstrar que não há a necessidade de uma proibição expressa mandamental, para que a norma diga que o comportamento é juridicamente desvalioso.

Ao prescrever *matar alguém,* a proibição está implícita, não explícita. A implícita (não matarás) pressupõe uma desvaloração que atinge outras abordagens, como a Teologia e o estudo da moralidade. A construção do jurista alemão Binding, da adequação típica de um comportamento criminoso, apenas vem confirmar, por essa interpretação axiológica, que a contradição a um sistema de valores e princípios está no fundo, no conteúdo, ou, como diria Hassemer, no núcleo duro do tipo.

Os tipos ou as normas penais expressam o que o Direito Penal entende como crime. A relevância penal assenta-se no juízo de desvalor sobre aquele comportamento não esperado, indesejado. Ao mesmo tempo, a ilicitude não pode, por esse entendimento, ser compreendida como antijuridicidade, pois as condutas previstas dentro desse sistema são jurídicas, pertencem ao estudo e integram o universo do Direito, não estão fora dele.

Por outro lado, um princípio que revela mais que um valor, uma intenção, é o da verdade real. Logo, é um princípio pretensioso, sem verificação fática e processual, diante da dificuldade de reconstruir ou reconstituir qualquer história ou mesmo sentimento de acordo com as falsas memórias e com as construções psíquicas emitidas e sobrepostas à realidade passada. Quando dos sistemas processuais, voltar-se-á a esse princípio, que bem se encaixa no ranço inquisitorial do processo penal, o qual ainda é objeto de crença por respeitados juristas em manuais específicos.

Para tanto, os princípios que contêm normatividade declaram a inteligência do sistema: o conhecimento de que existem para a regulação do que o ordenamento julga como valioso ou desvalioso. Ocorre que há a possibilidade de que haja uma discussão, ao menos aparente, acerca de qual, entre dois ou mais princípios, merece aplicação diante de uma situação que envolva um imperativo de valor, para a solução de um conflito de interesses, que, igualmente, envolve uma discussão valorativa acerca dos bens da vida e das situações fáticas que a envolvem.

1.2. Conflitos entre princípios jurídicos

Na iminência de um julgamento e diante de conflitos entre princípios, advoga-se que o julgador deverá calcar sua eleição com base na heurística, ou seja, em atalhos mentais construídos pelo juiz, com base em suas vivências, suas experiências de vida, sua compreensão acerca do Direito, em especial, no caso concreto, que refletirão sua formação como pessoa e os valores nos quais acredita.

A *heurística do afeto* é indissociável na tomada de decisões ao longo da trajetória do indivíduo.[6]

Dentro da aplicação da heurística, considera-se uma razoável margem de erro, mesmo que a carga cognitiva seja mais leve, no processo que envolve uma racionalidade limitada, uma vez que gerenciado por raciocínios lógicos limítrofes. Seria ingenuidade acreditar que a razão é soberana nas eleições do sujeito imputável.[7] O afeto, o valor (positivo ou negativo) exercerá influência direta.

O jurista italiano Pizzorno defende que o poder decisório do juiz não é arbitrário:

> A confiança de que são justas estas decisões é fundamentada na confiança no Estado – mas somente quando esse se apresenta dentro do procedimento, não como sujeito capaz de comandos, isto é, da vontade política. Deste modo, a independência da magistratura permite que, entre os cidadãos e o Estado, exista uma dupla salvaguarda. De um lado, quem detém o poder político não deve reter a responsabilidade das decisões, inevitavelmente geradoras de desilusões com as quais os juízes resolvem as controvérsias a eles colocadas. De outro, o cidadão deve poder continuar a ter confiança nas decisões dos juízes independentemente de qualquer parte política que tenha o poder.[8]

Guarnieri e Pederzoli associam o poder do juiz à política:

> Se a crescente incidência política da Justiça é um fato reconhecido nas democracias contemporâneas existem, entretanto, muitas diferenças significativas, quanto à intensidade desse fenômeno e a direção em que se move o ativismo judiciário. [...] A fim de que a magistratura intervenha no processo político, não basta, entretanto, que seja institucionalmente independente, precisa também que tenha a vontade de fazê-lo.[9]

---

[6] A propósito dessa afirmação, Kelsen rechaça a incidência de normas da moral e juízos de valor sociais na aplicação da lei, não se tratando de direito positivo, *in* KELSEN, Hans. *Teoria Pura do Direito*. São Paulo: Martins Fontes, 2003, p. 393.

[7] O psicólogo norte-americano STERNBERG ressalta que "usamos atalhos mentais (...) que limitam e, às vezes, distorcem nossa capacidade para tomar decisões racionais", *in* STERNBERG, Robert J. *Psicologia Cognitiva*. Porto Alegre: Artmed, 2000, p. 342.

[8] PIZZORNO, Alessandro. *Il potere dei giudici: stato democratico e controllo della virtù*. Roma: Laterza,1998, p. 17-18. O autor ressalta que "tais salvaguardas não funcionam, obviamente, quando os juízes de alguns estados norte-americanos sejam eleitos ou pertençam a partidos políticos", p. 18.

[9] GUARNIERI, Carlo; PEDERZOLI, Patrizia. *La democrazia giudiziaria*. Il Mulino: Bologna, 1997, p. 25.

Ao apreciar a eleição de normas jurídicas a serem aplicadas ao litígio, o magistrado também está adotando uma solução de conotação política[10] diante da opção.

Kelsen trata a questão argumentando que a vinculação do legislador à lei, sob o aspecto material, é muito mais reduzida do que a do juiz, tendo em vista que o magistrado é "relativamente, muito mais livre na criação do Direito do que este". Entretanto, mais adiante, Kelsen critica a inserção de normas de moral, de juízos de valor sociais, como o bem comum, o progresso, o interesse do Estado.[11] Todavia, advoga-se, ainda que criticando o postulado positivista kelseniano, que ao magistrado não é possível decidir apenas com base na vontade da lei, ainda que sejam "vontades conflitantes", no sentido do conflito de princípios. O universo (da subjetividade) do juiz vai refletir em seu poder decisório.

Não podendo se eximir de julgar, o magistrado lança mão de uma série de valores e experiências que pertencem à sua interioridade, e os princípios integrarão seu poder discricionário. Esse poder é autorizado pela legislação, sendo que, em inúmeros casos, como na dosimetria da pena, em matéria criminal, o juiz se vale de seu bom-senso para agravar ou atenuar um apenamento, cujo *quantum* depende de sua apreciação e fixação.

Assim, como o Direito busca a harmonia social, ainda que tenha de lançar mão da heteronomia, ou da imposição da vontade estatal sobre o particular para efetivá-la, em Rawls, essa cooperação pode ser traduzida pela concepção pública de Justiça e pela expressão dos valores políticos constantes nos princípios. Pode-se mencionar, como refere Rawls, que é "um problema de prioridade".[12]

Ao optar por um princípio e aplicá-lo, de acordo com sua discricionariedade, o juiz deve fundamentar sua decisão, a qual está revestida de uma opção política e que, por isso, se mantém fiel à imparcialidade, atendendo à impossibilidade de, como ser humano que pensa, sente e age, decidir de forma neutra.

Para Dworkin, a expressão "poder discricionário" é questionável, limitando-se a manter um argumento de autoridade, comparando-o com um "espaço vazio dentro de uma rosca": "o conceito de poder discricionário só está perfeitamente à vontade em apenas um tipo de contexto: quando alguém é, em geral, encarregado de tomar

---

[10] DALLARI, Dalmo de Abreu. *O poder dos juízes*. São Paulo: Saraiva, 1996, p. 93.

[11] KELSEN, Hans. *Teoria Pura do Direito*. São Paulo: Martins Fontes, 2003, p. 393.

[12] RAWLS, John. *Uma teoria da Justiça*. São Paulo: Martins Fontes, 2002, p. 44.

decisões de acordo com padrões estabelecidos por uma determinada autoridade".[13]

Por isso, segue: "se o sargento recebe uma ordem para escolher os cinco homens mais experientes, ele não possui o poder discricionário [...], pois a ordem pretende dirigir sua decisão".[14] Comparando o magistrado ao sargento, e os princípios aos homens experientes, pelo raciocínio de Dworkin, não caberia a discricionariedade, pois, em caso de conflito, os princípios estariam postos sobre a mesma autoridade do ordenamento, logo, seu julgamento já estaria direcionado.

O filósofo do Direito distingue ou classifica a discricionariedade em dois sentidos: o forte e o fraco. No primeiro, pressupõe-se que nenhuma autoridade revê as decisões da instância mais alta, sendo que, em sentido fraco, os juízes formam suas convicções utilizando-se de padrões jurídicos, atentando que algumas regras de direito são vagas, possuidoras de uma textura aberta. No sentido forte, diz-se que a decisão do juiz não é controlada por um padrão advindo de uma autoridade particular. Os princípios que os juízes citam guiam seus julgamentos. Dworkin entende que aos positivistas não cabe argumentar que esses princípios não podem ser vinculantes ou obrigatórios, o que implicaria um erro: "sem dúvida, é sempre questionável se algum princípio particular obriga, de fato, alguma autoridade jurídica. Mas não há nada no caráter lógico de um princípio que o torne incapaz de obrigá-la [...] os princípios inclinam a decisão a uma direção".[15]

Negando a discricionariedade, Grau adverte que o juiz não cria normas livremente, pois está adstrito ao princípio da legalidade, não formulando juízos de oportunidade: "o juízo de oportunidade comporta uma opção entre indiferentes jurídicos, procedida subjetivamente pelo agente; o juízo de legalidade é atuação, embora desenvolvida no campo da prudência que o intérprete empreende atado, retido, pelo texto normativo e, naturalmente, pelos fatos".[16]

Superando essa discussão e sabendo que os princípios dão sentido e significado ao ordenamento, bem como que ordem pressupõe hierarquia, como defende Freitas, "não se deve aceitar que os objetivos

---

[13] DWORKIN, Ronald. *Levando os direitos a sério*. São Paulo: Martins Fontes, 2002, p. 50. Na mesma obra, o filósofo norte-americano ressalta: "empregamos a expressão nesse sentido não para comentar a respeito da dificuldade ou do caráter vago dos padrões ou sobre quem tem a palavra final na aplicação deles, mas para comentar sobre seu âmbito de aplicação e sobre as decisões que pretendem controlar", p. 52.

[14] DWORKIN, Ronald. *Levando os direitos a sério*. São Paulo: Martins Fontes, 2002, p. 52.

[15] Idem, p. 55-57.

[16] GRAU, Eros Roberto. Ensaio e discurso sobre a interpretação/aplicação do Direito. 3. ed. São Paulo: Malheiros, 2005, p. 53.

fundamentais, os princípios e os fundamentos do sistema sejam confundidos com simples disposições neutralizadas e destituídas de vinculatividade direta e imediata".[17]

Essa opção, ponderação ou hierarquização axiológica dos princípios leva à conclusão do jurista, que aponta:

Cônscio de que os princípios constitucionais jamais devem ser eliminados mutuamente, ainda quando em colisão ou contradição, cuida de conciliá-los, com maior ênfase do que a dedicada às regras, lembrando que toda a resolução de antinomias, no campo das regras, oculta uma solução axiologicamente superior no domínio dos princípios, não apenas na diferenciação do plano da linguagem.[18]

Para Guastini, o magistrado deve, na ponderação, emitir uma interpretação do sentido dos princípios e suas consequências jurídicas; após, estabelecer uma hierarquia axiológica, ou seja, o de maior e o de menor peso; e, finalmente, o possível impacto da sua aplicação no caso concreto.[19]

Em defesa do princípio da hierarquização axiológica, Freitas vai além e aponta para o âmago da solução do conflito:

Em face do conflito entre as regras de prioridade, imanentes e externas, o intérprete precisa se mostrar capaz de *juridicamente* vencer – sem cair na falácia de uma hetero-integração que não seja de alguma medida uma auto integração – o conflito eventualmente existente entre o Direito posto ou vigente e o Direito tal como deveria ser.[20]

Perelman, ao ser indagado sobre a racionalidade do método jurídico contrastando com o matemático, cuja precisão parece ser visivelmente menos questionável, assim sustenta:

O juiz pode perfeitamente levar em conta as conseqüências da aplicação de um raciocínio, se tais conseqüências lhe parecem opostas à consciência – e quando tem esse poder – pode, a partir das conseqüências que quer que se admitam, retroceder às premissas para reinterpretá-las e modificá-las, sem tocar, porém, no contexto da lei.[21]

Um exemplo, em matéria criminal, de um princípio que mereça destaque é o do estado de inocência, quando se admite o afastamento da culpabilidade do acusado, em que pese sua confissão. Esse princípio reforça a ideia de que o processo penal, historicamente, existiu para a apuração da história delitiva e de sua autoria. O sistema acusatório está amparado no contraditório e na ampla defesa, na produção

---

[17] FREITAS, Juarez. *A interpretação sistemática do Direito*. 4. ed. São Paulo: Malheiros, 2004, p. 159.

[18] Idem, p. 307.

[19] GUASTINI, Riccardo. *Distinguiendo*. Barcelona: Gedisa, 1999, p. 169-170.

[20] FREITAS, Juarez. *A interpretação sistemática do Direito*. 4. ed. São Paulo: Malheiros, 2004, p. 143.

[21] PERELMAN, Chaïm. *Ética e Direito*. São Paulo: Martins Fontes, 1996, p. 141.

de provas. Em contrapartida, o juiz criminal, em conformidade com o texto processual de 1941 e com o de 2008, pode buscar a prova de ofício, ancorado na "verdade real", o que ainda continua parecendo um contrassenso. De um lado, o juiz vê-se diante de um, inicialmente, inocente, de outro, pode agir sem qualquer provocação das partes, para, quem sabe, quebrar negativamente a igualdade entre defesa e acusação e obter uma prova que incrimine o acusado.

Se se pensar do ponto de vista social e vitimológico, nada mais do que justo. Do ângulo acusatório, questionável. É da natureza de um sistema acusatório que as partes estejam em igualdade de condições tanto na busca de uma verdade que condene quanto que absolva, portanto, oportunidades iguais e conhecimento jurídico-penal devem se verificar. Ao que o juiz, como espectador – conforme será apreciado em páginas subsequentes – no crivo do contraditório, deve mediar a carga probatória.

Essas reflexões apontam para a confirmação de que os princípios, em matéria criminal notadamente, refletem não apenas a ideologia do sistema como a sua força normativa como norteadores na aplicação de regras específicas aos casos concretos. E, sob esse aspecto, ao que possa parecer, o conflito não está no princípio, mas na mente do legislador, que não atentou para a possibilidade de um choque ideológico dentro do processo, quando da aplicabilidade de ambos.

1.3. Eticidade e pena: uma relação dicotômica?

Qual é o conceito ético de Justiça? Essa é a primeira indagação a ser posta quando se inicia um exame entre o apenamento e o seu destino.

Heller assim traduz: "a ideia de que os bons devem ser felizes porque merecem a felicidade e de os maus devem ser infelizes porque não a merecem é a base do conceito ético de justiça".[22]

Para Kelsen, felicidade para todos não existe. Eis o que entende por justiça: "[...] é, portanto, a qualidade de uma conduta humana específica, de uma conduta que consiste no tratamento dado a outros ho-

---

[22] HELLER, Agnes. *Além da justiça*. Rio de Janeiro: Civilização Brasileira, 1998, p. 79. O conceito de Justiça é um tema complexo. A propósito, Heller aduz que "justiça significa que as normas e regras constituindo um grupo social são aplicadas a cada membro do grupo, consistente e continuadamente", *in* Idem, p. 250.

mens. O juízo segundo o qual tal conduta é justa ou injusta representa uma apreciação, valoração da conduta".[23]

Felicidade está associada à bondade. Justiça é pensada junto ao conceito de retribuição, de recompensa a pessoas boas. Justiça, para Kelsen, pode ser traduzida como a previsão de normas válidas, de um exame sobre a licitude e a ilicitude de condutas. A retribuição é uma forma de recompensa ou pagamento.

Neste momento, fala-se em eticidade de condutas. Kelsen alega, no decorrer de sua obra, que a valoração dos comportamentos deve ser realizada. O que não se sustenta é avaliar ou questionar a norma como emissão de um juízo de valor. A realidade é que pode ter um valor positivo ou negativo.[24]

Por isso, que sejam examinadas as condutas. Atribuindo-se valor, tem-se que a associação do criminoso com a maldade é evidente, seja por quem se inclui como vítima ou como o que sofre as consequências diretas, seja pelos que, indiretamente, emitem um julgamento sobre o fato em si. Uma forma de espelhar a cultura de uma determinada sociedade é avaliar o quanto de emotividade se projeta nas relações e, por isso, o quanto é determinante o sentimento nos juízos de valor sobre os comportamentos dos demais.

As questões que envolvem a eticidade dos relacionamentos estiveram presentes na História da Filosofia e em muito contribuíram para a noção do bom e do mau na convivência e nos postulados do dever, do poder agir de outro modo, na exigibilidade de opções pelo Direito, mediante o livre-arbítrio de qualquer pessoa nas circunstâncias de sua vida.

Ética é o modo como se vive no mundo. Classificam-se situações e atitudes dos outros, quando se comportam bem, quando vivem ou morrem de modos que geram admiração. A ética pessoal é desenvolvida em diferentes aspectos, por atitudes, emoções e opções. A ética é subjetiva, manifestada por reações às coisas e às motivações que são sentidas.[25]

O sociólogo polonês Bauman aposta que a ética precede o Estado, fruto da existência e do reconhecimento do singular:

A idéia de justiça é concebida no momento de encontro entre a experiência da singularidade (como se dá a responsabilidade moral pelo outro) e a experiência da multiplicidade de outros (como se dá na vida social). Ela não pode ser concebida sob quaisquer outras circunstâncias [...] a ética não é um derivado do Estado. A autoridade ética não deriva

---

[23] KELSEN, Hans. *O problema da justiça*. São Paulo: Martins Fontes, 1998, p. 4.

[24] Idem, p. 5.

[25] BLACKBURN, Simon. *Ruling Passions*. Oxford: Clarendon Press, 1998, p. 1.

dos poderes do Estado para legislar e fazer cumprir a lei. Ela precede o Estado, é a exclusiva fonte de legitimidade do Estado e o supremo juiz dessa legitimidade. O Estado, poder-se-ia dizer, só é justificável como veículo ou instrumento da ética.[26]

Dentro de uma perspectiva de projeto de poder, Beccaria, ao realizar uma breve digressão histórica acerca da origem das penas e do dever de punir, associa a ideia do egoísmo humano em contraposição a uma defesa do particular em prol dos interesses da comunidade a qual pertence:

> Ninguém faz graciosamente o sacrifício de uma parte de sua liberdade apenas visando o bem público. Tais fantasias apenas existem nos romances. Cada homem somente por interesses pessoais está ligado às diversas combinações políticas desse globo; e cada um desejaria, se possível, não estar preso pelas convenções que obrigam os demais homens [...]. Fatigados de viverem apenas em meio a temores e de encontrar inimigos em toda a parte, cansados de uma liberdade cuja incerteza de mantê-la tornava inútil, sacrificaram uma parte dela para usufruir do restante com mais segurança. A soma dessas partes de liberdades, assim sacrificadas ao bem geral, constitui a soberania na nação.[27]

O criminólogo italiano vem confirmar que a humanidade se encontra "presa a convenções" criadas por ela própria e que a sua burla também é uma forma de subversão dessa ordem em direção ao caos. O temor como um sentimento irracional, que acompanha homens e mulheres ao longo da História, não é suprimido, por integrar sua natureza, assim como as manifestações de bondade, em um polo, e de violência, em outro.

Hobbes, sem qualquer romantismo sobre o ser humano e advogando que, em sociedade, as pessoas apenas se toleram, traz um cotejo com a Psicologia, justificando o contrato social:

> Provocar em alguém mal maior do que se pode ou se está disposto a sofrer faz tender para odiar quem sofreu o mal, pois só se pode esperar vingança ou perdão [...] predispõe os homens para antecipar-se ao medo da opressão procurando ajuda na associação, já que não há outra maneira de assegurar a vida e a liberdade.[28]

Pelos estudos em Hobbes acerca do contrato social, considera-se que as leis da natureza tinham como único objetivo a moralidade. Elas prescreviam o tipo de ação e a forma de externalizar um comportamento que os indivíduos livres poderiam adotar, o qual visasse a um mínimo de coexistência social, um mínimo de paz.[29]

---

[26] BAUMAN, Zygmunt. *O mal-estar da pós-modernidade*. Rio de Janeiro: Jorge Zahar, 1998, p. 68.

[27] BECCARIA, Cesare. *Dos delitos e das penas*. São Paulo: Hemus, 1998, p. 14.

[28] HOBBES, Thomas. *Leviatã*. São Paulo: Martins Claret, 2006, p. 80.

[29] FORSYTH, Murray. Hobbe's contractarianism: a comparative analysis. *In* BOUCHER, David; KELLY, Paul (orgs.). *The social contract from Hobbes to Rawls*. New York: Routledge, 1994, p. 43. No original: "the laws of nature were for Hobbes the only objective morality".

O contrato social e as renúncias sociais, assim como o freio exigido à eloquência das paixões, sempre foram um tema recorrente na literatura mundial. Basta que se vá aos clássicos, como Balzac: "todas as faltas e, talvez, os crimes têm por princípio um raciocínio errado ou algum excesso de egoísmo. A sociedade só pode existir pelos sacrifícios individuais que as leis exigem".[30]

Parece que a ética norteia ou deveria nortear todas as relações sociais, consideradas de forma genérica. Uma comunidade ética assim exige. Existem alguns "mandamentos" básicos de convivência. Quando uma criança subverte uma ordem determinada pelos pais, não merece ser reforçada nesse comportamento mediante uma "premiação", uma recompensa. Entretanto, o bem-estar buscado incessantemente gera uma tentação pelo consumo que parece justificar algumas burlas a esses regramentos.

Como salienta Costa,

No momento em que dependo dos objetos de consumo para construir um sentimento de identidade, abandono a crença na autonomia e na independência do sujeito moral diante das circunstâncias. Deixamos de lidar com a contingência do desejo do outro, problema clássico de nossa tradição cultural, para enfrentar o problema que pode ser uma conduta intencional humana inspirada na circulação, troca, produção e venda de objetos.[31]

Qualquer atitude de transformação do outro como objeto exclusivo de desejos de uma pessoa, sem qualquer respeito à alteridade e à singularidade do outro, provoca uma reação do Estado e da comunidade. Com a quebra do pacto social, que envolve um mínimo de ética necessária para a sobrevivência, surge a questão da existência como algo que se cria e sobre a qual é difícil moldar de acordo com os desejos pessoais.

Uma conduta ética pressupõe um bem comum, a observância de valores que podem não importar para determinado grupo. Um exemplo é o da esterilização de mulheres no Oriente, ou a utilização da burca também destinada ao público feminino, para que as mulheres cubram seus rostos, a fim de que, com sua beleza, não despertem o interesse masculino. Por um olhar ocidental, seria uma conduta aviltante, degradante e sem qualquer cunho ético privar uma pessoa acerca das deliberações sobre sua vida, desde que não prejudique o outro, em virtude da alteridade das relações.

---

[30] BALZAC, Honoré de. *A mulher de trinta anos.* São Paulo: Martin Claret, 2006, p. 58.

[31] COSTA, Jurandir Freire da. *A ética e o espelho da cultura.* 3.ed. Rio de Janeiro: Rocco, 2000, p. 47.

Uma palavra que está em voga é a flexibilização. Pode-se tornar a ética mais flexível? Com a liberação dos costumes, qual é o sentido de se tentar tornar as penas mais rigorosas e se ter uma sociedade mais conivente com condutas que os mais antigos chamavam de "antiéticas" e que os mais jovens denominam de "caretas"? Com uma sociedade permissiva e "sem preconceitos", com a progressiva redução dos limites "para não traumatizar", o crime não vem como um reflexo desse *laissez-faire*?

La Taille faz uma apreciação da moral e da ética, sob um enfoque psicológico, a partir de uma relação afetiva e de obrigatoriedade para si e para com o outro, levando o sujeito a experimentar um sentimento de bem-estar: "chamamos de moral, os sistemas de regras e princípios que respondam à pergunta: como devo agir? [...] reservamos o conceito de ética para as respostas à pergunta: 'que vida eu quero viver'?, portanto, à questão da felicidade ou 'vida boa'".[32]

Essa vida boa não é aquela que esquece o bem-estar ou a dignidade do outro. Uma vida que se queira viver, dentro de ditames éticos, não pressupõe a indignidade, a exploração ou o mal do próximo.

A alegria de viver ou uma vida boa estão muito ligadas ao prazer que se obtém com a existência, à ausência de dor. Existem entendimentos éticos relativos ao viver conforme os ditames cristãos de obediência a Deus, que trazem recompensas, o triunfo sobre a morte ou a vida eterna; a desobediência implica punição, condenação eterna.[33]

A legislação tem um entendimento similar, mas não tão explícito quanto as regras eclesiásticas: desobediência, analogicamente, implica punição, eterna enquanto dure.

No estudo da eticidade como moralidade objetiva, cumpre ressaltar que a liberdade pressupõe uma vontade, posta em uma conduta (relevante penalmente para essa exposição) e que implica uma renúncia, mas, ao mesmo tempo, na afirmação de que essa escolha envolve responsabilidade pelas consequências desse atuar.

O princípio ético universal hegeliano, bem apreciado por Weber, dispõe que a vontade livre particular deva ser mediada com a vontade do outro, com o fim de se universalizar, indicando um caráter normativo desse atuar.[34]

---

[32] LA TAILLE, Ives de. *Moral e ética*: dimensões intelectuais e afetivas. Porto Alegre: Artmed, 2006, p. 49.

[33] BLACKBURN, Simon. *Being good*: an introduction to ethics. Oxford: Oxford Press, 2001, p. 10; 81

[34] WEBER, Thadeu. *Ética e Filosofia Política*: Hegel e o formalismo kantiano. Porto Alegre: EDIPU-CRS, 1999, p. 110.

Portanto, ética e pena podem ser entendidas como uma relação harmônica, não dicotômica. No momento em que os cidadãos livres sabem das proibições de um sistema normativo, isso implica que a inteligência e a clareza dessas vedações permitem que o ordenamento exija a obediência ao que está posto. Nesse caso, os cidadãos sabem como se comportar, pelo princípio da legalidade.

Nesse sentido, com base em um princípio teleológico na aplicação da pena, Díez Ripollés suscita: "se estabelecem os efeitos sócio pessoais que se consideram eticamente aceitáveis com a sanção penal. Não se refere à pena em si mesma, mas sim a certos efeitos a serem obtidos a partir dela".[35]

A lógica punitiva reporta ao princípio de proibição de excesso e de insuficiência com a imposição da dor, sem atentar à humanidade: é uma lógica firmada no respeito à pessoa, relacionada, também, com a dignidade pessoal e com o exercício dos direitos fundamentais. São valores implicados.

A existência é um fenômeno muito complexo para ser vulgarizado. O vazio existencial e a busca de sentido, dentro de um estudo de ética nas relações, é uma temática a ser enfrentada como um dos fatores que permeiam as ciências criminais.

Ética e pena não são relações dicotômicas pela visão kelseniana: "a ética não prescreve nada, ela descreve. Mas descreve normas que ela não estabelece e, como ciência, não pode estabelecer porque ela é conhecimento e não querer: as normas são o sentido dos atos de vontade".[36]

É por atribuir sentido e um caráter positivo ou negativo às condutas que se faz necessário pensar em *liberdade* e no direcionamento que se dá ao agir.

1.4. O princípio da responsabilidade como corolário da liberdade

A responsabilidade remonta a uma antiga discussão acerca do livre-arbítrio dentro do estudo da Filosofia do Direito, notadamente, em âmbito criminal.

Existe, nesse caso, um binômio: responsabilidade (na medida em que se admite o livre-arbítrio no que tange às ações ou omissões, bem

---

[35] DÍEZ RIPOLLÉS, José Luis. *A racionalidade das leis penais*: teoria e prática. São Paulo: RT, 2005, p. 170.

[36] KELSEN, Hans. *Teoria geral das normas*. Porto Alegre: Fabris, 1986, p. 206.

como ao sentido e às escolhas de vida) e liberdade (o uso que se faz em decorrência desse universo consciente de opções, de mundo). Sendo livre, o sujeito responde pelos seus atos. Se tem noções de certo e errado, pode deliberar sobre sua vida a partir de uma vontade coerente com esses juízos, sendo capaz de responsabilização por suas atitudes.

Nesse sentido, manifesta-se Weber:

A responsabilização deve incluir aspectos subjetivos, como a intenção, e aspectos objetivos como os resultados e as conseqüências. Além do mais, a determinação da validade universal de um princípio não se dá de forma a priori pela razão, mas inclui a mediação das vontades livres. Minha vontade tem que mediar-se com a vontade livre do outro, a fim de se universalizar. O imediato tem que ser mediado, para que se possa estabelecer um princípio ético universal.[37]

O agir responsável, ético, mediante a atuação do indivíduo conforme o previamente pactuado, interessa em muito ao Direito Penal, principalmente quando se estuda o finalismo de Welzel. Espera-se que o exercício de atividade final, isto é, a conduta ativa ou omissiva esteja em conformidade com os ditames jurídicos. A pergunta, em sede de responsabilização, é se, no momento do delito, o agente podia agir de outro modo naquelas circunstâncias. Trata-se da (in) evitabilidade do fato em uma determinada ocasião (e não em uma ocasião determinada, rechaçando-se o determinismo da Escola Positiva, de Lombroso). O controle jurídico-penal situa-se na capacidade que o indivíduo possui de adotar uma postura esperada, de acordo com sua consciência e com a universalização dos valores que devem pautar o seu agir, tendo em vista serem prévios à sua existência dentro de uma comunidade ética, ou, como diria Perelman, de um auditório universal.

Profanamente, é possível que a internalização dos valores, ou, pelo menos, o conhecimento das regras da cultura viabilize que tenha a consciência da ilicitude de sua ação, mesmo que opte contra o Direito. Nesse sentido são os ensinamentos de Mezger e Welzel, no estudo da culpabilidade do agente, como clássicos dentro da compreensão do saber acerca do ilícito e ignorar o ordenamento de acordo com suas próprias conveniências.

Responsabilidade e liberdade pressupõem consciência. A consciência como conhecimento da realidade circundante, de suas próprias limitações, a ciência de que, na vida, nem tudo é como se quer ou da forma como se gostaria, que a existência envolve renúncias, as quais geram sacrifícios e frustrações que permeiam as relações humanas e que são inevitáveis. Também que essas insatisfações fazem ama-

---

[37] WEBER, Thadeu. *Ética e Filosofia Política*: Hegel e o formalismo kantiano. Porto Alegre: EDIPUCRS, 1999, p. 110.

durecer e que, psiquicamente, há uma servidão da consciência para com os ditames da realidade (Direito), os desejos internos que querem emergir, independentemente da moralidade, e a censura interna, que não cessa de emitir julgamentos sobre ações e pensamentos, próprios e alheios.

Depende de o sujeito ter recursos psíquicos suficientes para tanta intensidade, para demandas que requerem muito trabalho psíquico, muita energia. A liberdade pressupõe que o Estado não engessará o indivíduo, limitando-o com regras, contudo não o acompanhando como a sombra ao corpo.

Responsabilidade significa que, se for passível de imputação, possivelmente, em casos de ausência de amparo por dirimentes ou causas de exclusão da ilicitude ou culpabilidade, o indivíduo responderá pelos seus atos, da mesma forma e na medida de seu comportamento, como prerrogativa de sua humanidade.

A dificuldade de se adaptar ao convívio social, com a tentativa de visibilidade e reconhecimento, como valores do *modus vivendi* atual, e a necessidade de se controlar frente a tantas ambições que são diuturnamente despertadas no desejo de consumir não são de alçada do Estado. Pertencem à subjetividade, à importância e ao significado que o sujeito traz para isso. A atribuição de significado e a capacidade de tomar decisões, de raciocinar, de discernir e de preparar o futuro através das escolhas presentes distinguem as pessoas dos animais.

Justifica-se, então, o porquê de se trazer a Psicologia, a Filosofia e a Sociologia para esse debate. O Direito, por si só, não consegue absorver tamanha complexidade. Propõe-se a, dentro de sua limitação como ciência, tentar equilibrar as falhas, os desvios de conduta, sem a pretensão de explicá-los, assim como o juiz não deveria ter a obrigatoriedade de se manifestar sobre a personalidade do agente em um processo criminal. Personalidade pressupõe deliberações, eleições sobre o viver de acordo com a interioridade de cada pessoa. A intervenção do Direito é necessária diante do mau uso da liberdade.

Hobbes, ao apreciar a liberdade, é claro: "a liberdade dos súditos, portanto, está apenas naquelas coisas que, ao regular suas ações, o soberano permitiu".[38]

Dworkin, no que tange aos interesses particulares e que pressupõem consciência para valorizá-los, argumenta: "não apenas temos, em comum com todas as criaturas dotadas de consciência, interesses especiais relativos à qualidade de nossas experiências futuras, mas também

---

[38] HOBBES, Thomas. *Leviatã*. São Paulo: Martins Claret, 2006, p. 160.

interesses críticos relativos ao caráter e ao valor de nossas vidas como um todo".[39]

Os interesses pressupõem motivações. No crime, o significado e o projeto do delinquente são a vítima e o ganho que pode obter dela.

É o que expõe Guimarães: "no fundo, o criminoso trabalha com a noção de significado, isto é, de referência. A referência do criminoso é a vítima, a partir da qual ele produz seus significados".[40]

Sartre defende que "estamos sós e sem desculpas [...] o homem está condenado a ser livre. Condenado porque não se criou a si próprio; e, no entanto, livre porque, uma vez lançado ao mundo, é responsável por tudo o que fizer".[41]

As opções de vida que decorrem da liberdade, não raro, geram angústia. Se é feita a opção por algo, significa que se renuncia a outro objeto de desejo. São diferentes caminhos, porém ambos detêm certa atratividade, caso contrário, não haveria a necessidade de escolha.

Urge uma breve distinção entre o determinismo e a liberdade. O homem é determinado quando e porque situado em um momento histórico,

pois se encontra situado num tempo, num espaço e recebeu uma herança cultural. Mas o homem é também consciência desse determinismo. Isso permite a ação transformadora que, a partir da consciência das causas (e não a revelia delas), constrói um projeto de ação. A consciência que o homem tem das causas se transforma em outra causa – a consciência do homem – que o transforma em ser atuante.[42]

Esse ser atuante pode dispor sobre sua vida, inserido em um contexto predeterminado a ele, mas passível de construção sob a visão que tem da vida e as escolhas que são feitas e levadas à ação. Esse agir pode ser transformador ou destruidor.

O sentido, objeto de um juízo de valor pelo Direito, advém de uma conduta, em princípio, livre, a qual culminará, em regra, com uma punibilidade.

As pessoas vivem sob as leis, as quais moldam o que se é: cidadãos e empregados, doutores e pessoas com suas próprias coisas, forçando

---

[39] DWORKIN, Ronald. *Domínio da vida*: aborto, eutanásia e liberdades individuais. São Paulo: Martins Fontes, 2003, p. 337.

[40] GUIMARÃES, Aquiles Côrtes. Prefácio. *In* MADEIRA, Ronaldo Tanus. *A estrutura jurídica da culpabilidade*. Rio de Janeiro: Lumen Juris, 1999.

[41] SARTRE, Jean-Paul. *O existencialismo é um humanismo*. São Paulo: Abril, 1973, p. 15.

[42] ARANHA, Maria Lúcia de Arruda; MARTINS, Maria Helena Pires. *Filosofando*. São Paulo: Moderna, 1986, p. 317.

a cumprir penas, encarcerando... As pessoas são sujeitos do império da lei.[43]

Heller refere que a noção de livre-arbítrio baseada em critérios cristãos se centra não na passividade, senão na atividade: o homem pode decidir sobre o bem ou o mal e, por conseguinte, seu destino e sua vida dependem de suas próprias opções.[44]

O Direito, então, espera por essa escolha. A partir dela, recompensa ou pune. Se não recompensa, pelo fato da obrigatoriedade da conduta, pelo menos, não retribui com uma pena, quando o mal não vence no critério de opção.

Kelsen vai além no sentido liberdade-imputação: "não se imputa algo ao homem porque ele é livre, mas ao contrário, o homem é livre porque se lhe imputa algo".[45]

Para o jurista, o "problema da responsabilidade moral [...] está essencialmente ligado com a retribuição, e retribuição é imputação da recompensa ao mérito, da penitência ao pecado, da pena ao ilícito".[46]

Essa é uma das passagens de uma das obras de Kelsen, que, oportunamente, referem à valoração sobre as condutas, afastando uma (possível) interpretação de que Kelsen rechaça o valor em seu viés positivista. Rechaça sobre o questionamento em relação à norma e reforça-o no que diz com a conduta, que integra a realidade da vida.

O mau uso dessa liberdade, dirigida ao crime, é compreendida, por Heller, como autopunição: "[...] atribuir liberdade à pessoa é equivalente, também, a retribuir a faculdade de razão humana como uma possível fonte de autopunição. Tomar uma vida por uma vida (pena de morte) significa excluir até mesmo a possibilidade de autopunição".[47]

Volta-se à coerção, o uso da força do Estado, em seu dever de punir, cujo fundamento se arraiga em não perguntar ao particular se aceita, ou negociar com ele sobre a imposição da pena. Deve-se submeter a ela. Para Heller, é uma forma de autopunição, pois o particular sabe que a sofrerá e utilizou de sua liberdade para tanto.

---

[43] DWORKIN, Ronald. *Law's Empire* (prefácio). Cambridge: Harvard Press, 1986.

[44] HELLER, Agnes. *El hombre del Renacimiento*. Barcelona: Península, 1980.

[45] KELSEN, Hans. *Teoria Pura do Direito*. São Paulo: Martins Fontes, 2003, p. 109.

[46] KELSEN, Hans. *O problema da justiça*. São Paulo: Martins Fontes, 1998, p. 103.

[47] HELLER, Agnes. *Além da justiça*. Rio de Janeiro: Civilização Brasileira, 1998, p. 225.

1.5. Por um fundamento jusfilosófico à consequência jurídica do delito

Punir é um dever do Estado. Como justificá-lo?

Bobbio pergunta: "admitindo que o poder político é o poder que dispõe do uso exclusivo da força num determinado grupo social, basta a força para fazê-lo aceito por aqueles sobre os quais se exerce, para induzir seus destinatários a obedecê-lo?" Ou ainda: "se se limita a fundar o poder exclusivamente sobre a força, como se faz para distinguir o poder político do poder de um bando de ladrões?"[48]

A resposta do jurista italiano lança duas vertentes de pensamento acerca da efetividade e da legitimidade, associadas ao uso da força:

> Nem sempre é possível entender se quem se põe o problema da relação entre o poder e a força põe-se um problema de mera efetividade (no sentido de que um poder fundado apenas sobre a força não pode durar) ou também um problema de legitimidade (no sentido de que um poder fundado apenas sobre a força pode ser efetivo mas não pode ser considerado legítimo).[49]

Souza Júnior não cogita a existência da política (que se estende para a política criminal) sem conotação ética:

> A política, sem a iluminação ética, sem um mínimo de Justiça, poderia facilmente degradar a relação mando-obediência em abominável opressão [...] por sua vez, a ética, sem a força coativa da política e um mínimo de segurança, jamais poderia erigir-se em referencial de convivência. A própria *consciência ética*, que brota do mais profundo de cada indivíduo (quem diria?) depende para formar-se e desenvolver-se – em decorrência da socialização mesma da pessoa – de uma ordem política que proteja o cultivo, no convívio [...] dos impulsos humanos naturais para o bem.[50]

A história da evolução do crime, da enculturação de valores, da intolerância à quebra do pacto fez surgir novas e variadas "tecnologias" de apenamentos, seja punindo o corpo, seja a alma, culminando no castigo.

No que tange a uma fundamentação filosófica dentro de uma esfera criminológica, englobante das ciências criminais, Carvalho advoga pela negativa à universalização de qualquer espécie de crença punitiva:

> Após o desnudamento do sistema sancionatório pela criminologia [...] criticável seria projetar qualquer finalidade à sanção penal. Sobretudo porque nas histórias dos siste-

---

[48] BOBBIO, Norberto. *Estado, governo, sociedade: para uma teoria geral da política*. 7. ed. Rio de Janeiro: Paz e Terra, 1999, p. 86-87.

[49] Idem, p. 87.

[50] SOUZA JÚNIOR, Cezar Saldanha. *A supremacia do Direito no Estado Democrático e seus modelos básicos*. Porto Alegre: s/e, 2002, p. 33.

mas punitivos as justificativas legitimadoras da pena, por mais nobres e humanas que possam parecer, sempre potencializavam a violência das agências de punitividade.[51]

Percebe-se, portanto, que há um viés de negatividade ou de rechaço ao ideal romântico de uma compreensão da pena, no sentido de que o fim último que sugere é uma retribuição, um pagamento e uma retaliação, significando castigo, revide, como se esse discurso não sustentasse a justificação da pena.

Talvez gere certa decepção a afirmação de que o problema do crime não é resolvido pelo Direito Penal, sob qualquer abordagem da qual possa se valer. Um Direito Penal que se diz da consequência, que atue na repressão, não resolve a mazela da criminalidade. A pena nada mais é do que uma resposta do ordenamento frente ao delito.

Beccaria, no século XVIII, já sugeria que se deveria consultar o coração humano, para que se encontrassem os preceitos que traduzissem a necessidade do direito de punir, pelo Estado. No presente século, percebe-se que o ente estatal tem obrigação de penalizar o particular.

Não se está defendendo a punição da interioridade do agente, tampouco uma investigação acerca de sua vida na infância mais longínqua, entretanto refere-se que a pena é uma resposta estatal, fundamentada em um pacto, no contrato que justifica a intervenção penal na esfera jurídica do indivíduo, mesmo que essa ingerência se dê de uma forma restritiva, com a segregação da liberdade.

O Estado, ao segregar o corpo, impõe a coerção, pois, retirando-se a liberdade, incapacita-se o indivíduo para o exercício da autonomia, diante de uma má escolha pretérita (o crime).

Por isso, a pena é uma necessidade, como reação do Estado na desobediência a um contrato previamente estabelecido. Essa ingerência na esfera do particular, pelo Estado, justifica-se na medida em que se compreende, assim como ensina a dogmática jurídico-penal, que a pena é uma consequência do crime. A imposição da sanção acaba cumprindo a máxima do "dar a cada um o que lhe cabe". Isso demonstra que as escolhas passadas interferem imediatamente, em termos de projeção de um apenamento futuro, diante do mau uso da liberdade. As regras do pacto são claras no sentido da devolução da desobediência com a pena.

Nesse sentido, acredita-se que Hobbes revela especial destaque nessa temática, quando não questiona a pena como autoridade pública e

---

[51] CARVALHO, Salo de. *Anti-Manual de Criminologia*. Rio de Janeiro: Lumen Juris, 2008, p. 168.

decorrência de um pacto, defendendo que o direito de punir estatal "não tem seu fundamento em qualquer concessão ou dádiva ao súdito".[52]

A contemporaneidade vive da necessidade de racionalizar, de discursos com bases científicas, de argumentos que gerem segurança, menos fluidez e liquidez e mais comprovações. Muitas vezes, despreza o sentimento humano, bem trabalhado por Hobbes, quando enfrenta a questão da competitividade, da intolerância, da luta pelo poder, do egoísmo, que perseguem a humanidade, ou seja, o domínio das paixões mais intensas e nefastas, as quais são difíceis de ser controladas e que envolvem renúncias, para que se forme o que se denomina de civilização.

Quanto a isso, MacIntyre critica com veemência: "trata-se de um cinismo generalizado em nossa cultura quanto ao poder ou mesmo à relevância do argumento racional em questões suficientemente fundamentais".[53]

Sartre, dentro de uma Filosofia mais pessimista (ou realista, dependendo de quem a interpreta e lê), nega que se deva lutar "contra os poderes estabelecidos, não devemos lutar contra a força, não devemos empreender nada além de nossos limites, toda a ação que não se insere numa tradição é um romantismo, toda a tentativa que não se apoia numa experiência realizada está votada ao fracasso".[54]

A tarefa é justificar o poder estabelecido, em sua forma de atuação, através da retribuição possível e da retaliação.

Como conceitua Hobbes, "contrato é uma transferência mútua de direitos".[55] Essa transferência pressupõe uma série de indicadores. Isso significa que, ao renunciar a uma luta de todos contra todos, em estado de natureza e de liberdades ilimitadas, na qual o desejo de paz é apenas uma ideação, se pressuponha uma escolha: a da autoridade, que se situa acima dessas vontades e que fora legitimamente instituída, capaz de nomear a legalidade e de reprimir quaisquer transgressões que rompam com a transferência estabelecida.

Deduzir que a pena é a imposição de dor, de castigo (retaliação) significa asseverar e confirmar uma forma de reação frente a uma ruptura que já existia antes do contrato social, mas que os particulares estavam ainda buscando maneiras, por meio do uso da força, de suprimi-la. É uma das leis da física: a toda ação corresponde uma reação. A defesa

---

[52] HOBBES, Thomas. *Leviatã*. São Paulo: Martin Claret, 2006, p. 228.

[53] MACINTYRE, Alasdair. *Justiça de quem? Qual racionalidade?* São Paulo: Loyola, 1991, p. 15.

[54] SARTRE, Jean-Paul. *O existencialismo é um humanismo*. São Paulo: Abril, 1973, p. 10.

[55] HOBBES, Thomas. *Leviatã*. São Paulo: Martin Claret, 2006, p. 102.

faz parte da natureza humana, como uma segunda lei natural, de acordo com Hobbes, "a segurança de viver todo o tempo que geralmente a natureza permite aos homens viver".[56] Defender-se é uma pulsão de vida. Entretanto, antes do pacto, poder-se-ia questionar a racionalidade da imposição do castigo.

Por isso, diante desse impulso natural do ser humano em preservar-se, a submissão de determinados desviantes às penas mais variadas integram a história da tecnologia da punição até as sanções que são conhecidas na contemporaneidade. Desde o início da história, muitas práticas atentatórias à dignidade pessoal foram chanceladas por uma autoridade escolhida, mesmo antes da figura do Estado, sendo um particular, um totem, uma divindade.

Tais práticas advieram do estado de natureza em uma fase de pré-projeto de poder (contrato social). Assim, bem ressalta Santos: "quanto mais violento e anárquico é o estado de natureza, maiores são os poderes investidos no Estado saído do contrato social [...] é uma opção radical e irreversível [...] o contrato social é uma metáfora fundadora da racionalidade social e política da modernidade ocidental".[57]

O pacto, então, passa a ser irrenunciável, pois estabelece as proibições e as permissões em sociedade, quando as últimas eram tão ilimitadas que tornavam inviável a convivência, tendo em vista a anarquia. O exercício do dever de punir é uma forma de redução dos efeitos da anarquia, da desordem que ainda persiste (não na mesma intensidade), em que pese o contrato social.

1.6. A busca de uma teoria da Justiça na justificação do dever de punir

Estabelecer um diálogo entre pensamentos é uma forma de se crescer no debate. Enquanto se estiver aprofundando na justificação de um dever fundamental do Estado, que é o "poder de penar", o debate se faz fundamental para alicerçar a construção de um raciocínio sem paixões, entretanto, com embasamento teórico.

A responsabilidade como decorrência da liberdade pressupõe escolhas, como já se teve a oportunidade de discorrer. Essas eleições en-

---

[56] HOBBES, Thomas. *Leviatã*. São Paulo: Martin Claret, 2006, p. 101.

[57] SANTOS, Boaventura de Sousa. Reinventar a democracia: entre o pré-contratualismo e o pós-contratualismo. *in* HELLER, Agnes (et al). *A crise dos paradigmas em ciências sociais e os desafios para o século XXI*. Rio de Janeiro: Contraponto, 1999, p. 33-34.

volvem consequências, sejam boas ou más, dependendo do que se quis produzir com os comportamentos exteriorizados pelo sujeito.

Por seu turno, privar alguém da liberdade faz-se necessário pela gravidade do comportamento. A pena é, além de uma afirmação da autoridade do Direito Penal, a única opção juridicamente sustentável e plausível frente à criminalidade, em especial, a violenta, como uma resposta do Estado ao delinquente.

Sobre esse aspecto, Weber ressalta que

> É importante observar que deve haver todo um exercício de formação da consciência da universalidade ou da educação para o universalmente reconhecido – as normas éticas e as leis do Estado. É o que se pode chamar de consciência ética e política. Tal exercício começa na família, continua nas corporações e se plenifica no Estado, o qual deveria ser a garantia dos fins privados, dentro de uma atividade universal.[58]

A aceitação ou o acatar todo um regramento, até mesmo de forma cega, não faz parte da psique humana, bélica, contraditória, em sua busca pela satisfação e pelo afastamento do sofrimento, sendo "domada" ou "domesticada" mediante a renúncia às pulsões da civilização. Não se pretende reforçar ou defender a ideia de que a legitimação de princípios ou da pena estaria sujeita à aceitação universal. Pelo contrário, como menciona o filósofo norte-americano, "esses princípios derivam de uma noção ideal, da qual se espera que as leis se aproximem, pelo menos, na maioria das vezes".[59]

É por isso que Kolm traz a conceituação de justiça, ao escrever sobre suas modernas teorias:

> Por sua própria definição, *justiça é justificação*, e portanto *racionalidade no sentido normal do termo: por uma razão válida ou 'justificada'* [...] a racionalidade, contudo, exclui totalmente o intuicionismo moral, o emotivismo e o esteticismo, isto é, as opiniões baseadas em pontos de vista aprioristicos da solução, em emoções como a indignação, e na satisfação propiciada pela beleza, ainda que todas possam sinalizar a existência de um problema. O progresso ético na justiça consiste na substituição de pontos de vista irracionais, por pontos de vista racionais [...] do preconceito pelo julgamento, da justeza pela justificação, e da emoção e intuição pela razão. (grifos do autor)[60]

Rawls reforça que o "senso de justiça (como forma de sensibilidade moral) envolve uma faculdade intelectual, já que seu exercício na elaboração de juízos convoca as faculdades da razão, imaginação e julgamento".[61]

---

[58] WEBER, Thadeu. *Ética e Filosofia Política*: Hegel e o formalismo kantiano. Porto Alegre: EDIPU-CRS, 1999, p. 146.

[59] RAWLS, John. *Uma teoria da Justiça*. São Paulo: Martins Fontes, 2002, p. 258.

[60] KOLM, Serge-Christophe. *Teorias modernas da Justiça*. São Paulo: Martins Fontes, 2000, p. 9-10.

[61] RAWLS, John. *Justiça como eqüidade*: uma reformulação. São Paulo: Martins Fontes, 2003, p. 41.

Volta-se à moral que, mais adiante, será bastante evidenciada em Kelsen, quando examina o dever de punir sob um viés análogo às práticas e aos postulados religiosos, trazendo uma teoria da justiça, ao mesmo tempo, dotada de uma evidente exaltação moral combinada com a exigência de um castigo, decorrente da prática dessa autonomia moral do ser humano e de sua liberdade. Por isso, volta-se à questão de que Kelsen não rechaça a moral, desde que não interfira no sentido de incidência sobre as normas. Insiste-se: a moral e o juízo de valor podem e devem incidir, porém, sobre o comportamento do sujeito em relação à norma.

Considerando a universalidade dos valores morais, Habermas, ao dissertar sobre o agir comunicativo e a consciência moral, dedicou-se à seguinte formulação:

> Toda norma válida tem que preencher a condição de que as conseqüências e efeitos colaterais que previsivelmente resultem de sua observância *universal*, para a satisfação dos interesses de *todo* indivíduo possam ser aceitas sem coação por *todos* os concernidos.[62]

Pode-se realizar uma breve reflexão acerca das palavras de Habermas, no que tange a que os interesses devam ser satisfeitos (o que todo o ser humano busca, assim como evitar o desprazer), sem coação. Paralelo ao universo criminal, o desprazer de um pode ser o gozo de outrem. O sofrimento da vítima, em ser subjugada e oprimida, pode gerar grande satisfação ao que impõe a dor. A dicotomia faz-se necessária, quando os interesses estão em jogo, ou melhor, quando as paixões pedem o imediatismo da gratificação. Na ambivalência de interesses, a vida em comunidade torna-se cada vez mais insatisfatória: uns querem preservar o que têm; outros querem se utilizar da destrutividade, para alcançar o que desejam. Desse egoísmo, surgem as manifestações de vontade.

Weber, interpretando e trazendo o pensamento hegeliano, ressalta o limite da liberdade pessoal, que guarda relação direta com a alteridade:

> É claro que toda concretização da liberdade implica limitações. Elas criam um mútuo compromisso. Toda afirmação implica negação. Ao determinar-se, o indivíduo "se compromete com a finitude", se põe um limite. Aquele que quer algo grande, disse Goethe, deve saber limitar-se.[63]

---

[62] HABERMAS, Jürgen. *Consciência moral e agir comunicativo.* Rio de Janeiro: Tempo Brasileiro, 1989, p. 147.

[63] WEBER, Thadeu. *Ética e Filosofia Política*: Hegel e o formalismo kantiano. Porto Alegre: EDIPUCRS, 1999, p. 111.

Saber limitar-se envolve um agir responsável, em homenagem a diversos princípios que integram o Estado de Direito, como a legalidade, no qual, explicitamente, o ordenamento jurídico expressa quais são as permissões, as obrigações e as proibições referentes aos particulares, no decorrer da vida cotidiana. Viver em sociedade implica a renúncia à liberdade ilimitada, sem restrições.

Quando se fica a par acerca do conteúdo e da fundamentação teórica dos princípios da justiça, urge uma importante consideração no fato de como se chegar a um acordo, dentro de uma perspectiva de projeto de poder.

Por mais que sejam levantadas defesas em prol de uma prática justa em qualquer atividade humana, com um máximo possível de racionalidade aliado a um menor enfoque passional, MacIntyre questiona sua viabilidade, sendo menos difícil conceituar sua negação:

Habitamos, portanto, uma cultura na qual a inabilidade de se chegar a conclusões comuns e racionalmente justificáveis sobre a natureza da justiça e da racionalidade prática coexiste com a utilização, por parte dos grupos sociais em oposição, de conjuntos de convicções rivais e conflitantes não embasadas na justificação racional [...] as questões disputadas concernentes à justiça e à racionalidade prática são, portanto, tratadas no domínio público, não como um assunto de pesquisa racional, mas como exigindo a afirmação e a contra afirmação de conjuntos de premissas alternativas e incompatíveis.[64]

Na visão pessimista (ou realista) hobbesiana, pode-se encontrar uma natureza perversa, em constante guerra, privilegiando apenas interesses particulares, em detrimento do bem-estar geral, ainda que minimamente:

Na natureza do homem encontramos três causas principais de discórdia: primeiro, a competição; segundo, a desconfiança; terceiro, a glória [...] tal como a natureza do mau tempo não consiste em dois ou três chuviscos, mas numa tendência para chover que dura vários dias seguidos, também a natureza da guerra não ocorre na luta real [...] todo homem é inimigo de todo o homem. [...] da guerra de todos contra todos, também isto é conseqüência: que nada pode ser injusto.[65]

Da luta da guerra de todos contra todos, injusta é a impunidade. A ausência de punição, diante de uma conduta não justificada pelo Direito Penal, é uma violação ao pacto. Logo, a pena representa a manutenção desse contrato. Em um estado de guerra constante, um poder deve existir para limitar o bélico, e não para estimulá-lo diante do silêncio estatal.

Concernente aos princípios da Justiça, parece interessante destacar os dois modelos trazidos por Dworkin, o natural e o construtivo:

---

[64] MACINTYRE, Alasdair. *Justiça de quem? Qual racionalidade?* São Paulo: Loyola, 1991, p. 16.

[65] HOBBES, Thomas. *Leviatã*. São Paulo: Martins Claret, 2006, p. 97-99.

Chamarei o primeiro modelo de natural: [...] o raciocínio moral ou filosófico é um processo de reconstrução dos princípios fundamentais pela correta ordenação dos juízos particulares, assim como um naturalista reconstrói a forma de um animal inteiro a partir de fragmentos dos ossos que encontrou.

O segundo modelo não pressupõe, como faz o modelo natural, que os princípios da Justiça tenham existência fixa e objetiva, de modo que as descrições desses princípios devem ser verdadeiras ou falsas de alguma maneira padronizada. Não pressupõe que o animal que se amolda aos ossos realmente exista. Parte do pressuposto diferente – e, sob certos aspectos, bem mais complexo – de que homens e mulheres têm a responsabilidade de adequar os juízos particulares que lhes servem de base para a ação a um programa coerente de ação ou, pelo menos, que as autoridades que exercem o poder sobre outros homens tenham esse tipo de responsabilidade.[66]

Objetivando encontrar princípios da Justiça que fundamentem a ingerência da autoridade pública sobre a esfera desse particular (bem descrito por Hobbes), Dworkin auxilia a justificá-la pelo segundo modelo de justiça: o construtivo. Aprecia, com atenção, seus postulados; o filósofo do Direito ressalta a responsabilidade, inicialmente abordada nesta exposição, em coerência com uma autoridade exercida sobre os juízos particulares, quando se prestam para um agir. O argumento filosófico, então, pelo primeiro modelo, é construído a partir de princípios preestabelecidos que declarem a ideologia de um Estado e os comportamentos desejados por ele, de acordo com os processos históricos de construção. Um exemplo é a imposição de pena de morte em alguns estados norte-americanos, ao contrário do Brasil, que deslegitima essa forma de ingerência na esfera jurídica do particular.

É por isso que Dworkin, no estudo dos princípios, assevera que "nenhum homem pode beneficiar-se de seus próprios delitos".[67]

O que se passa na mente do criminoso, dentro de uma perspectiva da sociedade de cooperação de Rawls e da assertiva de Dworkin: a total indiferença ao pacto e a incredulidade em uma medida penal que interfira em seu "bem-estar". O delinquente não pactua com a ordem social, pois não lhe convém. A ordenação dos juízos particulares em prol de um bem comum, de uma sociedade organizada e constituída no princípio de que haja um acordo original, é suplantada, dentro dos princípios de uma teoria da justiça, por uma vantagem que burla, por exemplo, a igualdade equitativa de oportunidades, defendida por Rawls.

O pressuposto a ser pensado é o de que a liberdade do outro é o limite do particular. Passada essa barreira, a pena, por si só, se justifica. Uma sanção calcada na liberdade que pressupõe a responsabilidade.

---

[66] DWORKIN, Ronald. *Levando os direitos a sério*. São Paulo: Martins Fontes, 2002, p. 249. Os princípios fundamentais mencionados pelo autor são os morais.

[67] Idem, p. 41.

O Estado confia no particular pelo pacto, organizadamente constituído. Quebrada a confiança, o indivíduo arca com o ônus, mediante a intervenção do ente estatal na limitação ao pleno exercício dos direitos fundamentais do particular, frente ao descumprimento do que fora, previamente, pactuado.

No momento em que Rawls e Dworkin admitem a construção de teorias que rechaçam o próprio benefício com os delitos e a adoção do princípio da diferença, o que torna comum a justificação de uma pena vai para além de uma resposta baseada em um texto, que traduz uma ideologia e uma identidade acusatória. Se o agente não confia na eficácia da norma, ou assegura-se de uma certeza de impunidade, independentemente desse dado, existe uma argumentação ao "auditório universal", sendo que, por essa razão, a quebra vai para além do Estado: dirige-se contra um conjunto de valores que moldam o modo de viver de outros, como pautas de conduta, as quais se resolveu intitular tipos penais.

O que se busca preservar, pelo Direito, é uma organização social norteada por uma estrutura o mais intacta possível da observância do limite do agir do outro em sociedade. Mais importante que a forma é a essência.

Após essas discussões prévias, passa-se aos princípios de Justiça, que merecerão defesa como os que melhor fundamentam o poder de punir.

1.7. A justiça punitiva em Agnes Heller: o princípio da retribuição

Até o presente momento, intencionou-se trazer um aporte teórico para situar e dirigir a discussão do dever fundamental de punir que trouxesse um embasamento dialógico com a Filosofia, estendendo-se a outras abordagens, como a Sociologia, a Filosofia, a Psicologia, a História etc.

Muitas contribuições dogmáticas mereceram referência e reflexão. Entretanto, faz-se necessária a explicitação de um posicionamento, desde logo. Essa abordagem se detém, especialmente, na justificação do dever de punir em Heller e Kelsen, cuja sintonia de enfoques o traduz como uma resposta do Estado, que retirou a vingança das mãos do particular e avocou para si (o que Kelsen denomina de retaliação).

O caráter de pena remete a algo aflitivo, sofrido, imposto por um terceiro, considerando a alteridade das relações. A pena parece ser, à primeira vista, um instrumento invasivo, eficaz e implacável diante de um prejuízo, um desrespeito, uma conduta juridicamente prevista como indesejável.

A sociedade tem sido bastante mencionada como uma das maiores apoiadoras da imposição de penas, com o mesmo cunho de barbárie do início da história. Sob a bandeira da "justiça", algumas violações de direitos humanos ocorrem sem que, com isso, a pena de prisão, por exemplo, seja repensada pelo próprio sistema como uma imposição a ser aplicada de uma forma menos agressiva.

A título de ilustração, trazem-se algumas reflexões de Heller, através de alguns exemplos, como o de uma professora que pune alunos, ou pais que punem filhos (considerando a racionalidade dessas intervenções e suas formas de aplicação) e adotam comportamentos punitivos apropriados. Essas são sanções punitivas sociais.

Conforme Heller, punição tem sido defendida como sanção social, mas " [...] sanção social está longe de ser punição [...] destituição de um emprego pode ser uma 'garantia de risco' é, inegavelmente, uma sanção, mas não punitiva".[68]

Compactuando com Beccaria no que diz respeito ao pleno respeito à pessoa e à sua liberdade moral, Heller defende a retribuição como "o único princípio de punição que pode ser legitimamente chamado de princípio da justiça; além do mais, é o único princípio de punição que pode ser *implementado simultaneamente* com pleno respeito à pessoa que está sendo punida".[69]

Retribuição é uma devolução ao criminoso, uma resposta, uma reprovação do Estado, diante de uma conduta juridicamente indesejada. Essa devolução é a imposição de uma resposta tão indesejável ao criminoso, quanto o crime é para o Estado. A materialização da retribuição é a pena.

Esse princípio da justiça alicerçado em seu caráter retributivo guiará essa exposição, uma vez que a defesa pela justificação da pena ancorada na retribuição reforça a natureza da punição, no sentido de que "o princípio da punição dá ao ofensor a liberdade de escolha".[70]

A autora comenta que um princípio negativo de Justiça, adaptável muito bem à retribuição, é aquele que dita que "ninguém tem direito a interferir na satisfação das necessidades de outra pessoa".[71]

---

[68] HELLER, Agnes. *Além da justiça*. Rio de Janeiro: Civilização Brasileira, 1998, p. 218.

[69] Idem, p. 222.

[70] Idem, p. 230.

[71] HELLER, Agnes. *Crítica de la Ilustración*. Barcelona: Península, 1984, p. 231.

Liberdade de escolha e respeito à alteridade são alguns componentes que retratam (ou deveriam retratar) a vida cotidiana, no sentido de que o particular não deve interferir na existência do outro, ainda mais de forma agressiva ou invasiva. As necessidades são eleições de prioridades individuais, de cada sujeito. Se o indivíduo entende que satisfará um desejo pela via do crime, deverá esperar pelo mal em decorrência dessa prática eleita, de acordo com o livre-arbítrio, não pela prevenção, mas pela retribuição. A um desvalor cabe uma retaliação.

Essa proibição ou afirmação de que cada pessoa deva viver de acordo com regras de trato social garante uma relação de reciprocidade. É por isso que o Direito, ao considerar que o dever-ser nem sempre é observado, ao prever determinadas condutas desviantes, previne, no Código Penal, os comportamentos que serão rechaçados, reprimidos e retribuídos, quando o agente incorrer em quaisquer dessas proibições.

A importância do rechaço de Heller à justificação do dever de punir pela intimidação, bastante explícito em sua obra, se dá por um entendimento de que percebe as pessoas como simples meios, o que remete a Kant e à natureza perversa de tal prática, considerada como uma "moralidade impermissível".[72] Essa questão reporta à dignidade da pessoa, que não guarda valor pecuniário, como podem ser qualificadas as coisas.

As tentativas de justificação do dever de punir, em especial, em obras jurídicas que, a título de didática acadêmica trazem a teoria eclética, uma junção entre castigo e prevenção (com reforma), nada mais fazem do que confundir conceitos e realidades incompatíveis. Tais teorias serão oportunamente abordadas, quando se apreciar o dever de punir na contemporaneidade, mediante um enfoque mais dirigido à Criminologia e ao Direito Penal atual.

O castigar justifica-se, porque a vontade do particular foi respeitada quando fez sua opção. É sempre uma volta ao tema da liberdade, que pressupõe um enfoque acerca da moralidade do agente, da responsabilidade como pressuposto de punibilidade e, antes disso, de consciência. Consentir, anuir com o resultado criminoso revela estar consciente tanto do que fez, ou se absteve de fazê-lo, quando tinha o dever de agir para evitar o resultado, quanto do que está por vir.

Tal consciência e capacidade de abstração não impedem o agente, se se raciocinar sobre os ganhos e os prejuízos calculados. Na obtenção da satisfação com o crime, não há norma que o arrebate em direção ao seu não cometimento, quando o agente pensa que não será atingido

---

[72] HELLER, Agnes. *Além da justiça*. Rio de Janeiro: Civilização Brasileira, 1998, p. 233.

por ela, que conseguirá driblá-la. Pode ser um jogo de sorte, considerando a seletividade do sistema.

A título de contraponto, ainda na esteira da defesa do livre-arbítrio como autonomia moral do ser humano, cujo agir não é determinado pelo destino ou por forças da natureza, Rawls não enxerga o punir como retribuição. Justifica as sanções deduzidas a partir do princípio da liberdade. Ser livre envolve a ideia do contrato: do consentimento livre e da proteção da liberdade.[73]

O consentimento é livre e respeitado; a liberdade tem um ônus, o de orientar-se de acordo com as regras do pacto, que elege as condutas consideradas criminosas, atingindo um passado que confere dano a um terceiro, fato irreversível e que reflete seus efeitos na previsão da norma hipotética e preteritamente posta.

Já a filósofa não contempla o princípio da intimidação como princípio de Justiça, ao entender que "apenas um ato já cometido pode envolver punição, e a punição deve ser proporcional à ofensa (de novo, uma relação orientada no passado)".[74] Isso reporta ao fato de que o crime é passado, e a pena, um futuro projetado no passado. Logo, a "intimidação é proposta como um princípio alternativo de punição. Sanções preventivas com a intenção de deter *são formas de punição em situações onde não há nada a punir*. Crimes previstos não são crimes cometidos, são parte desse princípio".[75]

Volta-se à abstração do texto normativo e ao seu caráter hipotético. O fato de a norma estar posta não significa que haja prevenção no real, pois o fato, como pertencente à legislação codificada, e não ao mundo fático, carece de aplicabilidade.

Essa é a mesma capacidade de se conformar ou não com as regras estabelecidas: de optar pelo Direito ou se rebelar. É aquela moral da transgressão, de foro íntimo, autônoma, que pertence exclusivamente à interioridade do agente.

Nesse sentido, Heller ressalta uma importante questão no que tange à punição a serviço de um "iluminar o interior", de uma internalização das normas, ou o que se poderia defender como a introjeção da autoridade da norma, o que conformaria a acatar o princípio da intimidação, se fosse possível crer em tal afirmação.

A filósofa traz exemplos de crimes como homicídio contra o cônjuge, parricídio, contra o fisco, dirigir embriagado, salientando que a

---

[73] RAWLS, John. *Uma teoria da Justiça*. São Paulo: Martins Fontes, 2002, p. 264 e 372.

[74] HELLER, Agnes. *Além da justiça*. Rio de Janeiro: Civilização Brasileira, 1998, p. 225.

[75] Idem, p. 227.

percentagem daqueles que não os praticam é ínfima em decorrência da punição, sendo o valor da intimidação da lei, em suas palavras, quase negligente, até porque as pessoas não se preocupam muito com as regras. Se cada pessoa se perguntasse o que aconteceria se fizesse o mesmo, igualmente o valor da intimidação seria negligente.[76]

Salienta-se que Heller não traz apenas esses dois princípios para discutir a justiça punitiva, seguramente situada na retribuição. Importante ressaltar que, além desses, refere outro princípio da justiça: o da reforma. Esse último defende-se como o ápice do dever-ser.

Heller não faz uma leitura religiosa, em que pese abordar a ideia profética de justiça amparada pela fé, e chega ao argumento da retribuição, rechaçando o da reforma, o qual, talvez, seria mais coerente com uma visão crente nas capacidades do ser humano em direção ao bem, ao arrependimento sincero, de confessionário. Acreditar nisso ensejaria um crédito às propostas de recuperação, reinserção, ressocialização, expiação de pecado, o que remontaria a uma ideia de maior espiritualidade, em contraposição à sua menor verificação, partindo-se de uma natureza humana mais hobbesiana.

A visão da vida em sociedade, por Heller, é percebida como "uma grande possibilidade e um grande ônus. Desenvolve-se muito rapidamente, dificultando a adaptação dos seres humanos [...] viver na incerteza é traumático. Viver na incerteza de significados e valores ainda mais".[77]

Parece ser da natureza humana o desafio às regras e um sentimento de bem-estar diante da impunidade, a utilização do bélico para afirmação do poder, a derrocada do outro para se afirmar no comando.

Longe de ser intimidação, punir significa uma prestação, ou melhor, uma contraprestação negativa ao particular e positiva no sentido de afirmação do pacto social, que está em crise, pela globalização dos fenômenos de inclusão e de exclusão, econômicos e fundamentalistas, e, apesar disso, ainda não se encontrou outra forma de viver (ou tentar viver) em civilidade. O ser da incerteza traz, ainda mais, um sentimento e uma necessidade na certeza da punição na vida social.

Punir significa impor poder. E o que o ser humano busca é a maravilhosa capacidade de se sentir poderoso. O poder traz a possibilidade de escolha sobre o seu próprio destino e o dos outros, quando se submetem.

---

[76] HELLER, Agnes. *Além da justiça*. Rio de Janeiro: Civilização Brasileira, 1998, p.228.

[77] HELLER, Agnes. Uma crise global da civilização: os desafios futuros *In* HELLER, Agnes (*et.al*). *A crise dos paradigmas em ciências sociais e os desafios para o século XXI*. Rio de Janeiro: Contraponto, 1999, p. 21.

Arendt, contribuindo com essa discussão, aduz que o poder é um instrumento das regras e isso também é a política do Direito (a política criminal): "se voltarmos a discussão do fenômeno do poder, cedo encontraremos que existe um consenso entre teorias políticas de direita e esquerda, com tal efeito que a violência nada mais é que a mais flagrante manifestação de poder".[78] O poder legitima o castigo.

Quando se pergunta sobre o propósito da punição, principalmente em uma justificação moral, Becker aposta no empirismo: que técnicas são efetivas na garantia de uma mudança de comportamento?[79]

Até agora, a resposta é a "técnica da retribuição ou da retaliação". Uma tecnologia que vem dos tempos longínquos de uma tradição baseada na vingança, como um fim em si mesmo. O que o Estado tem a ensinar ao sujeito? A ser uma pessoa melhor ou reformada? A equação é simples, não irracional: quebrou o pacto, pune-se, a não ser que o indivíduo esteja amparado por uma causa de justificação (exclusão da ilicitude ou da culpabilidade).

Partindo da pressuposição de Rawls de que justiça é equidade, Wilson argumenta que "equidade é reciprocidade: eu o ajudei, então você tem que me ajudar. Quando você pensa ou diz isso, está expressando a ideia da reciprocidade. Reciprocidade é um caso especial de equidade *nas trocas*".[80]

O caráter universal da reciprocidade contempla uma boa razão: é uma forma de recompensar, retribuir a alguém que fez um favor para o outro.[81]

Na esteira da moral, Heller aponta que uma de suas funções "é a inibição, o veto. A outra é a transformação, a culturalização das aspirações da particularidade individual. Isso não se refere apenas à vida do indivíduo, mas da humanidade".[82] E mais: "todos os poderes legitimados são também morais [...] quanto mais os direitos ultrapassarem os deveres, menos um poder moral será reconhecido".[83]

---

[78] ARENDT, Hannah. From on violence. *In* SCHEPER-HUGHES, Nancy; BOURGOIS, Philippe (orgs). *Violence in war and peace*: an anthology. Oxford: Blackwell, 2004, p. 236.

[79] BECKER, Lawrence C. *On justifying moral judgments*. New York: New York Humanities Press, 1973, p. 171.

[80] WILSON, James Q. *The moral sense*. New York: First Free Press, 1993, p. 65. "I helped you, so you ought to help me'. When you think or say that, you are expressing the idea of reciprocity. Reciprocity is a special case of equity: it is a fairness in *exchanges*".

[81] Idem, p. 65. "the norm of reciprocity is universal [...] there is a good reason for this: because reciprocity is a way of rewarding somebody who has done a favor for somebody else [...]".

[82] HELLER, Agnes. *O cotidiano e a história*. 6.ed. São Paulo: Paz e Terra, 2000, p. 23.

[83] HELLER, Agnes. Uma crise global da civilização: os desafios futuros *In* HELLER, Agnes (*et.al*). *A crise dos paradigmas em ciências sociais e os desafios para o século XXI*. Rio de Janeiro: Contraponto, 1999, p. 23.

Dar sentido à reciprocidade, dessa forma, significa atribuir um dever moral de retribuição de algo praticado por um particular em favor de outro. O dever do Estado é jurídico: se o particular violar o pacto, em desfavor de outrem ou da coletividade ou dos interesses do Estado, não receberá um favor: obrigar-se-á a cumprir uma imposição aflitiva, com a qual não compactua e que não lhe disponibiliza qualquer alternativa que não seja sofrê-la.

Heller, no que tange à reação, traz, em uma de suas obras, uma visão de família burguesa. Filhos bons são os obedientes. Os que pedem perdão pelos seus erros, independentemente da consideração de se os pais têm ou não razão. As recompensas e os castigos nada mais são do que uma posição de poder. É uma relação de quem manda e de quem obedece, assim como nas demais situações da vida cotidiana, diante do erro, para a retaliação e repressão, e do acerto para o elogio e a recompensa.[84]

Essa lógica é baseada na retribuição, também, em Kelsen: "[...] o princípio retributivo, que é o princípio segundo o qual deve ser punida a conduta contrária à sociedade: àquele que se conduz mal, um mal deve ser aplicado [...]".[85] A dualidade bem-mal, que marca a história do ser humano desde Adão e Eva; desigualdade de tratamento para desiguais, na Filosofia de Aristóteles.

Essa dualidade não afasta de Heller a compreensão de que a virtude está para além da justiça, como a bondade, assim como a vida boa e a honestidade.

Vida boa envolve eleições:

Escolher a nós mesmos como pessoas honestas pode nos motivar a adotar conjuntos de normas que nos levam a ajudar os outros e a aliviar seu sofrimento, desenvolver em talentos os dons necessários à maioria dos outros, e que resultam no maior bem, e eleger ligações pessoais baseadas em bondade generosa.[86]

Para Kelsen, "uma conduta é 'boa', se corresponde a uma norma que prescreve essa conduta".[87] Um comportamento mau é aquele não esperado pela norma. Por isso, não existirá uma ordem justa que contente a todos.[88] O "traidor" merecerá uma retaliação, uma retribuição.

---

[84] HELLER, Agnes. *La revolución de la vida cotidiana*. Barcelona: Península, 1982, p. 39.

[85] KELSEN, Hans. *Teoria geral das normas*. Porto Alegre: Fabris, 1986, p. 31.

[86] HELLER, Agnes. *Além da Justiça*. Rio de Janeiro: Civilização Brasileira, 1998, p. 432.

[87] KELSEN, Hans. *Teoria geral das normas*. Porto Alegre: Fabris, 1986, p. 221.

[88] KELSEN, Hans. *Teoria do Direito e do Estado*. São Paulo: Martins Fontes, 2000, p. 09. Para o jurista, "a justiça é uma idéia irracional. Por mais indispensável que seja para a volição e ação dos seres humanos, não está sujeita à cognição. Considerada a partir da perspectiva da cognição racional, existem apenas interesses e, conseqüentemente, conflitos de interesses. Sua solução pode ser al-

Heller sustenta que os homens se sentem traídos. A traição advém quando as promessas não são cumpridas, quando as expectativas não são satisfeitas, quando as pessoas são justamente o oposto do que pareciam ser, quando o fim não está de acordo com o propósito ou com a intenção. A vida em si mesma é uma traição, porque os homens vão morrer. A vida boa também é uma traição, porque um sujeito espera saúde e se vê doente, espera a riqueza e termina pobre.[89]

Assim se sente a vítima com o crime frente ao projeto de poder: traída.

A autora húngara ressalta sua visão moral na compreensão de Justiça. Apesar dessa sustentação e da posição pela retribuição, Heller não concorda com os ditames religiosos de Kelsen, como o juízo final e a promessa de salvação: ambos, para ela, são "frivolidades".[90]

Mesmo que não haja concordância nesse patamar transcendental, Kelsen e Heller apontam para o mesmo caminho de justificação da pena, a partir desses dois princípios de Justiça (retribuição e retaliação), que guardam a mesma inteligência de pena como uma devolução. O Estado devolve ao agente o que ele praticou, mediante uma atitude ativa. Primeiro, justifica e legitima a pena, impondo-a no regramento (prevenção estática). Respeita a liberdade do sujeito a quem cabe uma possível imputação e, depois, faz com que o desobediente pague um preço.

1.8. O princípio da retaliação em Kelsen: a vingança pelo Tribunal

Aliado à ideia de retribuição como um princípio da Justiça que fundamenta o dever de punir, Kelsen ora o nomeia como o princípio da retaliação, ora como princípio retributivo, expressando "a técnica específica do Direito Positivo, que associa o mal do injusto ao mal da consequência do injusto. Mas esse é o princípio no qual se baseiam todas as normas jurídicas positivas, e, por isso, toda a ordem jurídica pode ser justificada como concretização do princípio da retaliação".[91]

---

cançada por uma ordem que satisfaça um interesse em detrimento de outro ou que busque alcançar um compromisso entre interesses opostos. Que apenas uma dessas duas ordens seja 'justa' não é algo que possa ser estabelecido pela cognição racional", *in* KELSEN, Hans. *Teoria do Direito e do Estado*. São Paulo: Martins Fontes, 2000, p. 19.

[89] HELLER, Agnes. *Una filosofía de la historia en fragmentos*. Barcelona: Gedisa, 1993, p. 127-128.

[90] HELLER, Agnes. *Além da Justiça*. Rio de Janeiro: Civilização Brasileira, 1998, p. 438.

[91] KELSEN, Hans. *O que é Justiça?* São Paulo: Martins Fontes, 1998, p. 14.

Kelsen, por seu turno, remete ao princípio retributivo sob o argumento de que a retribuição não busca um tratamento igual aos homens, mas um desigual, enquanto prescreve, para os que "fazem mal, uma pena e para aqueles que fazem bem, um prêmio".[92] Entretanto, o bem com o bem e o mal com o mal são consequências da escolha livre de uma conduta e, por isso, não se impõe a bondade e uma vida boa a quem pratica o mal: não seria retributivo, tampouco proporcional.

Por exemplo: em uma demanda judicial na qual se discute a titularidade do Direito Material, o magistrado dirá quem tem razão. Em uma ação criminal, o julgador condenará, absolverá ou imporá um tratamento ambulatorial ou uma medida de segurança, dependendo da culpabilidade. O fato de se acatar a decisão ou a autoridade da norma não invalida a regularidade dos critérios provenientes de normas jurídicas subjacentes, hipotéticas e preexistentes ao julgamento. O critério de justiça está posto no ordenamento: que o tratamento do Direito em reação ao injusto está estabelecido e fundamentado em princípios de Justiça que, nesse caso, considera que a retribuição significa tratar o bem com o bem, recompensando, e o mal com o mal, punindo, ainda que se possa relativizar a aplicação do princípio da proporcionalidade, dependendo da agressão e da hierarquia do bem jurídico violado em decorrência do crime: "uma tal proporcionalidade, porém, apenas seria possível, se os valores (negativos ou positivos da ação e da reação) fossem quantitativamente mensuráveis".[93]

A retaliação, para Kelsen, dita que "a conduta não reta é ligada à pena e a conduta reta é ligada ao prêmio".[94]

O jurista realiza interessante comparação do Estado a um bando de salteadores. O salteador priva o indivíduo (vítima) de seus bens, assim como o Estado, a diferença substancial está na legitimidade dessa privação, uma vez que ao Estado cabe, no sentido de retaliação, ao contrário do larápio que se apodera injustamente de bens que não lhe pertencem, os quais não integram sua esfera de titularidade, ou seja, apropria-se injusta e ilicitamente de bens pertencentes a outrem. O Estado "apropria-se" de um bem jurídico, mediante o devido processo legal, na retaliação e na retribuição, os quais Kelsen utiliza como sinônimos.

Ao contrário de Heller, Kelsen compara a retaliação e justifica-a, ressaltando qualquer afronta a textos bíblicos, inclusive, encontrando, nas sagradas escrituras, o embasamento e a fundamentação, como em

---

[92] KELSEN, Hans. *A Justiça e o Direito Natural*. Coimbra: Almedina, 2002, p. 67.

[93] Idem, p. 71.

[94] KELSEN, Hans. *Teoria Pura do Direito*. São Paulo: Martins Fontes, 1998, p. 94.

Moisés, da aplicação justa e proporcional do Talião, chancelada por Deus, o que chama de "Justiça de Javé", em paralelo à recompensa.

Heller traz uma visão sociopolítica da Justiça. Kelsen, inclusive na *Teoria Pura do Direito*, em um formalismo que lhe é peculiar, faz um cotejo da vingança com a legitimação do dever de punir, o que nada mais confirma a essência do Direito Positivo, com base na legalidade.

Os relatos de Kelsen referenciam como Deus "castigava" mediante as forças da natureza sobre os pecadores. Essas reflexões apenas confirmam como as ideologias que são objeto desta defesa podem ser amparadas pelas tradições nas quais cada um se insere. Kelsen fala em castigo. O sofrimento e os trabalhos do parto podem ser interpretados como punições. O que for mal é castigo. O que for maldoso para a vítima refletirá em castigo para o autor do dano, para aquele que impõe uma espécie de sofrimento.

Assim defende:

> Que a Justiça como retribuição signifique em primeiro lugar punição é a conseqüência do fato de ser ameaça da punição por uma conduta indesejável – não a promessa de recompensa pela conduta contrária – a técnica específica do Direito Positivo; a idéia de justiça sempre reflete mais ou menos a realidade social tal qual manifestada no Direito Positivo. Portanto, o princípio da retribuição também é manifestado como *jus talionis*.[95]

Isso permite questionar se Kelsen defende a vingança por si só como argumento justificador do dever de punir em oposição aos ideais de amor ao próximo cristão, já que salienta tanto a importância que traz aos textos sagrados para a fundamentação de sua teoria: a proibição geral de vingança certamente está em contradição com a instituição da vingança de sangue reconhecida em outras partes da Escritura, mas é perfeitamente compatível com o *jus talionis*, se ele for exercido, não pela própria pessoa prejudicada, mas pelos Tribunais. Seguindo essa afirmativa, o jurista entende que, por sua vez, o princípio da retribuição e o do amor são antagônicos, entre a regra: "[...] paga o mal com o mal e o bem com o bem, e a regra: ama o teu inimigo e paga o mal com o bem. Em íntima ligação com esse antagonismo estão duas visões totalmente diferentes da relação que existe entre a justiça e o Direito Positivo. Segundo uma, a justiça e o Direito são idênticos, segundo a outra, eles podem entrar em conflito".[96]

A lógica do amor é diferente do raciocínio do Direito acerca da relação bondade e maldade. Com a maldade se retribui o seu equivalente. Esse é um "mandamento", uma definição de retribuição. A lógica do

---

[95] KELSEN, Hans. *O que é Justiça?* São Paulo: Martins Fontes, 1998, p. 43.

[96] Idem, p. 32-33.

amor é própria. Suporta o mal e o retribui com o bem. Definitivamente, isso não é Direito Penal. Ao delito, dirige-se uma sanção, que não representa, para aquele a que se destina, um bem, pelo contrário. O que Kelsen traz, nessa passagem, é a não confusão entre Direito e Justiça. Direito é uma ciência que dita o lícito e o ilícito. Entretanto, Justiça é um ideal que nem sempre o Direito atinge. É necessário dar a cada um o que lhe cabe. O Direito se aplica, através de comandos, do enquadramento do fato à lei; a Justiça vai para além da coerção: pode se traduzir em um sentimento. Nesse sentido, para Kelsen, "o anseio por justiça é o eterno anseio do homem por felicidade".[97]

Garantindo que a vingança seja praticada pelo Tribunal, afirma-se que a força é exercida com base em um sistema racional, harmônico e coerente. O vingador deixa de ser o particular, que, em regra, pode se exceder, para atribuir ao Estado esse poder, legitimando-se e, assim, exercendo o dever de punir, justificado pelo contrato, enquanto esses particulares abdicarem da titularidade dessa vingança, deixando de ser uma prerrogativa e passando a ser uma imposição heterônoma.

Voltando à questão do amor e dos ensinamentos de perdão cristão, que podem ser traduzidos pelo "dar a outra face", igualmente ressaltados em Kelsen, o jurista ressalta que considera essa uma doutrina revolucionária: amar a todos, o amor universal, mesmo aos malfeitores. Prossegue:

> É a essência do Direito Positivo resistir ao prejuízo, reagir ao prejuízo do delito com o prejuízo da sanção – a sanção tendo a mesma natureza do delito, segundo o princípio do 'mal pelo mal'. É a técnica específica do Direito infligir ao malfeitor o mal da punição, se necessário pelo emprego da força. O Estado é a organização dessa força, substituindo a iniciativa individual do prejudicado pelo julgamento de Tribunais.[98]

Na esteira da Filosofia, Kelsen incrementa sua defesa na justiça platônica aproximando a retribuição de um conceito de justiça igualitária, retribuindo identifica-se a justiça:

> [...] a função concreta do Direito Positivo, que meramente vincula o mal do delito ao mal da sanção como sua conseqüência. Ela reflete apenas a estrutura externa da ordem social existente, que é uma ordem coercitiva; e essa ordem é justificada pela representação do mecanismo de culpa e punição como um caso especial de um princípio geral que – como a vontade da divindade – é a lei da retribuição [...] na verdade, a retribuição é ela própria uma fórmula de igualdade, já que não diz nada mais além de que o bem

---

[97] Idem, p. 2. Nesse sentido, eis uma crítica ao positivismo jurídico, em NADER: "em relação à justiça, a atitude positivista é de um ceticismo absoluto. Por considerá-la um *ideal irracional*, acessível apenas pelas vias da emoção, o positivismo se omite em relação aos valores" (grifos do autor), *in* NADER, Paulo. *Introdução ao Estudo do Direito.* 23. ed. São Paulo: Forense, 2003, p. 376.

[98] KELSEN, Hans. *O que é Justiça?* São Paulo: Martins Fontes, 1998, p. 46.

será para os bons, o mal para os maus [...] o que no seu sentido primitivo equivale a dizer: "a cada um o que lhe cabe".[99]

Essa passagem, a título de divagação, remete à justiça aristotélica do dar a cada um o que é seu, o que pode refletir no sentido de dirigir a punição a quem lhe cabe, mediante a vingança racional do Estado. A ideia de vingança, no senso comum, pode ser pensada como uma irracionalidade, uma motivação, uma expressão de passionalidade que não passou pelas censuras interna e externa. Só que a vingança referida por Kelsen é o uso do poder de coerção do Estado, de imposição de um aparato punitivo a quem fez por merecer, a quem pratica o mal contra o outro. Isso é retaliar.

É o que Heller define como pagamento. Assim como em sociedades civilizadas, as pessoas são ensinadas que, quanto mais administram as frustrações e quanto maior o nível de tolerância, mais saudáveis; essas mesmas regras de trato social rejeitam a reação após a provocação. Exemplificando: se um sujeito é caluniado ou difamado, dependendo do seu círculo social, não se espera que retribua ao outro da mesma forma. Significa que a conduta mais "adequada" é o ignorar ou procurar um advogado. Ou quando uma pessoa é ultrajada, até mesmo quando outros passam à sua frente em uma fila, apesar do longo tempo de espera, sem qualquer razão, o silêncio parece ser o comportamento socialmente desejado, sob pena de que o prejudicado seja visto como mal-educado ou rude.

Essa inversão, no mundo do crime e da punição, não encontra respaldo. Diante do crime, não se tolera o silêncio ou a "etiqueta do Estado". Não se admite que salteadores não cumpram penas sob a argumentação de superlotação dos presídios. A retribuição, em Heller, e a retaliação de Kelsen são imperativas. Como mais adiante exposto, a retribuição guardará o respeito aos direitos humanos, àqueles postulados de racionalidade, proporcionalidade e humanidade das penas (esse último, como um dever-ser).

Para tanto, voltando ao discurso kelseniano acerca da retaliação, o jusfilósofo alemão reforça, em obra clássica, a relação entre Teologia e Direito:

> Enquanto a ciência jurídica interpreta como um pressuposto (condição) do Direito o delito, representado no pensamento ingênuo pré-científico como negação do Direito, como não-Direito (ilícito) cumpre um processo análogo ao da Teologia em face [...] do problema do mal num mundo criado por Deus totalmente bom e todo-poderoso [...] como pode o mal ser concebido como querido pelo bom Deus? A resposta de uma teologia

---

[99] KELSEN, Hans. *O que é Justiça?* São Paulo: Martins Fontes, 1998, p. 99-100.

monoteísta conseqüente é: interpretando o mal como uma condição (pressuposto) necessária da realização do bem.[100]

Quando Kelsen traz os conceitos de bem e mal, de maniqueísmo, pode surgir a dialética da moral e como interfere em seu discurso, considerando que o jusfilósofo é um neokantiano, assim como Rawls. Fica clara, quando se lê, de modo atento, a ambos os autores e a importância que dão à autonomia moral do ser humano e à liberdade, aquela mesma autonomia defendida por Beccaria, frente à transgressão, e também pelo jusfilósofo italiano Ferrajoli.

Heller menciona a moralidade de Kant em seus escritos, apontando que o filósofo defende que o melhor mundo moral possível depende de uma revolução antropológica:

> [...] finalmente coloca a possibilidade do melhor mundo moral possível. Mas, como é isso? [...] uma das declarações fundamentais de qualquer conceito ético-político de Justiça tem sido sempre que a natureza humana não resiste à reforma [...] o kantiano 'melhor mundo possível' pressupõe a perfeição absoluta da natureza humana.[101]

Já Kelsen apresenta-se de uma forma mais realista, quando se define pela retaliação, defendendo a observância da vingança, também, na aplicação da pena, através de um fundamento bastante pontual e definido, específico e claro com a retribuição: a legalidade, a subsunção do fato à norma (e à punibilidade).

Não se pretende cotejar Kant, Kelsen e Rawls, cujo estudo se prestaria para uma outra e nova proposta. Apenas reafirmar que as semelhanças existem no sentido de assumir uma postura de um mundo moral possível e como isso não se dissocia do direito, mesmo que seja a partir de uma moral particular, de um lugar de fala de um autor que tem a plena possibilidade de defender o que bem entender, desde que coerentemente fundamentado.

Logo, o dever de punir afeta a particularidade do indivíduo, arcando com o ônus de se abster da prática do delito. Tal conduta pressupõe o reconhecimento de direitos seus e dos outros. Pela retaliação, aponta-se o seguinte recado: "com ferro feres, com ferro serás ferido". Confere a mensagem de pagamento e débito, assim como Heller sustenta, e destina ao malfeitor a maldade, na linha kelseniana.

O Estado credita ao particular uma confiança de que as normas serão observadas por ele e, com isso, sua liberdade permanecerá intacta e seus demais bens jurídicos não sofrerão, igualmente, restrições. No momento da quebra, o Estado volta-se em uma prestação de con-

---

[100] KELSEN, Hans. *Teoria Pura do Direito*. São Paulo: Martins Fontes, 1998, p. 127.

[101] HELLER, Agnes. *Além da justiça*. Rio de Janeiro: Civilização Brasileira, 1998, p. 147-148.

tas: as limitações a direitos fundamentais (como a liberdade de ir e vir, por exemplo), além de uma consequência de uma escolha desastrada, é uma forma de responder ao Estado pelos danos causados pelo crime. Urge ressaltar a diferença entre o Direito Privado, pois, no caso em tela, a relação é vertical, não horizontal. O particular responde perante o Estado, independentemente de acatar a autoridade do castigo.

Como bem pontua Kelsen, o Direito antigo nasceu como Direito Penal. A punição integra a história da humanidade, da manutenção das primeiras comunidades: "assim como um feito heroico, de um membro do grupo traz satisfação e orgulho a todos os outros, também se considera justo que um delito de um membro do grupo deva ser vingado sobre todos os seus membros".[102]

Quando o jusfilósofo traz a responsabilidade individual, evoca a responsabilidade coletiva, na qual as comunidades primitivas praticavam a vingança de sangue não apenas contra o delinquente como contra sua família. O grupo reagia frente ao autor do fato, o que denota a evolução do Direito Penal rumo à culpabilidade, permanecendo, entretanto, a pena como uma ideia de vingança (retaliação), apenas deslocada do irracional particular à legalidade do Estado.

Kelsen afirma que o que vale da norma retributiva que comina para um comportamento uma determinada sanção também vale àquela que prescreve para um determinado merecimento a correspondente recompensa.[103] Nesse sentido, retribuição é um fim em si mesmo na justificação da pena. Se justiça é dar a cada um o que merece, então, caberá a retribuição ao ofensor. Por isso, fracassar na punição (não puni-lo) será injusto.[104]

Retaliação (ou retribuição) pressupõe uma liberdade prévia. Aquela subjetiva da transgressão. A questão da justiça punitiva como retribuição justifica-se assim como a existência do Direito Penal. O Estado respeita o livre-arbítrio do sujeito culpável. Admitir isso significa agregar valor (ou melhor, um desvalor) que recairá sobre um agente na consequente punibilidade.

A expressão "liberdade" pode ser revestida de uma série de significações e sentidos, dependendo das ideias que se quer transmitir e do ponto de vista defendido. Se se quiser defender o ser livre, como aquele que é o que deseja ser (não aquele que simplesmente é porque é, de forma determinista ou por força das circunstâncias), parte-se do

---

[102] KELSEN, Hans. *O que é Justiça?* São Paulo: Martins Fontes, 1998, p. 243.

[103] KELSEN, Hans. *O problema da justiça*. São Paulo: Martins Fontes, 1998, p. 59.

[104] HALLIDAY, Roy. *What good is punishment?* Disponível em: http://royhalliday.home.mindspring.com/a2html. Acesso em 21 de agosto de 2009.

pressuposto de que tenha a capacidade de ser passível das consequências que advêm de suas escolhas de vida.

Kelsen estuda e expõe, claramente, que o Estado tem o dever de punir: essa sanção é organizada, porque advém de uma ordem dotada de coerção. O cumprimento do Direito não guarda a espontaneidade, como a moral, que se observa ou não, de acordo com a internalização de valores pelo indivíduo. O leitor atento das obras de Kelsen percebe um pensamento evolutivo no sentido de não abrir mão do formalismo, em demasia, porém de propor uma explicação para a sanção com base na coerção e no *modus vivendi* do ser humano desde os registros longínquos da História, no que tange à atuação do Direito, vide a lei mosaica.

O que o jurista reflete, no conjunto de sua obra, é a defesa do uso da força pelo Direito. Uma coerção que garanta a autoridade da imposição do apenamento. Para quaisquer espécies de crimes: seja para os que hoje estão enquadrados na Lei Maria da Penha, envolvendo gênero, sejam os que tutelam o direito da natureza e os direitos do Fisco diante da ordem financeira e econômica.

A coerção cobra um preço pela liberdade concedida: mesmo quando o Estado não está presente em seu aparato protetivo, em seus órgãos persecutórios, a ordem se impõe. Em qualquer momento, em qualquer lugar, dentro do Estado. Isso revela que o preço a se pagar se dá pela confiança quebrada, pelo pacto descumprido, pela sanção que subjaz cada comportamento subversivo.

Uma sociedade ideal, com igualdade para todos e a liberdade alicerçada no respeito da diferença, considerando a alteridade e os direitos fundamentais de cada um, é, sem dúvida, um dos grandes desafios de um século que potencializa tecnologia e desumaniza o humano. Essa desumanidade que se percebe no tratamento o qual reitera a exclusão do excluído, o tratamento indigno ao que se encontra na margem, não é preocupação apenas dos discursos criminológicos, mas encontra um amparo em um sistema econômico que não se interessa por esses princípios da Justiça que tentam se concretizar para além das letras da filosofia.

A cooperação social, dentro de uma sociedade individualista, é calcada em contradições. Uma coletividade que pensa querer a preservação de interesses individuais em prol do todo, quando, ao mesmo tempo, não se permite abdicar do particular, quando sente a menor possibilidade da perda de regalias ou privilégios que advêm do poder, da representatividade: do poder de ordenar e ser obedecido.

Kelsen, então, sem abdicar de sua justificação punitiva ancorada na retaliação, sugere que, "na regra jurídica, o emprego da força surge como delito, a condição para a sanção, ou como sanção, a reação da comunidade jurídica contra o delito".[105]

Assim como Heller, Kelsen rechaça a prevenção das penas como um "estágio relativamente tardio de evolução": "é a ideia de retribuição que se encontra na base dessa técnica social",[106] no sentido de que a comunidade jurídica reage diante do delito, não se torna passiva ou acomodada diante do crime, cujo indivíduo que a integra deve se abster de interferência nas esferas de interesse dos demais.

Essa interferência se verifica quando um cônjuge impõe sofrimento físico, sexual, patrimonial e/ou psicológico a outrem; quando o Direito Ambiental dita regras de proteção à natureza vilipendiada em razão de interesses econômicos; quando o Fisco é lesado pelo contribuinte, quando o particular se vê diante da morte por alguém que o trata como desafeto.

Essas ingerências na vida de particulares geram uma aversão. A ordem existe porque o caos se fez conhecer.

O que é defendido é uma ideia análoga às leis da Física, de ação e reação. Reagir é retribuir. No Direito brasileiro, a retribuição deve observar a dignidade pessoal do apenado, mas, sobretudo, o ponto ou a valência de interferência nos interesses do outro, requerendo-se que a proporcionalidade das penas dê conta de uma resposta retaliatória.

Retaliação implica poder, autoridade de impor para quem não é obediente, de castigar, de revidar. Cumprir a lei significa abster-se de praticar um delito e ser reforçado com a manutenção da vida do sujeito, como escolheu viver: em obediência. Descumprimento leva ao castigo, à vingança (retaliação), ao pagamento (retribuição).

Justificar significa racionalizar, fundamentar, legitimando o porquê, o sentido do dever de punir, concentrado nas mãos de um Estado, que não é passivo, mas que reage, assim como o tutor, o terapeuta, o pedagogo, o educador, o pai, cujas figuras nada mais são do que representantes de um poder outorgado pela sociedade, assim como ao Estado, através do pacto.

Em razão disso, Kelsen expõe, explicitamente, que o princípio da retribuição é o princípio da justiça mais importante, o qual tem sua origem no instinto de vingança que reside no psiquismo do ser humano:

---

[105] KELSEN, Hans. *Teoria Geral do Direito e do Estado*. São Paulo: Martins Fontes, 2000, p. 31.

[106] Idem, p. 31.

[...] Todo o direito corresponde ao princípio da retribuição. Mas o princípio retributivo postula, também, um prêmio para o merecimento e é, assim, uma aplicação do preceito moral da gratidão [...] a norma da retribuição prescreve, portanto, que àquele que faz bem, se deve fazer o bem, e àquele que faz o mal, se deve fazer mal [...] A cada um o seu, queremos dizer: a cada um o que lhe é devido, o que ele merece, então o princípio da retribuição já está nela implícito.[107]

Dar a cada o que merece: a educação a quem precisa ser moldado nos parâmetros da civilização; a reprimenda a quem opta pelo injusto; a reação diante do descrédito que o criminoso dedica ao Direito, no sentido de não acreditar na punição. Um prêmio para quem se controla e se abstém do crime, a manutenção da sua liberdade.

Heller, na esteira de Kelsen, infere que, quando normas e regras são infringidas, a retribuição é uma sanção social de acordo com essas normas e regras, além de uma afirmação da administração da Justiça Criminal. A pena acaba por ser identificada com a capacidade justificada do Estado em retribuir, em atribuir um valor a uma conduta. Por isso, a sanção inflige sofrimento, e o agente deve pagar o seu "débito", reforçando a validade daquelas normas[108] e regras, as quais, segundo Kelsen, não são passíveis da incidência de juízos de valor,[109] senão as condutas.

Kelsen considera que não se deva emitir juízo de valor sobre normas, pois são elas que dizem o que é lícito e ilícito, devendo as ações sofrer tal crivo. Assim o apenamento, quando recai sobre o sujeito, emite um juízo de desvalor ou reprimenda sobre sua ação, considerando-se, nesse caso, a culpabilidade como um pressuposto da punibilidade. Punição baseada em uma chancela de normas válidas que traduzem o Direito Positivo e sobre as quais nada pode o particular, a não ser se submeter ao castigo no trânsito em julgado da condenação.

---

[107] KELSEN, Hans. *A Justiça e o Direito Natural*. Coimbra: Almedina, 2002, p. 66.

[108] HELLER, Agnes. On retributive justice. *In* GAILEY, Christine W. *Dialectical Anthropology*. Disponível em: http://www.springerlink.com/content/n5244537815tg544/. Acesso em 24 de abril de 2010.

[109] KELSEN, Hans. *A Justiça e o Direito Natural*. Almedina: Coimbra, 2001, p. 42.

2. O poder de retribuição do Estado

2.1. A necessidade da imposição da pena

Desde os primórdios da história da humanidade, o crime surge como o arraigamento da paixão no ser humano, como desprendida da essência do ser e como a sombra ao corpo. Desde a visão do livre-arbítrio, do fratricídio de Caim, da lei do Talião, indubitavelmente, ainda que sem a existência de um direito posto, o direito natural era conhecido por universal. A pena era uma necessidade. Mas qual seria sua espécie?

Sem a figura do Estado, sem uma teoria que o justificasse com a ausência de sua legitimação contratualista, a sanção como paixão era visualizada e imperiosa como um sentimento de vingança, ainda que privada, a única forma existente e possivelmente realizável. Será a pena um meio de preservação (ou opressão) de dignidade pessoal, como um fim em si mesmo, sem coisificação?

Após a apreciação da justificação do dever de punir, surgem algumas questões subjacentes para reflexão: o que punir? O corpo ou a alma, sob uma ótica em Foucault?[110] Como aplicar uma pena, infligir um sofrimento, sem afetar a dignidade? Responder a quem, mediante a prática do crime? À sociedade, à vítima ou ao réu? Se o processo existe para o réu, como punir? Todas essas indagações giram em torno do sentido da pena ou do dever de punir, uma vez que já se tem uma fundamentação para esse dever do Estado frente ao particular.

Hassemer explica que, "com efeito, o Leviatã foi sempre uma figura de duas caras: o sustento e, ao mesmo tempo, a ameaça. Numa palavra, o sustento perigoso. Os direitos fundamentais servem para colocar grilhões e este Leviatã, para confinar o seu âmbito".[111]

---

[110] FOUCAULT, Michel. *Vigiar e punir*. Rio de Janeiro: Vozes, 1987, p. 32.

[111] HASSEMER, Wienfried. Processo penal e direitos fundamentais. *In Revista Del Rey Jurídica*. n. 16. ano 8. São Paulo: Del Rey, 2006, p. 72.

Ao aprisionar-se, não apenas o corpo é destinatário da sanção penal, como também a alma e seu conteúdo de dignidade.[112]

Por um viés iluminista, em Beccaria,[113] a pena serve como um limite à violação dos direitos fundamentais do sentenciado ou do preso provisório. Segundo uma ótica de prevenção especial, a pena se destina a ressocializar o preso. Entretanto, mediante uma análise crítica, o que impera no sistema penal é um "darwinismo prisional", uma lei da sobrevivência carcerária.

No decorrer de uma investigação histórica sobre as conquistas e descobertas dos povos, bem como a tomada de poder por diferentes líderes políticos, muito se advoga a possibilidade de que a História é contada pelo vencedor, uma vez que o perdedor, além de ter visto dissipada a sua credibilidade frente a uma derrota, traria a sua versão, contaminando a sua releitura fática com suas frustrações e indignações diante da humilhação do fracasso. Na história da pena, ao contrário, ainda se pode perguntar se existem vencedores e perdedores.

Sabendo-se que o processo é considerado uma conquista após o cometimento de uma série de comportamentos anárquicos que ocorreram ao longo da história da humanidade, ainda antes de uma fase de consenso, com o contrato social, com a chancela de um aparato jurídico que os reprove, é importante ressaltar como se deram os avanços do poder punitivo do particular e institucional no decorrer dos séculos.

Reitera-se a menção ao princípio da intervenção mínima do Direito Penal e da limitação da violência penal institucional contra o particular, demonstrando-se que o Estado não deve permitir que critérios irracionais sejam observados, quando da aplicação das sanções, em especial, quando da privação da liberdade, observando-se, igualmente, a proibição do excesso punitivo e a racionalidade da pena, sem a interferência das paixões da maioria. Frise-se que a abordagem remeterá até o século XIX, com a Escola Positiva.

Nesse momento, cumpre ressaltar que a origem das penas se perde no tempo pela imprecisão de pontuá-la dentro de um período histórico ou secular. Quando se examina sua aplicação, surge um cunho divino, mágico e imaginário, derivado das forças poderosas da natureza, contra as quais os indivíduos nada poderiam fazer, senão temer

---

[112] Nesse sentido, Ingo SARLET, em sua obra *Dignidade da pessoa humana e direitos fundamentais na Constituição Federal de 1988*, defende que, "sem que se reconheçam à pessoa humana os direitos fundamentais que lhe são inerentes, em verdade estar-se-á lhe negando a própria dignidade", p. 87.

[113] BECCARIA, Cesare. *Dos delitos e das penas*. São Paulo: Hemus, 1998.

e rezar. O raio e o trovão eram percebidos como um castigo divino ou uma desaprovação pelas condutas humanas.

Como bem aponta Pierangeli, "a pena, portanto, tinha uma função reparatória, somente quando procurava aplacar a ira das entidades sobrenaturais, e nela não se via uma reparação social; isso porque o delito, nessa época, representava apenas um pecado, e não um fato contra o incipiente organismo social existente".[114]

As homenagens à natureza existiam sob formas totêmicas manifestas e percebidas como controle social, cujo marco histórico, especula-se, deve datar de mais ou menos dez mil anos.[115]

2.2. Uma retribuição privada

Mediante uma retomada do início das primeiras formas de existência humana sob a Terra, formuladas pelo Gênesis, examina-se como era a vida dos habitantes, partindo-se de uma teoria teológica, que, em livre-arbítrio, após o cometimento do pecado original, viviam, conviviam e sobreviviam em uma terra sem a presença do paraíso terrestre. Com a mácula da desobediência que pairava sob as cabeças dos homens (em uma visão teológica do pecado original), havia a necessidade de que as primeiras comunidades respondessem frente às condutas deliberadamente danosas ao tecido social composto. Mas como punir? Partindo-se de uma perspectiva individual, de um conteúdo de eticidade que reside no ser humano, mesmo que sem o conhecimento de normas escritas (e ali não havia nenhuma), o sentimento humano é marcado pelo revide, pela retribuição e pela retaliação. Um exemplo é o fratricídio que Caim cometeu contra Abel.

Deus, diante da ausência de uma expiação do pecado praticado, colocou na testa de Caim uma marca, para que os que o vissem não o matassem, tendo em vista a longa existência ainda vivida com a presença do terrível remorso.

A vingança privada é um período marcado pela história no qual as primeiras comunidades convivem com seus sentimentos de ódio e de vingança (eminentemente humanos), em cujas manifestações exteriores a retribuição em infligir o mal com o mal está presente. Ainda não há uma organização estatal, um contrato social contido em um es-

---

[114] PIERANGELI, José Henrique. De las penas: tiempos primitivos y legislaciones antiguas. *In* ZAFFARONI, Baigún; MOLINA, García-Pablos. *De las penas*. Buenos Aires: Depalma, 1997, p. 402.

[115] Idem, p. 401.

tado de natureza hobbesiano, no qual os indivíduos se toleram em prol de um bem maior, a paz social, a harmonia de uma coletividade que é obrigada a conviver.

Após uma vingança ilimitada sob forma de uma reação penal da vítima e de seus parentes contra o delinquente na sociedade do totem, marcada por lutas entre a vítima, seus parentes e os clãs, mediante extermínios, passou-se à noção de uma limitação da punição apenas ao autor direto e imediato do delito.[116]

Em que pesem as inúmeras críticas que o olho por olho, dente por dente, ou seja, a Lei do Talião desperte hoje, o mérito dessa resposta mosaica residia na proporcionalidade, que, bem mais adiante, no decorrer da História, notadamente no século XVIII, no Iluminismo, foi uma das bandeiras ou postulados para a aplicação de um Direito Penal razoável.

Com o ordenamento, segundo a defesa de Belli, a vingança privada é "assim substituída pela resolução impessoal de conflitos. A violência, como meio específico do Estado, é 'desprivatizada' à medida que o processo de privatização da sociedade toma vulto".[117]

A justiça, em Platão, é analisada por Kelsen no postulado retributivo das penas ao longo do tempo: "[...] esses (os homens) precisam conceber a Justiça como uma deusa vingadora, precisam acreditar subjetivamente no talião [...]".[118]

Kelsen, então, salienta que, segundo a concepção primitiva, "não só se deve retribuir igual com igual, como também somente é possível conhecer o igual pelo igual [...] o talião é o princípio retributivo em sua forma mais rude".[119]

Quem matar, responderá com a própria vida; quem roubar ou furtar, terá sua mão decepada. Não deixava de ser um espetáculo, uma tentativa de intimidação, no sentido de contraimpulso ao agir criminoso, ou seja, era como se a comunidade dissesse: "tiveste prazer com a prática de uma conduta que atendeu a tua paixão e, agora, terás o desprazer de sofrer da mesma forma com que impuseste à vítima a ofensividade da tua força".

---

[116] PIERANGELI, José Henrique. De las penas: tiempos primitivos y legislaciones antiguas. *In* ZAFFARONI, Baigún; MOLINA, García-Pablos. *De las penas*. Buenos Aires: Depalma, 1997, p. 402.

[117] BELLI, Benoni. *Tolerância zero e democracia no Brasil*: visões de segurança pública na década de 90. São Paulo: Perspectiva, 2004, p. 99.

[118] KELSEN, Hans. *A ilusão da Justiça*. São Paulo: Martins Fontes, 2000, p. 325.

[119] KELSEN, Hans. *A Justiça e o Direito Natural*. Coimbra: Almedina, 2002, p. 67; 69.

A razão do sentimento de defesa encontra explicação em Marques: "o homem primitivo encontrava-se muito ligado à sua comunidade, pois fora dela sentia-se desprotegido dos perigos imaginários".[120]

A questão da imaginação e da fantasia da iminência de um ataque inimigo geradas pela insegurança da ausência do Estado pode ser definida como uma incontinência, ou seja, nas palavras de Aristóteles, como cólera. O filósofo grego ensina que, "quando a razão ou a imaginação nos mostra que fomos insultados ou desconsiderados, a cólera se inflama imediatamente, depois de raciocinar – digamos assim – que qualquer coisa desse tipo deve ser revidada".[121]

Além da proporcionalidade passional da comunidade com o revide do mal com o mesmo mal, ocorria também a chamada perda da paz. Nessa espécie de pena, o agente seria totalmente excluído do convívio social, posto à própria sorte e dependendo exclusivamente da natureza para sua sobrevivência, com a expulsão do grupo. A relevância da aplicação desse castigo residia no fato da necessidade do ser humano em coexistir com os demais, no seu caráter gregário e eminentemente social, sendo privado de tal possibilidade de convivência.

Ultrapassada essa fase, surge a vingança divina, como uma modalidade de punição na qual o autor do fato responderia pelo seu crime, através da imposição de penas cruéis, degradantes e desumanas, uma vez que afrontava a Deus com a prática de sua conduta pecaminosa.

A vingança privada não parece ser uma prática sem justificativa. É eminentemente humana. Qualquer manifestação de paixão, seja positiva, como o amor, seja negativa, como o ódio, com tamanha força e duração, apenas reforça a ideia de que o ser humano carrega dentro de si sentimentos de intensidades variadas, que se evidenciam quando se sente acuado ou em perigo. E, sob esse ângulo, reage e revida tal qual, ou para além da agressão que sofreu.

Justifica-se a vingança do talião quando imposta pelo Estado, através de um sistema que se pretende acusatório, após o respeito às garantias constitucionais, rumo a um provimento jurisdicional de um terceiro, investido na atividade jurisdicional, que dirá o Direito e a quem se deve obediência. O uso da força pelo Estado é legitimado pelo contrato que abrange a punição e o consequente castigo, como bem suscitado por Heller e Kelsen. A retaliação adquire uma nova forma: o Estado, através da paridade entre defesa e acusação, e depois de esgotadas todas as instâncias recursais possíveis na contemporaneidade,

---

[120] MARQUES, Oswaldo Henrique Duek. *Fundamentos da Pena*. São Paulo: Juarez de Oliveira, 2000, p. 2.

[121] ARISTÓTELES. *Ética a Nicômacos*. 3. ed. Brasília: UnB, 1985, p. 139.

exerce seu dever de punir, em uma retaliação que se pretende menos primitiva que a do particular.

Kelsen reafirma sua crença no princípio retributivo como princípio da igualdade: "[...] se um membro da comunidade conduz-se de uma maneira que lesa os interesses da comunidade deve ser punido, deve ser-lhe causado um mal [...] igual por igual, bem por bem, mal por mal. Como o princípio do Talião: olho por olho, dente por dente".[122]

2.3. Dever de punir como vingança divina

Parte-se de uma visão inicial de vingança, de uso da força pelo particular, ou seja, uma retribuição a uma conduta da mesma natureza, no sentido de estar revestida de uma paixão, que não se vê intimidada ou dissuadida pela aplicação de uma pena imposta e acordada por uma comunidade.

Como refere Bruno,

a concepção da pena como retribuição do mal pelo mal, justo castigo que deve ser imposto ao delinquente para afligi-lo e fazê-lo expiar o seu crime, já era, não expressa em teorias, mas manifestada nos hábitos penais, a dos tempos primários, rudes e exigentes na vingança, e ainda a das velhas civilizações do Ocidente [...] mesmo entre os gregos, aliás os primeiros a levantar o problema da justificação racional da pena, vamos encontrar o pensamento da retribuição, que Platão expôs no *Górgias*, embora no *Protágoras*, e com ideias desse mesmo sofista, e nas *Leis*, defendesse a finalidade emendativa da sanção penal. Daí o célebre aforismo, que Sêneca leva para Roma, citando a Platão: pune-se não porque se pecou, mas para que não se volte a pecar.[123]

Em um segundo estágio, existe uma confusão entre a pena imposta e o pecado cometido. A conduta deve ser respondida perante Deus. Há o surgimento das ordálias. Uma técnica de reconhecimento de uma força diferente: se o suposto autor do fato criminoso fosse um herege ou acusado de bruxaria, resistisse ao castigo de andar sobre o fogo, sobrevivesse a uma tina com água fervente, ou permanecesse vivo sendo resistente à prática dessas torturas, entender-se-ia que Deus o havia absolvido por seu estado de inocência. O forte aguentaria. O fraco morreria ou confessaria.

Nesse patamar da História, há os primeiros sinais da confusão que se estabeleceu entre o crime e o pecado, as manifestações de um direito ainda primitivo e sua indissociabilidade com a moral.

---

[122] KELSEN, Hans. *Teoria geral das normas*. Porto Alegre: Fabris, 1986, p. 173.

[123] BRUNO, Aníbal. *Das penas*. Rio de Janeiro: Editora Rio, 1976, p. 15.

Não é a ira do particular que paira sobre o criminoso (ou contra aquele a quem se pretende culpabilizar). Contudo, a divina; portanto, justificava-se o castigo mais cruel. Em um pensamento mágico datado dos ideários totêmicos, poder-se-ia asseverar e reprovar a sentença: "Desobedeceste ou desagradaste aos deuses e sua ira pairará sobre tua vida".[124] A ação que despertasse a fúria das divindades se apresentava de forma mais grave que a criminosa perante o grupo: era uma afronta que merecia a morte, porque apenas assim o acusado teria a possibilidade do perdão não humano.

De acordo com Bacila, "a vingança divina tem origem mágica e religiosa [...] vivia-se no ambiente mágico (vedas) e sob o domínio das forças dos deuses (totem) atribuídas aos fenômenos desconhecidos das forças da natureza (raios, enchentes, pragas, fogo)".[125]

O sobrenatural, o desconhecido, o totem, qualquer manifestação que não se consegue nominar, longe do controle ou do domínio humano, gera um sentimento de emoção muito primitivo, que é o medo. O medo que pode ser aterrorizante e paralisador é o mesmo que ameaça, sugestiona e contra o qual a razão pouco pode.

Castigar em nome de Deus ou de uma força invisível parece ser uma das formas mais inteligentes de imposição de violência. Quando não se conhece contra quem se luta, a desvantagem é estarrecedora. Uma divindade vingativa e poderosa é capaz de confirmar a vontade de um soberano igualmente cruel. Tem-se uma outra manifestação irracional e de terror que alimenta o espetáculo punitivo.

Conforme Zaffaroni, "as pessoas costumam tolerar a injustiça, mas não podem tolerar a desesperança [...] não há existência sem projeto. A exclusão é desesperança, frustra todos os projetos, fecha todas as possibilidades, potencializa todos os conflitos sociais [...] e os erros de conduta".[126]

Ao contrário do que se defende no que tange ao presenteísmo que caracteriza e nomeia a sociedade contemporânea ocidental, percebe-se

---

[124] O período inquisitivo ainda marca a História de sistemas processuais como o brasileiro, quando admite que o juiz pode, para apurar uma verdade substancial, real (um dogma, não de fé, mas judicial), buscar uma prova por sua própria iniciativa, podendo, com essa determinação, ser um inquisidor que colhe, por si só, informações que não foram trazidas pelos interessados. Além disso, pode ocorrer uma quebra negativa da igualdade e o conteúdo probatório ser prejudicial ao réu.

[125] BACILA, Carlos Roberto. Os princípios de avaliação das provas no processo penal e as garantias fundamentais. *In* BONATTO, Gilson (org.). *Garantias constitucionais e processo penal*. Rio de Janeiro: Lumen Juris, 2002, p. 79-80.

[126] ZAFFARONI, Eugenio Raúl. La globalización y las actuales orientaciones de la política criminal. *In* ZAFFARONI, Eugenio Raúl; PIERANGELI, José Henrique; CERVINI, Raúl. *Direito Criminal*. Del Rey: Belo Horizonte, 2000, p. 26.

que as práticas religiosas orientais islãs trazem não uma volta, mas uma permanência na perpetuação de uma ideologia do além-morte: a verdadeira vida é a morte através da expiação. Um sofrimento não imposto por Deus, contudo oferecido pelo seu seguidor em reparação aos pecados, mesmo que, para isso, o genocídio seja necessário, como em países do Oriente Médio.

A necessidade do transcendente, do divino para além do humano, é capaz de gerar processos de uma "racionalidade" motivada. Longe de ser algo superado e um dos marcos da história punitiva, a vingança divina consiste em qualquer forma atentatória contra a dignidade pessoal em nome de Deus, para contentar homens de barbárie.

Essa discussão remete à Antropologia e pode ser criticada sob o rótulo do preconceito do olhar ocidental. Qualquer finalidade punitiva que seja calcada em uma lógica de pecado deve ser designada ao julgamento divino, seja por um intermediário sacerdotal, seja por uma crença na vida eterna que independa do massacre de inocentes.

2.4. A pena como espetáculo: a vingança pública

Seguindo essa tradição, em um período medievo e inquisitorial, muitos crimes eram praticados em nome de Deus.

As leis mosaicas, com os dez mandamentos, traduzem a filosofia do pensamento judaico-cristão, em cujo conteúdo pode ser traduzido o ordenamento jurídico-brasileiro, quando preceitua a sanção aos crimes de homicídio, furto, roubo, sob a forma de tipos, não de mandamentos morais.

A base desse período era a fundamentação racional dos dogmas da fé pregada, surgindo nomes como Santo Agostinho e Santo Tomás de Aquino, do respeito à pessoa humana, insurgiam-se por total contra as práticas inquisitivas da Idade Média, cujos atos perversos contra a dignidade pessoal eram praticados sob a falsa legitimação de vontade "em nome de Deus".

Dando um salto na História, para que se veja a perpetuação de práticas antigas, por séculos, Foucault traz importantes referências acerca do espetáculo punitivo e do horror despertado nas mentes, no suplício, na tortura física, com repercussões na moral. Na educação para o cinismo, para a subserviência, para a submissão que impede que o ser humano seja o que é, comportando-se como o sistema assim espera. É o caso do Panóptico.[127]

Wolff refere que:

O Panóptico constitui-se um dispositivo preocupado em estabelecer um sistema de vigilância, cuja forma arquitetônica era apenas um de seus elementos. Sua forma ideal era a circular, o que permitia uma vigilância constante, e assim, não só o controle objetivo estaria assegurado, mas também o sentimento de estar sendo constantemente inspecionado [...] O pobre, o louco, o preso, o doente, eram os alvos primeiros desta especial expressão do utilitarismo.[128]

Como apontam Zaffaroni e Pierangeli, a ideologia panóptica provém de Bentham:

A pena é um mal, porque não produz felicidade a quem é aplicada, mas do ponto de vista da utilidade pública (a suprema das felicidades individuais) é um bem, pois poupa dor mediante a prevenção particular e geral [...] a ideologia da pena era a do treinamento, mediante controle estrito da conduta do apenado, sem que este pudesse dispor de um só instante de privacidade. Essa ideologia será expandida e reformulada pelos diversos criadores de regimes e sistemas [...] mas no final seguirá sendo a mesma: vigilância, arrependimento, aprendizagem, 'moralização' (trabalhar para a felicidade).[129]

A pena era um reflexo e um teatro da humilhação e da perversidade com que um indivíduo podia ser tratado por um Estado (Rei). Na crueldade, no saber punir e na prática do poder do espetáculo, a pena apresentava-se como um instrumento de uma nova tecnologia: a punição da alma. A despersonalização com o controle, a perda da autonomia e a uma "identidade" criada para o benefício de livrar-se da pena.

No espetáculo, segundo o epistemólogo francês, "as pessoas não só têm que saber, mas também ver com seus próprios olhos. Porque é necessário que tenham medo; mas também porque devem ser testemunhas e garantias da punição, e porque, até certo ponto, devem tomar parte nela".[130]

Segue, complementando:

Que o erro e a punição se intercomuniquem e se liguem sob a forma da atrocidade não era a consequência de uma lei do talião obscuramente admitida. Era o efeito, nos ritos punitivos, de certa mecânica do poder: de um poder que não só se furta a se exercer diretamente sobre os corpos, mas se exalta e se reforça por suas mani-

---

[127] Como preceitua Foucault, há um "saber do corpo [...] uma tecnologia política do corpo", *in* FOUCAULT, Michel. *Vigiar e Punir*. 22. ed. Petrópolis: Vozes, 2000, p. 26.

[128] WOLFF, Maria Palma. *Antologia de vidas e histórias na prisão*: emergência e injunção de controle social. Rio de Janeiro: Lumen Juris, 2005, p. 126.

[129] BENTHAM *apud* ZAFFARONI, Eugenio Raúl; PIERANGELI, José Henrique. *Manual de Direito Penal Brasileiro*: parte geral. v. 1. 7. ed. São Paulo: RT, 2007, p. 243-244.

[130] FOUCAULT, Michel. *Vigiar e Punir*. 22. ed. Petrópolis: Vozes, 2000, p. 49.

festações físicas; de um poder que se afirma como poder armado e cujas funções de ordem não são inteiramente desligadas das funções da guerra; de um poder que se faz valer das regras e das obrigações como laços pessoais cuja ruptura constitui uma ofensa e exige vingança; de um poder para o qual a desobediência é um ato de hostilidade, um começo de sublevação, que não é em seu princípio muito diferente da guerra civil; de um poder que não precisa demonstrar porque aplica suas leis, mas quem são seus inimigos e que forças o ameaçam; de um poder que, na falta de uma vigilância ininterrupta, procura a renovação de seu efeito no brilho de suas manifestações singulares; de um poder que se retempera ostentando ritualmente sua realidade de superpoder.[131]

Percebe-se, na Idade Contemporânea, a necessidade do espetáculo e o sentimento de prazer coletivo com o sofrimento imposto pela pena. Um exemplo "espetacular" se verifica na China, em pleno século XXI, com execuções (pena de morte) com desproporcionalidade assustadora, um excesso medieval. Entretanto, antes do século das luzes, o carrasco era mais temido que o criminoso.

Como sustenta Batista, as penas públicas guardam justificativas especiais frente à regulamentação da vingança privada: "a tolerância se desloca da violência legitimada pelos costumes para a violência autorizada pela lei escrita".[132]

Robert sustenta que cada época guarda uma economia da pena:

Na aurora do Estado moderno, os historiadores muitas vezes perceberam uma brutal penalização da justiça, que se traduzia por um furor contra o corpo do culpado, como se fosse necessário imprimir fisicamente a obediência ou, ao menos, o respeito, afirmando-se o caráter irresistível da proeminência real.[133]

O furor contra o corpo é uma forma de dar visibilidade ao terror. As feridas na alma abrangem uma possibilidade de perpetuidade, enquanto os hematomas se desfazem. O que reforçaria a intimidação da pena seria o horripilante suplício. O que o outro sente não é sentido pelos outros, o que é visto é marcante para a retina de quem assiste.

A universalidade da justiça garante que uma sociedade moderna, democrática e liberal, se legitima tanto como se embasa em princípios da Justiça. Mates sustenta que, muitas vezes, a justiça é confundida com vingança, como ocorre não raro na prática jurídica: quando o castigo ao culpado perde seu objetivo (reparar o dano, impedir que se repita, procurar a reeducação ao criminoso), então, a justiça tem algo de

---

[131] FOUCAULT, Michel. *Vigiar e Punir*. 22. ed. Petrópolis: Vozes, 2000, p. 48.

[132] BATISTA, Nilo. *Matrizes Ibéricas do sistema penal brasileiro*. Rio de Janeiro: Freitas Bastos, 2000, p. 87.

[133] ROBERT, Philippe. *Sociologia do crime*. Petrópolis: Vozes, 2007, p. 31.

vingança.[134] Essa assertiva vai ao encontro do pensamento iluminista, defendido por Beccaria.

2.5. A Escola Clássica e o Iluminismo

Entende-se que a Escola Clássica, cujas primeiras ideias são atribuídas a Beccaria, no século XVIII, se traduz como um divisor de águas entre a aplicação de um Direito Penal do Terror para uma humanização do ordenamento. O deslocamento da preocupação punitiva como um espetáculo de morte e degradação para uma investigação acerca do fato, e suas repercussões na vida em sociedade.

Beccaria sente as agruras do sistema quando, sem julgamento e sem a prática de crime algum, é condenado a uma masmorra, pela reprovação que atribuiu ao casamento de seu pai com uma jovem de pouco mais de vinte anos.

Ao escrever o clássico *Dos delitos e das penas*, Beccaria trouxe algumas reflexões que impulsionaram o pensamento iluminista, a partir de propostas humanitárias, excluindo-se qualquer tratamento vexatório ao agente.

Conhece o crime. É com essa sentença que o jurista italiano rechaça o julgamento do homem, em sua perversidade, reprovando, igualmente, a analogia entre direito e moral, crime e pecado. Estuda-se o crime como ente jurídico, aplicando-se um Direito Penal do fato (da culpabilidade), mediante um julgamento justo, através de um juiz que não busque a prova, que seja um terceiro desinteressado e, portanto, imparcial, com separação clara entre defesa, acusação e juiz, cujo julgar não será dotado das paixões da sociedade, mas baseado em leis penais postas.

Beccaria acreditava que a certeza da punição e a educação afastariam os homens do caminho do crime.[135]

Uma das grandes contribuições do pensamento clássico à Criminologia fora justamente em sede de culpabilidade: uma reprovação calcada diante de um fato censurável, e não a pessoa de seu autor, considerando que esse fato se originou de um ser dotado de liberdade so-

---

[134] MATES, Reyes. En torno a una justicia anamnética. *In* MARDONES, José M; MATE, Reyes (eds.). *La ética ante las victimas*. Barcelona: Antrophos, 2003, p. 100.

[135] BECCARIA, Cesare. *Dos delitos e das penas*. São Paulo: Hemus, 1998, p. 19. O autor, na mesma página, refere que "ponde o texto sagrado das leis nas mãos do povo e, quanto mais os homens o lerem, menos delitos haverá: pois não é possível duvidar que, na mente do que pensa cometer um crime, o conhecimento e a certeza das penas coloquem um freio à eloquência das paixões".

bre sua vida, sem uma interferência externa ou qualquer circunstância que o impedisse de discernir sobre sua conduta.

Entretanto, a influência do autor sobre o julgamento era uma das causas que Beccaria buscava afastar, com veemência, distanciando o Direito Penal que hoje se pode denominar de inimigo, ancorado em postulados irracionais de ferocidade punitiva, determinado pela interioridade do agente que, no século XX, inspirará os adeptos do garantismo penal, como uma forma de evitar a intervenção de um Estado que extrapole a sua alçada no que tange ao poder de punir.

O estudo de pensamento criminológico, nas palavras de Gomes e Pablos de Molina, pretende "conhecer a realidade para explicá-la".[136] As críticas emitidas ao classicismo, em especial, pela Escola Positiva, foram a atribuição da responsabilidade baseada no livre-arbítrio, a valorização do fato em detrimento da personalidade do agente, como um modelo puro de Direito Penal do fato (no rechaço à reprimenda ao seu autor).

Pode-se verificar em Carvalho que "a reação dos movimentos ilustrados contra as práticas inquisitoriais pressupõe movimentos rígidos de garantias como limite ao poder punitivo arbitrário, consolidando o direito e o processo penal como mecanismos de contenção".[137]

A postura de defesa às garantias trata de secularizar o direito penal, afastando o cunho pecaminoso trazido pelo delito, deslocando, dessa intervenção, uma reprovação ao fato, para que o autor não seja objeto de repulsa, coisificado e censurado pela sua interioridade. O julgamento da maldade seria da esfera de competência de uma autoridade eclesiástica terrena, a quem cabe perdoar pelos pensamentos, pelas palavras, por atos e omissões que transgridam os mandamentos teológicos e morais.

A dificuldade dessa aproximação é evidente, na medida em que o Direito está fundado na ideologia de um sistema e de um país, dos instrumentos democráticos ou autoritários de uma Constituição.

Em que pese o Estado brasileiro se apresentar como laico, especialmente em seu ensino, a associação do crime com o pecado e com a imoralidade reforça a perversidade do agente, que não apenas agride a vítima como a sociedade, extenuada de promessas de intervenções

---

[136] PABLOS DE MOLINA, Antonio García; GOMES, Luiz Flávio. *Criminologia*. 4. ed. São Paulo: RT, 2002, p. 45.

[137] CARVALHO, Salo de. Criminologia, garantismo penal e teoria crítica dos direitos humanos: ensaio sobre o exercício dos poderes punitivos. *In* MARTINEZ, Alejandro Rosillo *et. al. Teoria crítica dos direitos humanos no século XXI*. Porto Alegre: EDIPUCRS, 2008, p. 486.

mais invasivas nos bens jurídicos do criminoso, o que é plenamente natural, quando se identifica com a vítima e exige um castigo.

O garantismo estrutura-se em princípios que o fundam como sistema aberto e axiológico, em que pese a dificuldade de um modelo punitivo que comporte apenas um sistema, posto que os movimentos de repressão penal e de rigor têm sido muito louvados e esperados pelo cidadão que vota, que participa do processo político, democrático.

2.5.1. Os princípios do Iluminismo

Dentro de uma perspectiva clássica, alguns princípios foram erigidos como orientadores para o afastamento de uma aplicação irracional do Direito Penal, cujos conteúdos orientam a dogmática e o ordenamento jurídico-penal contemporâneo, partindo-se de um sistema processual de cunho acusatório.

Como ensina Bitencourt, "as ideias de igualdade e de liberdade, apanágios do Iluminismo, deram ao Direito Penal um caráter formal menos cruel do que aquele que predominou no Estado Absolutista, impondo limites à intervenção estatal nas liberdades individuais".[138]

2.5.1.1. Legalidade e culpabilidade

Não há crime sem lei anterior que o defina; não há pena sem prévia cominação legal. O art. 1º do Código Penal traduz o princípio da legalidade ou anterioridade da lei penal.

Muñoz Conde e García Arán trazem o que, no Direito Penal espanhol, se denomina *intervenção estatal legalizada*, contextualizando um marco histórico referencial para sua chancela: uma conquista da ideologia liberal dos séculos XVIII e XIX e um passo de uma concepção absolutista de Estado a um Liberal de Direito: "aos olhos do jurista moderno se apresenta como uma conquista irreversível e irrenunciável, enquanto oferece o único meio racional de controle do poder estatal punitivo. Suas insuficiências se devem mais a sua realidade efetiva que ao princípio como tal".[139]

A legalidade está revestida de uma garantia: de que ninguém será processado e julgado sem uma norma anterior que preveja aquela con-

---

[138] BITENCOURT, Cezar. *Tratado de Direito Penal* – parte geral. v. 1. São Paulo: Saraiva, 2007, p. 10.

[139] MUÑOZ CONDE, Francisco; GARCÍA ARÁN, Mercedes. *Derecho Penal* – parte general. 2. ed. Valencia: Tirant lo Blanch, 1996, p. 89.

duta, significando que se retira das mãos do Estado ou de quem o represente o autoritarismo e a subjetividade de um julgamento pessoal acerca de um comportamento que não esteja positivado.

De acordo com Schmidt, "o princípio da legalidade, desde a sua origem, sempre foi uma *garantia de previsibilidade de condução de vida*, já que as regras de conduta estipuladas formalmente num ordenamento jurídico fornecem aos indivíduos a opção de licitude de suas atuações no meio social".[140]

Segundo o filósofo norte-americano Rawls, "[...] se, por exemplo, as leis não forem claras em suas injunções e proibições, o cidadão não sabe como se comportar",[141] representando uma limitação ao agir. Essa restrição não gera um engessamento de condutas, porém uma disciplina e uma eleição daquelas consideradas intoleráveis, tendo em vista que, se não houver previsão na parte especial do Código Penal, o comportamento ativo ou omissivo não será criminalmente relevante.

A legalidade diz com a restrição da liberdade: um freio à transgressão, uma nomeação de uma conduta reprovável e negativamente valorada. Assim, a inflação legislativa é tema recorrente pelos movimentos sociais de rigor penal e indignação pela quebra do pacto, da solidariedade que deveria revestir as relações. A criminalidade, então, nada mais representa que um reflexo da sociedade de risco, sobre a qual a filosofia política e do direito discorre mediante a análise de uma justificação estatal que legitime a incriminação e a consequente imposição da pena, advinda da legalidade.

Quanto a essa multiplicação, Delmas-Marty afirma que esse fenômeno de criminalização é, ao mesmo tempo, nomear e dividir:

> Dividir o espaço social em lícito e ilícito e, mais precisamente, restringir o espaço de liberdade através de uma nova interdição [...] quando uma sociedade decide [...] nomear o mal, e portanto, dizer o bem, ela entra em territórios altamente simbólicos que modela e transforma ao mesmo tempo. Nesse sentido, toda nova incriminação fatalmente provoca respostas: de integração, de resistência, de revolta ou de invenções de novas transgressões. É o mistério da incriminação.[142]

Assim como a *abolitio criminis*, sentido oposto dos processos de criminalização, o norte do legislador, ao estabelecer condutas que merecem ser descriminalizadas ou a criação de novos tipos penais, diz com o impacto de um agir ou de uma abstenção cujos reflexos negati-

---

[140] SCHMIDT, Andrei Zenkner. *O princípio da legalidade no Estado Democrático de Direito*. Porto Alegre, 2001, p. 147.

[141] RAWLS, John. *Uma teoria da Justiça*. São Paulo: Martins Fontes, 2002, p. 261.

[142] DELMAS-MARTY, Mireille. *A imprecisão do Direito*: do Código Penal aos direitos humanos. São Paulo: Manole, 2005, p. 12-13.

vos ao bem jurídico sejam relevantes. Assim e por isso, o Direito Penal apresenta um caráter de fragmentariedade, ou seja, elenca bens que mereçam uma proteção jurídico-penal.

A legalidade justifica-se como amparo ao autor de um fato atípico, quando não previsto expressamente, merecendo, no processo penal, uma rejeição de denúncia ou queixa-crime por carência de ação (impossibilidade jurídica do pedido), seja como tutela ao bem da vítima agredida, excluindo-se desse exame as causas de justificação (da ilicitude e da culpabilidade), mediante a imposição de uma pena ao agente.

Nesse sentido, Feldens traz a questão axiológica, um dos critérios, também de proporcionalidade, entre o agir ou a omissão, frente à consequência jurídico-penal:

> De tal sorte, se por um lado as bases legitimadoras da penalização hão de estabelecer-se a partir dessa vinculação entre o bem jurídico protegido e sua referência (expressa ou implícita) à ordem constitucional de direitos e deveres fundamentais, por outro, situações existem que a proeminência do bem jurídico-constitucional *exigirá*, pelo menos quando diante de ataques mais repulsivos, a proteção por meio de normas penais. São as duas faces da mesma relação.[143]

A previsão diz respeito a um fundo de proibição a uma ordem de valores, regras e princípios considerados em sua universalidade dentro de um sistema aberto. São as normas cujas previsões em abstrato necessitam de vida ao serem aplicadas ao caso concreto. A partir de então, essa vivificação pertence a sujeitos, que se chamaria de atores no processo: defesa e acusação, além de um espectador capaz de julgar e atribuir ao fato uma censura.

O juízo de censura penal incidente sobre o agente respeita o princípio da legalidade: *nullum crimen, nulla poena, sine lege, sine culpa*.

A palavra *culpabilidade* vem de *culpa*, entendida como responsabilidade, quando for juridicamente viável se imputar, atribuir a alguém um juízo de reprovação sobre um agente com aptidão para ser culpável. A responsabilidade significa a capacidade de responder penalmente por seus atos.

Quando se perquire a expressão culpa, vem à mente que, para o Direito Penal, é conceituada como a falta de cuidado objetivo necessário do agente no momento de sua ação. A culpa pressupõe uma ausência de dolo, do dever de cautela, quando o agente acredita, sinceramente, que o resultado não vai se verificar. A culpa *stricto sensu* compreende a negligência, a imperícia e a imprudência.

---

[143] FELDENS, Luciano. *A Constituição Penal*: a dupla face da proporcionalidade no controle de normas penais. Porto Alegre: Livraria do Advogado, 2005, p. 70.

Já o dolo guarda outro sentido. Como direto, dirige-se, deliberadamente, à produção, finalisticamente, de um resultado externo, desvalioso, ofensivo e, portanto, reprovável, inicialmente. No dolo, há o elemento intelectivo, que compreende o conhecimento do ilícito e a volição em comportar-se contrariamente ao Direito. No indireto, o agente corre o risco em produzi-lo, no que tange à sua indiferença ao resultado, não se abstendo de sua conduta, mesmo cogitando que poderá vir a produzir um comportamento delitivo.

Vale ressaltar que o dolo e a culpa não se situam na culpabilidade, contudo, na tipicidade, no que diz respeito a seus elementos subjetivos. A importância de seu estudo demonstra que a expressão culpabilidade vai além de uma conceituação lata.

O dolo e a culpa, na evolução do conceito de culpabilidade, deslocaram-se para o tipo, segundo a teoria normativa pura preconizada por Welzel, penalista que desenvolveu a teoria finalista da ação, adotada pelo Direito Penal Brasileiro, saindo do psiquismo do agente, como teoria psicológica em Von Liszt, passando pelo conceito de dolo normativo na consciência da ilicitude, até integrarem os elementos estruturais do tipo.

A responsabilização criminal pressupõe um sujeito penalmente imputável, de acordo com um critério biopsicológico, um conhecimento potencial da ilicitude e a exigibilidade de conduta conforme o Direito, ao preceituar que o finalismo exige uma conduta responsável perante o Direito ou, nas palavras de Madeira, "o homem passa a ser responsável pelo sentido do seu querer".[144]

Como ensina o jurista alemão Welzel:

> A reprovabilidade da culpabilidade pressupõe, portanto, que o autor tenha podido adotar uma resolução de vontade antijurídica de modo mais correto, ou seja, conforme a norma, e isso não no sentido abstrato de *um homem qualquer* no lugar do autor, mas no sentido concreto de que *esse homem, nessa situação*, teria podido adotar uma resolução de vontade de acordo com a norma. (grifos do autor).[145]

Os postulados de Beccaria sobre um Direito Penal aplicável ao fato, e não ao autor, estudando-se o crime como ente jurídico, e não a eventual perversidade ou imoralidade do agente, estão calcados em

---

[144] MADEIRA, Ronaldo Tanus. *A estrutura jurídica da culpabilidade*. Rio de Janeiro: Lumen Juris, 1999, p. 17. Para o autor, "o que fundamenta o juízo de culpabilidade jurídico-penal ou o juízo de censurabilidade pessoal é a capacidade que possui o ser humano de formar sua vontade e manifestá-la em favor do Direito ou em favor do injusto", Idem, p. 45. A preocupação beccariana reserva um elo entre a culpabilidade e a proporcionalidade, como se depreende do art. 29 do Código Penal, que preceitua que o autor responderá na medida da sua culpabilidade.

[145] WELZEL, Hans. *O novo sistema jurídico-penal*: uma introdução à doutrina da ação finalista. São Paulo: RT, 2001, p. 93.

uma ordem jurídico-penal baseada no estudo da culpabilidade. Era exigível outra conduta ao tempo da ação? O autor poderia ter agido de outro modo? São alguns questionamentos que devem ser elaborados e observados pelo juiz.

Como refere Toledo, "quanto mais se aperfeiçoa e se enriquece o conceito de culpabilidade, mais se concentra e se reduz a área da utilização da pena criminal".[146]

Entende-se que é seguro afirmar a dificuldade de se afastar o Direito Penal do autor, que julga a personalidade e a conduta social, assim como os antecedentes criminais do agente, uma vez que esse elemento do conceito analítico de crime se enquadra na configuração de um juízo de desvalor que recai sobre o sujeito ativo do delito, e não sobre o fato propriamente dito, reservado às esferas da tipicidade e da ilicitude.

Subjetividade, voluntariedade, consciência, aptidão biopsicológica e compreensão são expressões que permeiam a culpabilidade e, consequentemente, a possibilidade de se penalizar o agente. Esse conceito norteia a aplicação da pena, que se mostra inaplicável quando o autor não tem condições de compreendê-la ou de responder pelos seus atos criminosos. Nesse caso, a pena não terá nenhum sentido, nenhuma justificação, pois não interfere nos espíritos: não há consciência da intervenção do Estado e da significação da aplicação daquela medida extrema que interfere diretamente em sua vida e em seus bens jurídicos.

2.5.1.2. Humanidade e proporcionalidade

Pelo princípio da humanidade, é vedada ao Direito a utilização de tratamento desumano, cruel e degradante, desde a fase pré-processual (no inquérito policial) à execução penal, momento em que as paixões humanas estão afloradas com a prática de um crime proporcionalmente à sua hediondez e, dependendo das particularidades da vítima, aumentando-se ainda mais o sentimento de vingança dentro de agentes do próprio sistema penal.

A questão central, nessa temática, parece que é a dignidade da pessoa humana, ainda que essa matéria seja objeto de aprofundamento *a posteriori*. Existe uma discussão, em torno de seu caráter absoluto, como bem, valor e princípio (pilar) constitucional. Ao mesmo tempo,

---

[146] TOLEDO, Francisco de Assis. *Princípios Básicos de Direito Penal*. 5. ed. São Paulo: Saraiva, 1994, p. 254. Sobre essa discussão, assim se manifesta o autor: "o direito penal moderno é, basicamente, um direito penal do fato. Está construído sobre o fato-do-agente e não sobre o agente-do-fato". Idem, p. 235.

perquire-se sua relativização, tendo em vista as inúmeras afrontas, os atentados e as lesões a bens jurídicos tutelados pelo ordenamento e que, na sociedade contemporânea, são amplamente divulgados e, especialmente, sentidos.

Como ponderar ou hierarquizar a dimensão da dignidade da vítima e da agressão ao seu bem jurídico por um terceiro que, como ser humano, também é dotado de dignidade pessoal, por mais que indigno seja o seu comportamento?

Sarlet traz essa problemática e assim reflete:

> Se partirmos da premissa de que a dignidade, sendo qualidade inerente à essência do ser humano, se constitui em bem jurídico absoluto, e, portanto, inalienável, irrenunciável e intangível, como parece sugerir a expressiva maioria da doutrina e da jurisprudência, certamente acabaremos tendo dificuldades ao nos confrontarmos com o problema referido. Por outro lado, parece-nos irrefutável que, na esfera das relações sociais, nos encontramos diuturnamente diante de situações nas quais a dignidade de uma determinada pessoa (e até mesmo de grupos de indivíduos) esteja sendo objeto de violação por parte de terceiros, de tal sorte que sempre se põe o problema – teórico e prático – de saber se é possível, com o escopo de proteger a dignidade de alguém, afetar a dignidade do ofensor, que, pela sua condição humana, é igualmente digno, mas que, ao menos naquela circunstância, age de modo indigno e viola a dignidade dos seus semelhantes, ainda que tal comportamento [...] não resulte na perda da dignidade.[147]

Nessa linha de compreensão, Ferrajoli, ao mencionar sua posição acerca da (des) humanidade da aplicação da pena, contrapondo-se a uma justificação da pena, mediante a imposição de uma "ferocidade punitiva",[148] refere:

> Argumento decisivo contra a falta de humanidade das penas é, ao contrário, o princípio moral do respeito à pessoa humana, enunciado por Beccaria e Kant com a máxima de que cada homem e, por conseguinte, o condenado, não deve ser tratado nunca como um 'meio' ou 'coisa', senão sempre como 'fim' e 'pessoa' [...] Isso quer dizer que, acima de qualquer argumento utilitário, o valor da pessoa humana impõe uma limitação fundamental em relação à qualidade e à quantidade da pena [...] devo acrescentar que este argumento tem um caráter político, além de moral: serve para fundamentar a legitimidade do Estado unicamente nas funções da tutela da vida e os demais direitos fundamentais; de sorte que, a partir daí, um Estado que mata, que tortura, que humilha um cidadão, não só perde a sua legitimidade, senão que contradiz a sua razão de ser, colocando-se no nível dos mesmos delinquentes.[149]

A humanização do Direito Penal e, consequentemente, da pena, pelo que se impõe, deve ser ponderada a partir de alguns critérios de eleição (política): a defesa social, no sentido de uma volta ao espetáculo

---

[147] SARLET, Ingo Wolfgang. *Dignidade da pessoa humana e direitos fundamentais na Constituição Federal de 1988*. Porto Alegre: Livraria do Advogado, 2001, p. 122-123.

[148] FERRAJOLI, Luigi. *Direito e Razão*: teoria do garantismo penal. São Paulo: RT, 2002, p. 317.

[149] Idem, p. 318.

punitivo ou, talvez, uma opção pela aplicação do postulado kantiano, emitido pelo jurista italiano, desconsiderando-se o sofrimento da vítima e as exigências de uma sociedade que aposta na pena como uma cura para os males gerados pela criminalidade violenta.

Como disserta Boschi,

> Se as pessoas, erigidas pelo contratualismo à condição de indivíduos-no-mundo, decidiram repelir, com veemência, por intermédio do 'homem artificial', os padecimentos físicos ou morais que lhe eram infligidos com as penas cruéis, degradantes, desproporcionais, não haveria sentido ético ou jurídico retornar-se à sua cominação ou aplicação, pois isso implicaria frontal violação dos deveres assumidos quando da celebração do contrato social, deslegitimando-se o poder e viabilizando-se, com isso, a volta dos padrões de conduta que mancharam o sangue do planeta com o sangue de milhares de inocentes.[150]

É por isso que, dentro de uma ótica iluminista, os valores que englobam os princípios se destinam ao autor do fato, dentro de dogmas interligados, como a proporcionalidade, visando à sua aplicação a um indivíduo determinado, em detrimento da satisfação da maioria (clamor social).

Ferrajoli atribui a permanência do massacre punitivo, ao longo da História, aos juristas e filósofos:

> Por outro lado, se a história das penas é vergonhosa, não o é menos a história do pensamento jurídico e filosófico em matéria de pena, que leva grande parte da responsabilidade pelos horrores cometidos: por omissão, por jamais ter levantado seriamente sua voz, até o século das luzes, contra a falta de humanidade das penas; e por ação, na medida em que tem expressado quase sempre adesão e apoio à pena de morte [...] os argumentos são monotonamente os mesmos: a justa retribuição, a intimidação, a defesa social, a idéia da sociedade como organismo em que é válido amputar o órgão infeccionado.[151]

Conforme se refletiu, parece que o princípio da humanidade guarda seu sentido e significado na dignidade pessoal. Existe, igualmente, uma preocupação de origem teológica, como bem observa Sarlet:

> Do Antigo Testamento herdamos a idéia de que o ser humano representa o ponto culminante da criação divina, tendo sido feito à imagem e semelhança de Deus. Na doutrina estoica greco-romana e do cristianismo, advieram, por sua vez, as teses da unidade da humanidade e da igualdade de todos os homens em dignidade (para os cristãos, perante Deus).[152]

---

[150] BOSCHI, José Antonio Paganella. *Das penas e seus critérios de aplicação*. Porto Alegre: Livraria do Advogado, 2000, p. 39.

[151] FERRAJOLI, Luigi. *Direito e Razão*: teoria do garantismo penal. São Paulo: RT, 2002, p. 311.

[152] SARLET, Ingo Wolfgang. *A eficácia dos direitos fundamentais*. 7. ed. Porto Alegre: Livraria do Advogado, 2007, p. 45.

Essa referência ao Antigo Testamento faz refletir sobre o ser humano vingativo e primitivo do início da História, dos primórdios da humanidade ao ser humano de hoje, inserido em um contexto tecnológico, industrial, competitivo no mercado de trabalho e socialmente, em muitos casos, fóbico, devido às ondas de violência que sempre existiram, mas que não eram tão massacrantes e amplamente divulgadas.

O princípio em tela é constantemente agredido e vilipendiado, tendo em vista que as vítimas são indeterminadas. Podem ser quaisquer pessoas, em quaisquer lugares, seja pela manhã ou pela noite, independentemente de profissão ou *status* social. Um indivíduo, independentemente de sua posição na verticalização social, seja assalariado, muito pobre, ou um sujeito intelectual e financeiramente privilegiado.

Essa incidência indiscriminada da vitimização que se impõe pelo crime gera a mesma sensação de revide e retribuição, quando o princípio da humanidade é desrespeitado na autoridade policial, nas execuções antecipada e definitiva da pena. É uma espécie de "bálsamo" social o sofrimento gerado pela tortura ao (suposto) autor do fato. E essas práticas remontam às barbáries, as mesmas existentes antes e depois de Jesus.

Do início da barbárie à "civilização" de nossos tempos, às proibições constitucionais, em 1988, as aplicações de penas cruéis, desumanas, tais como a prisão perpétua, são indicativos de que uma duração *ad eternum* de uma sanção penal culminaria em uma desproporção do fato com o apenamento a ser imposto.

A proporcionalidade pode ser definida como a aplicação de uma resposta estatal, de uma sanção penal, respeitando-se os limites do poder de punir do Estado. Como bem conceitua Freitas, o princípio em tela "determina que o Estado não deva agir com demasia, tampouco de modo insuficiente, na consecução dos seus objetivos".[153]

Proporção relaciona-se com a proibição do excesso de limitação e restrição aos direitos fundamentais e a intervenção do aparato punitivo estatal sobre o particular, em homenagem ao pacto social.

Como bem refere Hassemer, ao tratar do Direito Penal Alemão e a atuação desses direitos como de defesa: "ao surgimento do Direito Penal no quadro de uma filosofia liberal do Estado – do contrato social – está ligado, de um modo muito simples e muito lógico, ao papel dos direitos fundamentais. Eles protegem a esfera da pessoa, da liberdade

---

[153] FREITAS, Juarez. Responsabilidade objetiva do Estado, proporcionalidade e precaução, *in Revista Direito & Justiça da Faculdade de Direito da Pontifícia Universidade Católica do Rio Grande do Sul.* V. 31. ano XXVII. Porto Alegre: EDIPUCRS, 2005, p. 14.

humana contra o Estado e determinam as relações entre o Estado e o cidadão".[154]

A questão da proporção encontra uma consistência maior do que aquela aplicada na Lei do Talião. Quando se refere que havia um caráter de proporcionalidade entre as penas impostas pela comunidade, se diz que essa medida da pena deve ser calculada e contextualizada com aquele momento histórico. Parece bastante ponderada a assertiva de que, para a primitividade da vida em sociedade, desorganizada e em estado de natureza, talvez não se pudesse exigir daqueles habitantes maior racionalidade para a solução de seus conflitos.

Entretanto, em termos de demanda de sofrimento, conteúdo de qualquer pena, por mais adequada que seja sua dosimetria e aplicação a um determinado sujeito, na contemporaneidade, uma volta inquisitiva ao medievo ou a antes dele, ao período de vingança privada, representa um grave retrocesso dentro do pensamento jurídico-penal, considerando-se as garantias que advieram dos postulados iluministas e da Declaração dos Direitos do Homem e do Cidadão, inaugurando a importância dos direitos humanos.

Relativamente à proporcionalidade, Sarlet a fundamenta entre a proibição de excesso e de insuficiência dentro de uma sociedade do risco e da preservação dos direitos fundamentais, não apenas individuais como transindividuais:

> A noção de proporcionalidade não se esgota na categoria da proibição de excesso, já que vinculada igualmente, como ainda será desenvolvido, a um dever de prestação por parte do Estado, inclusive quanto a agressões contra direitos fundamentais provenientes de terceiros, de tal sorte que se está diante de dimensões que reclamam maior densificação, notadamente no que diz com os desdobramentos da assim chamada proibição de insuficiência no campo jurídico-penal, na esfera da política criminal.[155]

O Código Penal, em seu art. 29, como apreciado anteriormente, preceitua que o agente responderá na medida de sua culpabilidade. A medida da pena, por seu turno, diz com a correspondência entre a gravidade da conduta e a eleição do apenamento adequável.

Messuti critica o rigor a que se pretende, quando da medição das penas, sob a égide de uma alcançável proporcionalidade:

> A medida do delito, ou seja, sua gravidade é um elemento essencial na lógica da pena. A pena, também, se diferencia de qualquer reação espontânea, violenta ou simples-

---

[154] HASSEMER, Wienfried. Processo penal e direitos fundamentais. *In Revista Del Rey Jurídica*. n. 16. ano 8. São Paulo: Del Rey, 2006, p. 72.

[155] SARLET, Ingo Wolfgang. Constituição e proporcionalidade: o direito penal e os direitos fundamentais entre a proibição de excesso e de insuficiência. *In Revista Brasileira de Ciências Criminais*. n. 47, ano 12, 2004, p. 64.

mente vingativa, porque possui uma medida [...] Mas a geometria não pode se adaptar à ação humana, precisamente, pois esta se manifesta em combinações obscuras e infinitas. Nada mais oposto ao rigor geométrico que a atividade humana. Daí a perene insatisfação que desperta a medição das penas. Busca-se a exatidão onde é impossível encontrá-la. Faz-se todos os cálculos, mas logo se obtém um resultado absurdo. A proporção ideal não se encontra nunca.[156]

A autora traz uma questão interessante, que é a negativa da pena como vingativa, mas o olho por olho da retribuição nada mais é do que uma vingança do Estado: uma vingança por ter atingido um fato pretérito (delito), quando garantiu ao particular o pleno gozo de uma liberdade limitada na estreiteza da norma.

Nesse particular, eis uma evidente diferença entre o Direito Civil e o Penal: a reparação pecuniária, na indenização, como base da responsabilidade civil, ao contrário da irreparabilidade dos atentados a bens jurídicos penalmente tutelados.

Para Costa, "a sanção penal tem caráter puramente valorativo [...] quanto maior o valor do bem jurídico atingido pelo infrator, maior será a sanção penal aplicada ao mesmo".[157]

A tarefa de sopesar o prejuízo causado ao bem jurídico pelo crime e a imposição de um apenamento que corresponda a esse dano parece a maior dificuldade em esfera criminal em todos os tempos. Não é a imediatidade de uma resposta penal severa e "cega", como a sociedade punitiva busca, que trará a solução para a crise do Direito Penal e a ausência de efetividade da pena "proporcional". O dano não será suficientemente resgatado. A proporção advogada parece um consolo até mesmo infantil ou uma promessa inalcançável para uma vida perdida. Como "reparar"?

Como sustenta Kelsen, a proporcionalidade em princípio da retribuição tem um sentido aproximativo, pois se está diante de dois juízos de valor, como aqueles que o juiz realiza na colisão de princípios jurídicos, em sua eleição, nos valores nos quais se baseia para decretar uma prisão preventiva ou revogá-la: "[...] no caso do valor negativo ou positivo da ação ser multiplicado por n-vezes o valor negativo ou positivo da reação deva ser igualmente multiplicado por n-vezes".[158]

O valor positivo da ação é o bem produzido que deve ser recompensado: uma conduta com valor positivo é boa, obediente. Kelsen reforça que um comportamento não pode ser mais ou menos proibido ou

---

[156] MESSUTI, Ana. *O tempo como pena*. São Paulo: RT, 2003, p. 57.

[157] COSTA, Tailson Pires. *A dignidade da pessoa humana diante da sanção penal*. São Paulo: Fiúza, 2004, p. 30.

[158] KELSEN, Hans. *A Justiça e o Direito Natural*. Coimbra: Almedina, 2002, p. 71.

contrário ao ordenamento. Mas quando pode ocorrer um merecimento: "quando a recompensa por um ato de bravura consiste na honra expressa da medalha que, aquele a quem tal honra é conferida, é autorizado a trazer ao peito".[159]

Kelsen, na defesa do princípio da retribuição, como já dito, configurado em sua forma mais rude na lei do Talião, ressalta que se dá entre os valores positivos e negativos os quais a ação e a reação representam. Valor negativo, com o delito, e positivo com a resposta retaliatória, com a "vingança pelo Tribunal", através de uma vontade estatal representada por uma pessoa, a qual reflete os valores do sistema e seus próprios: "o castigo posto pela norma de retribuição como devido (devendo ser) e a sua execução opera-se com essa norma, pelo que não é, consequentemente, um desvalor, mas um valor [...] a reação não é um mal mas um bem [...]".[160]

O mal se dá contra quem se dirige o ataque. O bem, um valor positivo com a execução dessa norma, justificada, porque a cada um o que é seu. Quem pratica o mal recebe o que lhe é devido: o mal.

2.5.1.3. Intervenção mínima e lesividade

Intervenção mínima significa que o Direito Penal, uma vez sendo entendido como o ramo do Direito mais invasivo na esfera jurídica do particular, ou seja, no conjunto de bens jurídicos que compõe sua existência, como vida, liberdade, patrimônio etc., deve ser o último a responder juridicamente. Não se confunde com a equivocada interpretação de que o ordenamento penal responde de forma insatisfatória ou ineficaz, talvez excessivamente branda, ao delito. Contudo, uma vez que superadas as outras instâncias da ordem jurídica, como o Direito Administrativo e o Civil etc., dentro da ilicitude material e formal e de sua gravidade, o Direito Penal promove sua intervenção.

No que concerne a esse princípio, faz-se importante que se mencionem as considerações de Feldens:

> Se por um lado o Direito Penal vê-se contingenciado pelo princípio da intervenção mínima, por outro lado, não há que renunciar-se ao Direito Penal nas zonas em que sua atuação é necessária. É dizer, se o princípio da intervenção mínima se contrapõe à denominada *fuga ao Direito Penal*, tampouco a *fuga do Direito Penal* revela-se como uma solução, não se mostrando aceitável a afirmação de que o Direito Penal não pode

---

[159] KELSEN, Hans. *A Justiça e o Direito Natural*. Coimbra: Almedina, 2002, p. 69.

[160] Idem, p. 68.

ou não deve intervir onde não exista um bem jurídico individual e clássico.[161] (grifos do autor)

Nesse sentido, assim se manifesta Prado, reportando analogicamente ao Direito Penal de intervenção mínima: "a ingerência penal deve ficar adstrita aos bens de maior relevo, sendo as infrações de menor teor ofensivo sancionadas administrativamente. A lei penal advirta-se, atua não como limite da liberdade pessoal, mas sim como seu garante".[162]

A proporcionalidade relaciona-se aos princípios da fragmentariedade e subsidiariedade.[163]

Interessante recordar que o caráter fragmentário do Direito Penal pressupõe o insucesso de outras intervenções, jurídicas ou não, uma vez que não constitui um sistema exaustivo de ilicitudes ou de proteção de bens jurídicos.[164]

Já a subsidiariedade envolve a questão de se sopesar quais bens merecem a tutela penal, haja vista a eleição, pelo ordenamento, de determinados interesses que mereçam seu amparo.

Por isso, Queiroz argumenta demonstrando que os princípios penais estão intimamente relacionados e concatenados na proteção aos bens jurídicos que mereçam destaque em âmbito criminal:

> Igualmente, em razão do princípio da proporcionalidade, não se justifica que o Direito Penal incida sobre comportamentos insignificantes [...] por meio do princípio da insignificância (ou bagatela), o juiz, à vista da desproporção entre a ação (crime) e a reação (castigo), fará um juízo (valorativo) acerca da tipicidade material da conduta, recusando curso a comportamentos que, embora formalmente típicos (criminalizados), não o sejam materialmente, dada a sua irrelevância.[165]

No presente momento, há uma difusão de movimentos que preconizam uma aplicação do Direito Penal de *prima ratio*, acreditando que não se deva "esperar" por uma resposta civil, tributária ou administrativa, dependendo da espécie de crime. Igualmente, assim se cogita, a partir desse pensamento, que os demais criminosos sejam atingidos por uma coação psicológica (teoria da prevenção geral negativa), supostamente gerada por um "temor" no que tange às aplicações severas

---

[161] FELDENS, Luciano. *A Constituição Penal*: a dupla face da proporcionalidade no controle de normas penais. Porto Alegre: Livraria do Advogado, 2005, p. 57-58.

[162] PRADO, Luiz Regis. *Direito Penal Ambiental*: problemas fundamentais. São Paulo: RT, 1992, p. 64.

[163] BATISTA, Nilo. *Introdução crítica ao Direito Penal Brasileiro*. 4. ed. Rio de Janeiro: Revan, 1990, p. 85.

[164] QUEIROZ, Paulo de Souza. *Direito Penal*: introdução crítica. São Paulo: Saraiva, 2001, p. 15.

[165] Idem, p. 30.

e rápidas do sistema de justiça criminal. Isso representa uma ilusão, herdada pelos movimentos de tolerância zero, cujas realidades norte--americana e brasileira são incomparáveis, cultural, social, jurídica e economicamente.

A frustração de que o Direito Penal possa resolver todos os problemas sociais, com seus castigos institucionais, é decorrência de um romantismo de quem não conhece a realidade e o colapso do sistema, como será, mais adiante, exposto. A ordem penal é um instrumento que decorre do pacto e um reflexo da patologia da vida em comunidade, da desagregação do humano, apresentado como moeda de troca e da valorização do "ter" nas relações humanas mais variadas.

Já a ofensividade deve estender-se a um terceiro, à vítima, cuja causação do resultado produz um dano, estranho ao autor do fato, uma vez que a autolesão, em regra, não é punida pelo ordenamento penal brasileiro.

O princípio da lesividade (ou ofensividade) traz uma questão importante no que tange à punição do autor do fato pelo que é, sua perversidade, maldade, imoralidade e tantos outros atributos que mereçam um juízo de desvalor ou valor negativo, que poderiam ser aferidos para classificá-lo. Está-se diante de um Direito Penal do Autor, da interioridade do agente.

Somente as condutas exteriorizadas e que causem lesão ou ameaça ao bem jurídico penalmente tutelado são passíveis de intervenção penal. As primeiras fases do *iter criminis* (caminho do crime), a cogitação e a preparação, dizem com a esfera de pensamento e a volição do agente. Para tanto, o interesse do Direito Penal localiza-se, na primeira fase, no que tange à presença do dolo (na consumação e na tentativa) ou da culpa (no exaurimento do crime), como elementos subjetivos do tipo para a aferição de uma reprimenda penal proporcional ao conhecimento intelectivo do injusto e à sua volição. Assim como a capacidade de se determinar de acordo com o Direito e a opção por não fazê-lo, cuja sede de averiguação reside no exame da culpabilidade.

Salienta-se que a cogitação e a preparação, por si só, não interessam ao Direito Penal, enquanto não forem iniciados os atos executórios, enquanto o agente não se movimentar para a produção do resultado, para o exaurimento de seu desiderato criminoso. Importante mencionar, igualmente, que, pelo princípio basilar do garantismo (herança iluminista), que é a secularização, inadmite-se que o julgador julgue o réu pela sua (i) moralidade, separando-se o crime do pecado e o direito da moral.

Partindo-se dessa concepção, Gomes assevera que "o único modelo de Direito Penal, de delito compatível com nossa Constituição, em consequência, é o de um Direito Penal como instrumento de proteção de bens jurídicos e de um delito estruturado na ofensa concreta a esses bens, na forma de lesão ou perigo concreto de lesão [...]. Não há delito sem desvalor do resultado".[166]

Como afirma Queiroz, a sua "intervenção somente se justifica quando e enquanto a isso se preste, sob pena de inexistir uma relação lógica de adequação (utilidade) entre meio (direito penal) e fim (prevenção de delitos)".[167]

Assim, como o princípio da legalidade dita ao indivíduo como deve ou pode se comportar, agindo conforme ao descrito na norma penal (sustenta-se como correto o posicionamento do penalista alemão Binding, que entende o delito como adequação típica da conduta), a consequência de seu agir ou abstenção gera a lesão ao particular a quem o Direito Penal visa a preservar em sua integridade, em sua esfera jurídica.

Os princípios, como se pode observar, são interligados no que concerne ao prejuízo ao bem jurídico, às suas formas de intervenção (mínima) e à seleção de bens penalmente mais relevantes.

Essas construções principiológicas foram resultado de uma elaboração dogmática, se for realizada uma digressão histórica até o século XIX, quando da criação e incorporação de um ideário positivista criminológico (leia-se, herança da Escola Positiva) acerca do estudo centrado na pessoa do delinquente, que acompanha o Direito Penal, a biologia e a psicologia criminal, em diversos postulados, como na aplicação de medidas de segurança, na execução penal, na avaliação subjetiva e psicológica do autor do fato na dosimetria da pena, bem como nas pesquisas realizadas a fim de mapear geneticamente a psique criminosa.

2.6. A Escola Positiva: o atavismo criminoso

Ao contrário de Beccaria, que promovia uma atuação na defesa do tratamento humanitário ao criminoso, a Escola Positiva é marcada pelo antropólogo criminal Lombroso, pelo sociólogo criminal Garófalo e pelo advogado, célebre na defesa dos crimes passionais, Ferri.

---

[166] GOMES, Luiz Flávio. *Princípio da ofensividade no Direito Penal.* v. 6. São Paulo: RT, 2002, p. 59.

[167] QUEIROZ, Paulo de Souza. *Direito Penal*: introdução crítica. São Paulo: Saraiva, 2001, p. 27.

Conhece o homem. Essa assertiva traduz o pensamento dessa Escola, que via na pena uma forma de tratamento ao criminoso atávico. Um indivíduo predeterminado ao crime, geneticamente programado para a carreira criminal, delinquente compulsivo e contumaz. O Direito Penal do autor (da periculosidade do agente) é o norte dos estudos anatômicos de sujeitos que, pela sua estrutura física, são os "mais aptos" a uma vida delinquente.

O delito natural, ou seja, o nascimento para o crime, teve como defensor Garofalo, que, juntamente com os demais precursores da Escola, classificaram os criminosos em grupos, partindo de sua visão determinista: passionais, doentes mentais, profissionais, ocasionais, habituais e atávicos.

A Escola Positiva caracteriza-se pelo determinismo, ou seja, pela seletividade. Alguns estão fadados ao cometimento reiterado de crimes e à reincidência, como uma programação genética.

Garofalo associa o fato crime, não supervalorizado pelo pensamento da Escola, em detrimento do sentimento de moralidade, de relevante importância, isto é, ao contrário do contratualista Beccaria, admite a associação entre Direito e moral:

> O senso moral é, pois, ao menos em parte, orgânico. Criado em espécie, como todos os nossos outros sentimentos, por evolução hereditária, pode ser deficiente nos indivíduos de entendimento fraco, pode perder-se por doença ou pode ainda faltar inteiramente ao indivíduo por monstruosidade de organismo que pode a falta de outra explicação, atribuir-se a alguns casos, ao atavismo.[168]

A preocupação iluminista com o Direito Penal do fato, da reprovação do delito e não do autor pelo que é como pessoa encontra oposição pelos deterministas, os quais entendem que o criminoso merece ser tratado pelo Estado, uma vez que imoral perverso e dotado de anomalias (patologias). A alma deve ser curada.

Conforme Ferrajoli, dentro de uma visão garantista contemporânea, com forte influência do Iluminismo, rejeita-se a posição estatal curativa, interventora na alma, na personalidade do agente: "o Estado pedagogo, tutor ou terapeuta" permite com que a pena assuma "a forma de tratamento diferenciado, que visa à transformação ou à neutralização da personalidade do condenado, mediante sua reeducação aos

---

[168] GAROFALO, Rafael. *Criminologia*. São Paulo: Peritas, 1997, p. 13. O delito natural, segundo o autor, "consiste na violação do senso moral da humanidade tendo ultrapassado as condições da vida selvagem [...] abrange uma parte somente das ações imorais e nocivas que uma sociedade civilizada não deve tolerar", p. 159.

valores dominantes ou, o que é pior, alteração por meio de medicamentos".[169]

Esse tratamento remete à percepção do homem perigoso, o mesmo retratado no Direito Penal do século XXI. A história não se repete. Apenas se reafirma.

O determinismo é amplamente criticado pela dogmática penal da atualidade, apesar de alguns ainda utilizá-lo e motivarem-se com a ideia de incapacidade de decisão sobre os atos de sua própria vida, na tentativa de justificar uma atitude negativamente bárbara, para evitar a difícil discussão entre o limiar existente mediando a maldade da doença mental. Saliente-se que o estudo das psicopatologias não pertence ao Direito, mas à Psicologia e à Psiquiatria, fugindo da alçada de um conhecimento técnico-jurídico.

As postulações da Escola Positiva repercutem no Direito Penal e geram discussões acerca de sua validade como ciência.

Assim se manifesta Madeira:

> A concepção determinista ou naturalista da vontade humana furta do ser humano a sua capacidade de decisão pessoal. O ato ou a conduta do homem, ao deixar de ser um ato de decisão pessoal, para ser conseqüência ou produto de fatores externos, sociais, econômicos, deixa de ser um princípio individualizado para se tornar socializado. Com isso, perde a conduta humana toda a sua dimensão ética, jurídica e social e, como a conduta humana é a base do Direito Penal, como exercício de atividade final, dentro da concepção naturalista fica incompatível com a existência do próprio Direito.[170]

É por essa razão que o conhecimento do homem encontra especial relevo nesse pensamento criminológico: ao se entender o delinquente, pode-se controlar os efeitos nocivos que provêm de sua ação, para neutralizá-lo.

Lombroso distinguia o criminoso do homem normal. Em capítulo de sua famosa obra, o antropólogo criminal dedica-se ao estudo da insensibilidade do delinquente, também entendida por labilidade criminal, ou seja, o prazer que sente com o sofrimento que causa à vítima, ou antes, sua ausência de sentimentos ou indiferença frente à dor do outro.

Eis o que sustenta, mencionando um criminoso por ele analisado:

> Lacenaire confessou jamais haver tremido diante de um cadáver; fez, contudo, uma exceção a favor de seu gato. 'A visão de um moribundo' – dizia ele ainda – 'não me afeta em nada. Mato um homem, como bebo um copo de vinho'. Com efeito, a indiferença completa em face de sua vítima e em presença de instrumentos ensangüentados que

---

[169] FERRAJOLI, Luigi. *Direito e Razão*: teoria do garantismo penal. São Paulo: RT, 2002, p. 218.

[170] MADEIRA, Ronaldo Tanus. *A estrutura jurídica da culpabilidade*. Rio de Janeiro: Lumen Juris, 1999, p. 46.

serviram à perpetração do crime é uma característica constante em todos os criminosos natos. Tal característica seria suficiente, ainda, para distingui-los do homem normal.[171]

O problema da culpabilidade, em crise no século XXI, centrada no livre-arbítrio, na capacidade do indivíduo de se autodeterminar, não era, de forma alguma, uma preocupação lombrosiana. O determinismo ditava as regras e, de certa forma, percebe-se uma acomodação epistemológica nessa Escola.

O determinismo pode ser interpretado como uma espécie de conformismo, quando se advoga que "tinha que ser assim, o sujeito nasceu para o delito". Mas há um juízo interior dentro de cada pessoa, não apenas o externo que admita explicar os destinos das vidas alheias.

Para tanto, Costa Júnior ressalta a influência de Ferri, famoso orador e advogado, na Escola Positiva, apreciando a responsabilidade individual e a forma de sua aferição:

> Desde sua tese de doutoramento negou o livre-arbítrio, assentando a imputabilidade na responsabilidade social (o homem é responsável porque vive em sociedade). O fundamento da resposta punitiva, portanto, é a defesa social. Objetivo da sanção penal é a prevenção dos crimes. A pena haverá de ser indeterminada, ajustada ao delinqüente, visando redimi-lo e reajustá-lo ao convívio social.[172]

A periculosidade social emanada pelo delinquente merecia tratamento. E temor. Por isso, a pena é um instrumento de defesa social: "se o homem está fatalmente determinado a cometer crimes, a sociedade está igualmente determinada – através do Estado – a reagir em defesa de sua própria conservação, como qualquer outro organismo vivo, contra os ataques às suas condições normais de existência".[173]

A pena, no tratamento, guarda uma estreita relação com a psicologia e psiquiatria criminais. O perito é o responsável pelo rótulo (enquadramento) de doente mental, pois é ele quem detém esse conhecimento. Em uma civilização, o portador de um transtorno (ou de vários) de personalidade ou psicopatologias importantes não "merece" o convívio social, ainda mais quando adentra no universo criminal.

A medida de segurança é um freio ao incontrolável: os surtos psicóticos, as alucinações e os delírios, ou seja, as alterações na sua sensopercepção e no pensamento não devem ser toleradas. A doença agride e, por isso, é necessário tornar-se mais defensivo diante do desconhecido, da ameaça. Esta é a representação do doente mental: o ameaçador que merece ser detido e não visto, porque a visualização da doença e o

---

[171] LOMBROSO, Cesare. *O homem delinqüente*. Porto Alegre: Ricardo Lenz, 2001, p. 363.

[172] COSTA JÚNIOR, Paulo José da. *Curso de Direito Penal*. 9. ed. São Paulo: Saraiva, 2008, p. 20.

[173] ANDRADE, Vera. *A ilusão de segurança jurídica:* do controle da violência à violência do controle penal. 2. ed. Porto Alegre: Livraria do Advogado, 2003, p. 70.

convívio com ela podem causar um adoecimento ainda maior na micro e na macrossociedade.

2.7. Um diálogo entre a pena e a Psicologia

Urge comentar a determinação de estudos em Psicologia que apontam para a necessidade do criminoso em ser descoberta a autoria de seu crime. Processando-se em nível de sistemas psíquicos, o ego não suporta a impunidade e, a partir de então, o autor do fato impõe vestígios acerca do cometimento de seu delito, pela necessidade de ser descoberto o seu "segredo".

O inverso igualmente é verdadeiro. Assim como o sentimento de necessidade punitiva cresce no delinquente, à medida que permanece impune e cometerá seus delitos até a final aplicação da sanção, a sociedade é acometida de uma passionalidade intensa e coletiva, quando o criminoso ainda não responde perante o Estado pela sua prática censurável moral e juridicamente. Essa impunidade é um viés a ser estudado pela Psicologia, conhecido nos Estados Unidos como behaviorismo e, no Brasil, como cognitivo-comportamental, baseado no estímulo ao comportamento que se quer produzir e nos reforços ou nas punições impostos a ele, seja para a manutenção ou a extinção. A ausência de punição, sob esse referencial teórico, é um reforço para a repetição de comportamentos criminosos.

Já para a psicanálise, o superego, como um sistema psíquico, um censor, o juiz interior, responsável pelo discernimento do sujeito, está relacionado às renúncias às pulsões, entendendo-se o crime como o exercício de uma atividade final, como uma anuência do delinquente à produção de um resultado reprovável, mediante uma ausência desse juízo interno de censura. Considera-se o conhecimento do agente acerca da ausência de permissividade jurídica (ou autorização) na realização do injusto penal. Em que pese o sentimento de frustração gerado pela renúncia, o superego melhor ou bem-estruturado vai informar ao indivíduo que o delito é social, moral e juridicamente reprovável.

Freud asseverou que essas renúncias envolvem um importante fator psicológico:

> Não é verdade que a mente humana não tenha passado por qualquer desenvolvimento desde os tempos primitivos e que, em contraste com os avanços da ciência e da tecnologia, seja hoje a mesma dos primórdios da história. Podemos assinalar de imediato, alguns desses progressos mentais. Acha-se em consonância com o curso do desenvolvimento humano que a coerção externa se torne gradativamente internalizada, pois um

agente mental especial, o superego do homem, a assume e a inclui entre seus mandamentos.[174]

Esse superego se dirige ao pensamento humano e à sua atividade final, ou à irrealização de uma conduta não aceita por esse sistema de valores, de moralidade, dependendo da rigidez com a qual se impõe. É por isso que, mesmo que não faça parte do estudo dessa temática, cumpre referir que, diante de uma série de psicopatologias, se defende que, no criminoso que as apresente, como o transtorno de personalidade antissocial, o superego é frágil ou praticamente inexistente.

Alguns indivíduos apresentam um superego mais rígido que outros devido à influência da severidade das figuras parentais, da imposição de limites e regras, de freios a essas paixões, aos desejos que querem ser satisfeitos para a obtenção do prazer. Por isso, o superego acaba por proteger o ego das investidas do id, um sistema psíquico inconsciente e regido pelo princípio do prazer, em que não há lugar para a lógica, ou para a moral, contudo, para a contradição. O superego pode ser escrupuloso ou negligenciado, por exemplo. Em teoria, o sujeito que apresenta um juiz interno moralista, perfeccionista e controlador tem uma menor probabilidade de praticar um delito – a não ser que amparado por uma causa de justificação de sua conduta – do que outro que não se importe com regras.

Essas normas não são impostas apenas pelo Direito. As figuras que representam autoridade funcionam como auxiliares a um superego interno e ostentam uma limitação externa, heterônoma ao agente.

Em uma visão de limitação ao agir, assim se manifesta Zagury: "ninguém pode respeitar seus semelhantes se não aprender quais são os seus limites – e isso inclui que nem sempre se pode fazer *tudo o que se deseja na vida*"[175] (grifos da autora).

Essa coerção externa é representada pelas figuras parentais, pelo Estado, pelo magistrado, pelos personagens, coadjuvantes de sua história de vida, na qual ele é o ator principal, e que representem autoridade. Demonstrarão ao sujeito que, se fizer o que quiser, apenas buscando o seu prazer em detrimento do sofrimento alheio, sofrerá uma consequência.

Baratta, ao estudar a criminologia sob um viés psicanalítico, aduz que suas teorias

> colocam em dúvida o princípio da *legitimidade* e, com isso, a legitimação mesma do Direito Penal. A função psicossocial que atribuem à reação punitiva permite interpretar

---

[174] FREUD, Sigmund. *O futuro de uma ilusão*. Rio de Janeiro: Imago, 1997, p. 19.

[175] ZAGURY, Tania. *Limites sem trauma*: construindo cidadãos. 18. ed. São Paulo: Record, 2001, p. 17.

como mistificação racionalizante as pretensas funções preventivas, defensivas e éticas sobre as quais se baseia a ideologia da defesa social (princípio da legitimidade) e em geral toda a ideologia penal. Segundo as teorias psicanalíticas da sociedade punitiva, a reação penal ao comportamento delituoso não tem a função de eliminar ou circunscrever a criminalidade, mas corresponde a mecanismos psicológicos em face dos quais o desvio criminalizado aparece como necessário e inelimínável da sociedade.[176] (grifo do autor)

Kelsen, ao defender a retribuição, salienta uma explicação psicológica como um efeito positivo da vingança estatal: com a pena, o criminoso pode se libertar do "aguilhão de sua má consciência".[177]

Dias e Andrade, assim como Kelsen, compreendem o fenômeno da criminalidade de uma forma dialogada com outras ciências que estudam o comportamento humano e suas inserções sociais (ou marginalizações):

a) A pena tem uma função primacial de legitimação da ordem vigente e da manutenção da estabilidade jurídica e da paz social. Com a punição pretende a sociedade apoiar e reformar o *ego* social, auxiliando-o no domínio de seus instintos. O que se pode conseguir por via direta, castigando o delinqüente, ou por via indireta, castigando os outros. O castigo dos elementos associais reconfortará os membros das maiorias obedientes à lei, sancionando suas posições de seres 'normais' e 'morais'. A pena tem, assim, uma função de evitar o contágio do crime.[178]

Essa primeira explicação guarda uma invocação ao espetáculo da pena ou à sanção como uma forma de exemplo, o que se poderia estender a um princípio que tenta justificar o dever de punir na atualidade: a prevenção. Uma forma de agir antes que o fato aconteça, mas uma ação estática, na tipificação de condutas que, na legislação, por si só, têm um componente de retribuição. Prever penas significa antecipar-se, prevenir nas letras, não no mundo fático.

Nesse sentido, destaca-se:

[...] b) Na pena, exprimem-se, por outro lado, os sentimentos de ambivalência da sociedade face ao crime. Umas vezes, com efeito, a sociedade identifica-se com a vítima; outras, inversamente, com o delinqüente. No primeiro caso, a punição do delinqüente permite à sociedade a livre expressão dos seus próprios instintos de agressão. A pena não é mais do que a violência legitimada [...] No segundo caso, a punição do delinqüente dá à sociedade a oportunidade de autopunição e expiação dos sentimentos coletivos de culpa. À semelhança do que acontece no plano individual, o sentimento de culpa – e a necessidade de sua expiação por meio do crime e do castigo – é também um dado da

---

[176] BARATTA, Alessandro. *Criminologia Crítica e Crítica do Direito Penal*. 2. ed. Rio de Janeiro: Freitas Bastos, 1999, p. 50.

[177] KELSEN, Hans. *A Justiça e o Direito Natural*. Coimbra: Almedina, 2002, p. 68.

[178] DIAS, Jorge Figueiredo; ANDRADE, Manoel da Costa. *Criminologia*: o homem delinqüente e a sociedade criminógena. 2. reimpressão. Coimbra: Coimbra Editora, 1997, p. 203-204.

experiência coletiva [...] a coletividade transfere sua culpa para o delinqüente e pune-se, punindo-o.[179]

A identificação da sociedade com o criminoso é uma forma encontrada por ela de rechaçar a retribuição ou a "vingança pelo Tribunal", como um pagamento, conforme diz Heller.

O *bode expiatório* surge como o destinatário do sentimento de vingança social, que não pode se manifestar de forma legitimada como na barbárie da História, exige do Estado uma postura, que, de acordo com o senso comum penal, ignora a limitação do poder de punir estatal.

Além da reprovação estatal, que funciona como um superego auxiliar, existe a social, que em muito se mostra implacável e irracional diante da quebra do pacto social.

Conforme Marques,

quando alguém da comunidade sofre uma injustiça, há uma identificação imediata de todos com o injustiçado, num pacto invisível de denúncia do contrato rompido, irmanados no temor de que cada um poderá vir a ser o próximo atingido. Dessa forma, começa a contestação da validade da renúncia imposta a uma das partes sem compensação, e as forças instintivas reprimidas dão vazão às mais variadas formas contestatórias.[180]

Além de um superego, um repressor externo estatal, o criminoso encontra, na sociedade, uma luta diária entre as forças vingativas, vitimadoras e punitivas, as quais, em muitos casos, o tratam como a Criminologia Crítica intitula de bode expiatório, transferindo para o delinquente a necessidade consciente de castigo.

Para apreciar os movimentos de lei e ordem que imperam e prosperam no denominado senso comum penal, urge que se parta de uma visão social para a compreensão de sua incorporação ao estudo do Direito Penal contemporâneo, sob a égide do simbólico, do inimigo.

---

[179] DIAS, Jorge Figueiredo; ANDRADE, Manoel da Costa. *Criminologia*: o homem delinquente e a sociedade criminógena. 2. reimpressão. Coimbra: Coimbra Editora, 1997, p. 203-204. Segundo FRIEDMAN e SCHUSTACK, projeção "é um mecanismo de defesa em que o indivíduo exterioriza as pulsões que provocam ansiedade, depositando-as ou projetando-as em outras pessoas. As ameaças internas sentidas por esses indivíduos são atribuídas àqueles que estão a sua volta", *in* FRIEDMAN, Howard S.; SCHUSTACK, Miriam W. *Teorias da Personalidade*. São Paulo: Prentice Hall, 2004, p. 86. Já a transferência "refere-se a um desenvolvimento, pelo paciente, de atitudes para com o analista, baseadas em atitudes daquele paciente para com as figuras parentais. No sentido de que a transferência está relacionada com distorções da realidade baseadas em experiências passadas, a transferência ocorre na vida cotidiana de todas as pessoas em todas as formas de psicoterapia", *in* PERVIN, Lawrence; JOHN, Oliver. *Personalidade*: teoria e pesquisa. 8. ed. São Paulo: Artmed, 2004, p. 115. Pode-se substituir os termos "paciente e analista" por "sociedade e autor do fato".

[180] MARQUES, Bráulio. A efetividade da norma penal. Abordagem psicanalítica, *in* FAYET JÚNIOR, Ney; WEDY, Miguel Tedesco (orgs.). *Estudos críticos de Direito e Processo Penal*. Porto Alegre: Livraria do Advogado, 2004, p. 33.

2.8. A retribuição esperada pela sociedade punitiva e a tolerância zero

Crime não se combate, administra-se com leis penais e aplicação de sanções. Não existe reparação com o crime. O crime é um "mal" que faz parte de todas as sociedades. O bem jurídico agredido não é reparado com a pena. Uma vida não se repara com o cárcere de quem a subtraiu. Um homicídio de trânsito não traz o *status quo* da vítima, com a "reparação do dano" pelo agente, com essa nomenclatura que a lei penal impõe. Reparar o dano é reestabelecer o que foi agredido, o mais próximo do que se encontrava antes da ocorrência da lesão. Saliente-se que o Direito Penal é a Carta Magna do delinquente: não se preocupa com a vítima, mas em como responder ao agente. Por isso, "justiça" para a sociedade é aplicação do Talião. Não se repara o que é irreparável, assim como o meio ambiente, com a degradação das espécies. Assim como nos relacionamentos, depois de uma discussão acompanhada de violência física, moral, sexual ou patrimonial. Não adianta se pensar que as espécies vão nascer e se desenvolver da forma original, diante de um meio ambiente desmatado, devastado e poluído. É por isso que, mais uma vez e incansavelmente, se diz que apenar é retribuir .

Como Heller e Fehér bem suscitam,

> a modernidade paralisada está desesperada. Tem esperança na esperança, mas não perdeu ou nunca adquiriu a capacidade de pensamento, sentimento e imaginação prometidos [...]. Vive em um mundo filosoficamente antiquado de sujeito e objeto. [...] é igualmente consciente do que há 'fora', o que denomina objetividade, um mundo de coisas estranhas que o sujeito nunca construiu ou dominou.[181]

Dominar significa controlar. Dominar algo traz uma ideia de ter o controle da situação. A sociedade não tem controle acerca do crime. Volta-se: o que fazer com isso e para onde se está caminhando?

Na tentativa de coibir e controlar o que é incontrolável surge uma alternativa de esperança, uma "construção" de um movimento de "combate" ao delinquente: o movimento de lei e ordem.

Dentro dos movimentos de Direito Penal Máximo, defensores da tolerância zero (ou intolerância dez), penalistas se debruçam acerca das questões transdisciplinares que circundam as relações entre o delinquente, a sociedade (punitiva e criminógena, além de vitimadora) com a aplicação pronta e eficiente (preferencialmente, impiedosa) da pena estatal.

---

[181] HELLER, Agnes; FEHÉR, Ferenc. *El péndulo de la modernidad*: una lectura de la era moderna después de la caída del comunismo. Barcelona: Península, 1992, p. 244.

Faz-se necessária uma explicação acerca dos fenômenos coletivos ou de massa que circundam uma coletividade que se interessa pela punição severa ao criminoso.

Na sociedade contemporânea, os valores concentram-se na aparência física, na visibilidade, na busca do sucesso, na mudança de vida mediante as "regras do jogo" do mercado de trabalho. O dinheiro domina a lógica do capitalismo, da acumulação, da insatisfação com o patrimônio que se possui, das relações amorosas, muitas vezes, mercantilizadas, gerando um vazio existencial. Produzir é a ordem da sobrevivência na sociedade de controle.

Vigia-se e se é vigiado. O saber como poder, além da cultura da acomodação e o conformismo que integra boa parte da identidade cultural do Brasil, geram insegurança quanto à violência. O consumo é fonte de prazer, para equilibrar as fobias sociais. O endividamento é a consequência, juntamente com os inadimplementos contratuais.

Beccaria aduz que "façamos, portanto, uma consulta ao coração humano: encontraremos nele os preceitos essenciais do direito de punir".[182]

Percebe-se, na sociedade contemporânea, em termos punitivos e criminológicos, um evidente descontentamento no que tange ao aparato do sistema penal acerca da efetividade das penas, a uma falta de rigor, de um "braço" penal mais enérgico, como se o juiz fosse o "pai" do contexto social, capaz de colocar um freio, um limite, apto a impor um castigo exemplar tal qual uma criança é tratada quando desobedece.

Nesse sentido, o sociólogo Luhmann aponta a atividade jurisdicional como uma possibilidade de se frustrar frente às expectativas sociais e às imposições de um direito que, em muito, se apresenta como um direito antigo:

> O juiz, sob condições modificadas, dá continuidade jurídica àquelas colocações que antes eram genéricas e agora são apenas consideradas como uma possibilidade entre outras. Essa limitação do juiz está intimamente ligada ao fato de que ele lida com situações onde já ocorrem frustrações; de que ele trata do processamento de frustrações, para o qual é essencial um rígido referencial para as decisões e a manutenção das normas decisórias. Em uma situação tão tensa ele não poderia representar ao mesmo tempo seu arbítrio e a norma a ser mantida. Em plena situação de frustração é difícil assimilar, aprender.[183]

As expectativas referidas, para o sociólogo, próprias das chamadas sociedades complexas, trazem um dever de apreensão do direito institucionalizado, e a diferenciação entre legislação e jurisprudência

---

[182] BECCARIA, Cesare. *Dos delitos e das penas*. São Paulo: Hemus, 1998, p. 14.

[183] LUHMANN, Niklas. *Sociologia do Direito* II. Rio de Janeiro: Tempo Brasileiro, 1985, p. 37

exige que o juiz resguarde a expectativa juridicamente normatizada (e contrariada) e não a adapte aos fatos: "as frustrações devem ser continuamente reprocessadas no circuito das decisões jurídicas, sendo então absorvidas cognitivamente como informações que darão ensejo se à indagação elas são suficientes para fundamentar uma mudança do direito".[184]

Como comenta Baratta, a sistemática funciona como o sistema escolar. Na escala de verticalização social e dentro de uma perspectiva meritória, se fosse comparado o sistema judicial ao escolar, seria constatado que o mesmo aluno que o professor considera como aplicado está mais destinado ao sucesso e à autorrealização, com a sensação de pertencimento, do que aquele displicente e relapso, o qual, além de não contar com a admiração de seu mestre, é excluído pelos próprios colegas.

A falta de segurança social, em uma modernidade líquida, submete-se a um entendimento de pena como recuperação da força através da rigidez de um ente que parece não existir, o qual é o único que está legitimado a fazer valer o Direito Penal.

Segundo Bauman, "um imperativo da maior urgência enfrentado por todo o governo que preside ao desmantelamento e ao recuo do Estado Social é, portanto, a tarefa de encontrar ou construir uma nova 'fórmula de legitimação' em que a autoafirmação da autoridade do Estado e a exigência da disciplina possam se basear".[185]

Essa disciplina se dirige ao que o sociólogo polonês denomina de refugo, expressão que pode ser entendida como o marginal, ou o lixo humano, aquele sem serventia, sem utilidade social, improdutivo, descartável e imprestável, o que causa incômodo e acaba por se tornar um subversivo, um revoltado contra um sistema que exige obediência e subserviência.

A prisão seria um depósito de lixo. Nas palavras do autor, todo o sistema precisa desempenhar, a fim de sobreviver; "as notórias tarefas de 'administração da tensão', 'manutenção do padrão' [...] hoje se resumem quase totalmente em separar de modo estrito o 'refugo humano' do restante da sociedade, excluí-lo do arcabouço jurídico em que se conduzem as atividades dos demais e 'neutralizá-lo'".[186]

Dentro dessa perspectiva de imprestabilidade e rejeição, surge a figura do Direito Penal Simbólico baseado na pena ao inimigo. Uma

---

[184] LUHMANN, Niklas. *Sociologia do Direito* II. Rio de Janeiro: Tempo Brasileiro, 1985, p. 37.

[185] BAUMAN, Zygmunt. *Vidas desperdiçadas*. Rio de Janeiro: Jorge Zahar Editor, 2005, p. 112.

[186] Idem, p. 107.

adesão ao Direito Penal do autor, o mesmo reconhecido e valorizado pela Escola Positiva.

Essa fúria punitiva é entendida como uma relação de poder da sociedade para com o autor do fato. Diante da quebra do pacto, a coletividade entende-se legitimada a exigir do Estado um endurecimento, diante de uma prévia e consumada sensação de impunidade (afastada em Beccaria), constatando-se que a pena, como se afirmou, é uma manifestação de poder de um ente que o social construiu para limitação e, ao mesmo tempo, efetivação de seus direitos fundamentais frente aos do delinquente.

Nesse sentido, Thompson disserta: "só nas mais cândidas das abstrações será viável conceber alguém capaz de enxergar o grupo humano sem fazê-lo através da intermediação de representações de valor, as quais estarão permeadas da influência da posição do sujeito no que concerne ao conflito de interesses entre as classes sociais".[187]

O movimento de Direito Penal Máximo, do qual se trata dentro de uma visão social contemporânea que busca alguém para se responsabilizar criminalmente, sob a égide de uma pronta resposta penal, encontra críticas, inclusive afastando o alardeado sucesso da tolerância zero de Nova Iorque, supostamente obtida pelo prefeito Giuliani, tendo em vista a criminalização da miséria.

Acreditou-se que o afastamento de minorias que compunham a cidade, como os latinos, e a punição imediata ao autor de pequenos delitos, com o incremento do poder de polícia (violenta), pCupariam a população da escalada criminosa. A ideia era de que os autores das chamadas *broken windows* (janelas quebradas) não se deteriam no aperfeiçoamento do crime, se não fossem exemplar e severamente detidos pelas autoridades policiais.

Entretanto, o crescimento econômico norte-americano, naquele período da década de 90, trouxe uma sensação de sucesso no que tange à intolerância.

Optou-se, como afirma Wacquant, pela

Supressão do Estado econômico, enfraquecimento do Estado social, fortalecimento e glorificação do Estado penal [...] por meio da qual o novo senso comum penal visando criminalizar a miséria – e, por esse viés, normatizar o trabalho assalariado precário – concebido nos Estados Unidos se internacionaliza, sob formas mais ou menos modificadas e irreconhecíveis, a exemplo da ideologia econômica e social fundada no indi-

---

[187] THOMPSON, Augusto. *Quem são os criminosos?* Rio de Janeiro: Lumen Juris, 1998, p. 27.

vidualismo e na mercantilização, da qual ele é a tradução e o complemento em matéria de "justiça".[188]

Percebe-se que o medo, como emoção básica de todo o ser humano e com conteúdo irracional, é o motivador dos movimentos sociais punitivos.

Como aduz Bauman, vive-se em uma guerra "que não declaramos e com a qual não concordamos [...] a confiança é substituída pela suspeita universal. Presume-se que todos os vínculos sejam precários, duvidosos, semelhantes a armadilhas e emboscadas – até prova em contrário".[189]

A crise é, genericamente, interpretada como algo negativo, que gera sofrimento, decepções e frustrações. Entretanto, envolve um pensar (ou um repensar): uma ruptura, a necessidade de um novo paradigma. A explosão de descontentamentos é própria da convivência e da desarmonia dos grandes grupos que se toleram, quando não invadidos em sua privacidade, e se odeiam, quando se chocam contra seus interesses. O intolerável diz com a afronta ao desrespeito gerado pelo outro e a sensibilidade ocasionada com a violação de *status quo* que cada um visa a preservar de acordo com suas escolhas de vida.

Himmelfarb refere que a prática do crime é tanto uma agressão contra indivíduos como contra as comunidades. Por isso, a teoria das janelas quebradas deve ter a especial repressão do Estado, para que a comunidade não se sinta como se vivesse em uma terra sem lei, diante de vandalismos, por exemplo. Onde houver *broken windows*, haverá crime.[190]

Em outra ponta ideológica, percebe-se o garantismo penal como uma tutela do autor do fato, não considerado como o "outro", o "bode expiatório", o "marginal", contudo, sob uma ótica de um sistema axiológico de garantias e de cumprimento de preceitos constitucionais, principalmente dos direitos fundamentais, que assegurem sua dignidade pessoal e que o defendam dos ataques sociais e do uso da força pelas próprias razões advindas dos particulares.

O Direito Penal Máximo pode, à primeira vista, identificar-se com o princípio da retaliação, de Kelsen, ou com o da retribuição, de Heller

---

[188] WACQUANT, Loïc. *As prisões da miséria*. Rio de Janeiro: Zahar, 2001, p. 18-19. PASSOS reforça a ideia de que "só mesmo o anseio constante de um povo carente de proteção estatal e que, emocionalmente, motivado pela falsa mídia que impera, busca soluções imediatistas, poderia levar juristas a se despirem das formulações científicas que envolvem suas convicções e abraçarem teoria que leve a um regresso tão grande da história da pena", *in* PASSOS, Paulo Roberto da Silva. *Elementos de criminologia e política criminal*. São Paulo: Edipro, 1994, p. 37.

[189] BAUMAN, Zygmund. *Vidas desperdiçadas*. Rio de Janeiro: Jorge Zahar Editor, 2005, p. 114-115.

[190] HIMMELFARB, Gertrude. *One nation, two cultures*. New York: Vintage Books, 1999, p. 64.

(mesmo com a defesa de que ambos guardam o mesmo sentido), com a diferença da desproporcionalidade. A vingança de cunho privado não guarda medida do fato com a pena, com a culpabilidade do agente. Identifica-se mais com práticas inquisitoriais de imposição de sofrimento e da forma como é infligido, com a crueldade intrínseca. Punir com rigor e em excesso no primeiro delito não é uma forma de reprimir a delinquência, mas de incrementá-la e fomentá-la, sob o pensamento de um Estado delinquente, lembrando que a proporcionalidade conta com a proibição do excesso e de insuficiência e ressaltando que os direitos fundamentais são mecanismos de contenção do exercício punitivo pelo Estado.

Parece que o argumento social é o senso de justiça. Senso, conforme Heller, envolve habilidade mental e sentimento, o que supõe discriminação e adesão ao lado positivo: "nosso sentimento de vergonha é nosso envolvimento nas normas e regras 'aceitas' e sua observância. Normas e regras são autoridades externas do julgamento de conduta".[191]

Por isso, quem pune é o juiz: com racionalidade, legalmente amparado e com sentimento, de acordo com sua consciência.

2.9. Aquele que retribui: o juiz criminal e a ausência de neutralidade

Como apaziguar os anseios da sociedade com a correta e desapaixonada aplicação da lei penal? Essa é uma realidade e uma inquietação na magistratura criminal.

Retribuir tem um sentido de "dar a cada um o que lhe é devido", como antes referido por Kelsen, porque a dor causada pelo crime deve ser devolvida com a dor do cumprimento da sanção. Retribui-se na justificação e na aplicação da pena.

O juiz é aquele que retribui, devolvendo ao agente o que ele praticou nos limites da norma. O Tribunal é aquele que vinga e que confirma ou reforma a decisão do juiz, igualmente, devolvendo um revide impessoal, no sentido de não partir do particular.

Atente-se ao fato de que, ao julgar, "por mais que o juiz procure ser justo, ele será, em certa medida, influenciado pelas circunstâncias de sua vida".[192]

---

[191] HELLER, Agnes. *Além da Justiça*. Civilização Brasiliense: Rio de Janeiro, 1998, p. 181.

[192] DALLARI, Dalmo de Abreu. *O poder dos juízes*. São Paulo: Saraiva, 1996, p. 93.

Pretende-se verificar a presença ativa do magistrado, na sociedade da qual faz parte, no processo, como isento, imparcial e equidistante, mas jamais como um ser alheio às mazelas e às necessidades sociais. E, principalmente, que o juiz integra a identidade do Estado Democrático de Direito, pois não se pode desvincular sua figura do processo, na medida em que ambos representam a sublimação da autotutela e das aplicações irracionais do Direito que se testemunham ao longo da História.

Essa questão do que a sociedade espera do Direito e do juiz e as constantes insatisfações de quem está do lado de fora do gabinete do magistrado traz reflexões de completude, até uma espera de inspiração divina, por vezes, inatingível, fazendo-se necessário que se aprecie um perfil também psicológico do magistrado.

No século IV a. C., Aristóteles já preceituava que "o homem instruído a respeito de um assunto é um bom juiz em relação ao mesmo, e o homem que recebeu uma instrução global é um bom juiz em geral".[193]

Ao tratar do *labeling approach*, ou seja, de um olhar aproximado e das formas de etiquetamento social que são colocadas nas pessoas, Baratta traz outra questão que recai sobre "os ombros" do julgador, que são os movimentos de defesa social, de tolerância zero da sociedade (ou da opinião publicada), no que tange às ideologias que se fortalecem, com o intuito de endurecerem a intervenção do Direito no *modus vivendi*, exigindo, assim, do magistrado, uma postura rígida e até implacável para o recrudescimento de qualquer ato ilícito que perturbe a paz tão almejada.

Cumpre ressaltar que o juiz se encontra em uma delicada posição: ao mesmo tempo em que se compromete com os valores do Estado Democrático e Social de Direito, na preservação da axiologia constitucional e da defesa dos interesses do bem comum e da ordem jurídica, depara-se com a insatisfação de muitos que pretendem que o Direito regrida às formas primitivas de aplicação taliônica pelo particular.

Nessa linha, Facchini Neto sustenta que o juiz "julga com todo o seu *eu*, utilizando processos racionais e sofrendo a influência de processos irracionais. Razão e preconceitos caminham juntos. O máximo que o juiz pode fazer é dar-se conta disso e procurar afastar alguns preconceitos e impulsos irracionais ".[194]

---

[193] ARISTÓTELES. *Ética a Nicômacos*. 3. ed. Brasília: UnB, 1999, p. 18.

[194] FACCHINI NETO, Eugênio. O juiz não é só de Direito. *In* ZIMERMAN, David; COLTRO, Antônio (orgs). *Aspectos psicológicos na prática jurídica*. São Paulo: Millennium, 2002, p. 411.

É necessário, portanto, que o magistrado filtre o senso comum e sua imposição por meios de comunicação. Ao mesmo tempo, por um viés psicológico, pode-se afirmar que o tecido social procura, no Poder Judiciário, um pai. Alguém que lhe imporá limites, aplicará sanções e dirá o que deve ser feito ou omitido. Para tanto, o juiz, diante de qualquer caso concreto, deve adotar uma postura aristotélica de prudência, bom senso e justo meio. Essa retribuição com a pena é uma forma de imposição de limites e de devolução do que o *filho* faz perante o *pai*, que é aquele a quem se confere a autoridade de impor as regras.

Por isso, ao considerar o magistrado como uma referência ou um paradigma, sem idealizá-lo como um ser perfeito, mas admitindo-se sua humanidade, a sua demonstração adquire maior visibilidade na sentença, cuja expressão provém do vocábulo latino *sentire*, provando-se, mais uma vez, como advoga Lopes Júnior, que "não existe racionalidade sem sentimento".[195]

Dentro de uma perspectiva da relação do juiz com o advogado e o membro do Ministério Público, quando da discussão da atitude do magistrado frente a ambos, Rocha destaca que "o papel dado ao juiz no campo jurídico, entretanto, é estático e silencioso. Não se admite, inclusive, legalmente que o magistrado externe suas preferências e emoções, que podem atestar suas simpatias e antipatias pessoais, o que comprometeria a principal luta do setor judicial do campo jurídico: a crença na imparcialidade".[196]

Ao apreciar a influência das características psicológicas do juiz na sentença, Prado, inspirada na obra de Frank, aduz que:

> A busca da prestação jurisdicional se sustenta na segurança do substituto do pai, do juiz infalível [...] o aspecto importante na sentença, embora não o único, é a personalidade do juiz, sobre o qual influem a educação geral, a educação jurídica, os valores, os vínculos familiares e pessoais, a posição econômica e social, a experiência política e jurídica, a filiação e a opinião política, os traços intelectuais e temperamentais. Pode controlar as indevidas influências desses fatores, se forem inconscientes, a boa disposição que os juízes tiverem para se *autoanalisarem*, adquirindo consciência de cada um deles.[197]

A sentença é um reflexo, além do conhecimento jurídico, da pessoalidade do juiz, de uma pessoa inserida em um determinado contexto e momento histórico, com exigências próprias.

---

[195] LOPES JUNIOR, Aury. *Introdução crítica ao processo penal*. Rio de Janeiro: Lumen Juris, 2004, p. 280.

[196] ROCHA, Álvaro Filipe Oxley da. *Sociologia do Direito*: a magistratura no espelho. São Leopoldo: Unisinos, 2002, p. 50.

[197] FRANK, Jerome *apud* PRADO, Lídia. *O juiz e a emoção*: aspectos da lógica da decisão judicial. 3. ed. São Paulo: Millenium, 2005, p. 18

Tarello, atento aos reclames sociais nas manifestações e na aplicação do Direito, verificando-se a necessidade da disposição racional do julgador frente à resolução e o apaziguamento dos litígios, assim expõe:

> O Direito, em geral, provém da sociedade e da cultura [...] em longo prazo prevalecem sempre as forças sociais reais; quanto mais complexa é uma sociedade, menos podem funcionar os sistemas de controle informal [...] mesmo que o sistema jurídico em seu conjunto e a longo prazo reflita com notável exatidão o modo com que o poder se distribui na sociedade, cada uma das partes do sistema jurídico não são necessariamente espelhos, ainda que pequenos, da sociedade.[198]

A afirmação do autor remonta a uma questão: mesmo que o juiz integre a sociedade, sua atividade jurisdicional e sua postura perante o entorno deverão espelhar seu equilíbrio e bom-senso, sem a influência das paixões das massas. O magistrado, ao fundamentar seu *sentire*, sua decisão, lança mão de um aporte, como a legislação, a jurisprudência, as circunstâncias do caso concreto, a equidade, suas referências valorativas...

Como se advoga, o juiz reveste-se da sua figura de autoridade, que inspira respeito e uma aura de expectativa quanto à sua atuação em julgamento e na condução do processo, na esperança de que seja tão bom e justo quanto se espera e deseja. É a representação do juiz paradigma de conduta irrepreensível, saber jurídico e prudência aristotélica.

Em que pesem as alegações da relação direta da decisão judicial aliada a critérios existenciais, racionais e sentimentais da figura do órgão do Poder Judiciário, Azevedo traz outro entendimento, *in verbis*:

> É por ser indubitável o valor da segurança jurídica, para a criação, permanência e evolução da ordem jurídica, que não pode incluir entre os largos poderes, que se advoga ao juiz e que precisa ele exercer plenamente, o de decidir as contendas segundo critérios pessoais. Por não se aceitar o eventual arbítrio do legislador, não é sensato nem responsável admitir-se o subjetivismo judicial.[199]

Advoga-se que o juiz representa um pai dentro de uma teia de relações sociais, visto como um homem (ou uma mulher) de conduta irrepreensível e um agente capaz de reprimir e reprovar condutas mediante juízos de valor e normativos.

Afora sua função "paterna", é órfã a atividade do magistrado? Além da sociedade de massa, de risco, capitalista, na qual o julgador

---

[198] TARELLO, Giovane. *Cultura jurídica y política del derecho*. México: Fondo de Cultura Económica, 1998, p. 415-416.

[199] AZEVEDO, Plauto Faraco de. *Aplicação do direito e contexto social*. 2. ed. São Paulo: RT, 1998, p. 138.

vive e convive, sua história profissional é permeada por outra, dentro de uma superestrutura social: a sua própria comunidade jurídica.

O magistrado deve sua prestação de contas ao Tribunal, pois esse é o seu *pai*. Carvalho ressalta o que denomina de questão de família, a relação do juiz monocrático com a instância superior: "este assume uma postura paternalista em relação ao julgador singular. É ele, o Tribunal, que pune o juiz, eleva seus vencimentos, promove, elogia".[200]

Independente da "visão do Tribunal", o juiz, como condutor do processo, deve ser democrático, oportunizando a igualdade (paridade) entre as partes, mas com uma conduta autoritária, qualquer líder encontra resistência e, consequentemente, a burla de suas determinações.

Cumpre que se ressalte uma das célebres assertivas de Rudolf von Ihering: "a paz é o fim que o Direito tem em vista, a luta é o meio de que se serve para consegui-lo",[201] entendendo que a luta se dá mediante o processo e a paz, a ser garantida pelo juiz ao término da demanda.

Afinal, de onde provém e quem é esse juiz? Facchini Neto assim responde a essa indagação:

Com o progressivo fortalecimento da classe média e com a maior facilidade de acesso aos cursos universitários também às camadas sociais não integrantes da elite dominante, aliado ao fato de *sistema de seleção dos magistrados*, como é o caso, v.g., da Itália, França e Brasil, notou-se, especialmente nesses países, uma diversificação da origem dos magistrados, do ponto de vista social, econômico e cultural, além de uma acentuada tendência de juvenilização e feminilização da magistratura [...] tal sistema, ao menos em teoria, permite o recrutamento de elementos provenientes das mais diversas origens sociais, bem como refletindo a complexidade das sociedades contemporâneas.[202]

Souza Junior ressalta que "a sociedade – atingida pelo direito estatal – assimila-o a seu modo nas relações da vida, adaptando-o, ajustando-o e conformando-o às suas idiossincrasias culturais e à sua situação anímica".[203]

Ainda no que diz respeito à formação cultural e às inclinações políticas que envolvem a magistratura, cumpre a apreciação de que a conduta conservadora que envolve a atividade judicante é histórica, no sentido de que os magistrados provinham de classes privilegiadas e

---

[200] CARVALHO, Amilton Bueno de. O juiz e a jurisprudência: um desabafo crítico *in* BONATTO, Gilson (org). *Garantias constitucionais e processo penal*. Rio de Janeiro: Lúmen Júris, 2002, p. 9.

[201] VON IHERING, Rudolf. *A luta pelo Direito*. 22. ed. Rio de Janeiro: Forense, 2003, p. 1.

[202] FACCHINI NETO, Eugênio. O juiz não é só de Direito. *in* ZIMERMAN, David; COLTRO, Antônio (orgs.). *Aspectos psicológicos na prática jurídica*. São Paulo: Millennium, 2002, p. 406.

[203] SOUZA JUNIOR, Cezar Saldanha. *A supremacia do Direito no Estado Democrático e seus modelos básicos*. Porto Alegre: s/e, 2002, p. 72.

elitizadas da sociedade, identificando-se, assim, com políticas de direita, que eram tratadas como tradicionais em seu pensamento político.

O que é imperativo ressaltar são as expectativas que pairam sobre a magistratura. Se o juiz decidir pensando em sensacionalismos midiáticos e aprovação social, pura e simplesmente, poderá negar o Direito. Ao contrário, se aplicar a disposição da norma, contrariando interesses sociais, estará se tornando impopular frente aos sentimentos de vingança comprovadamente irracionais da sociedade. Tende-se a aceitar o outro, se fizer ou reagir como se espera. Se for o que se quiser que seja.

As idiossincrasias fazem parte do ato de julgar e, no *sentire*, o juiz reflete a sua alma. Conforme Piero Calamandrei, em uma visão romântica, o juiz vive um drama diante de sua atividade: "o drama do juiz é a solidão, porque ele, para julgar, deve estar livre dos afetos humanos e situado um degrau acima de seus semelhantes [...] é a contemplação cotidiana das tristezas humanas, que preenchem todo o seu mundo [...] é a rotina que o desgasta".[204]

O magistrado, ciente de sua importância como uma conquista no Estado de Direito, considera a realidade do momento, ou seja, as circunstâncias da vida e a sua subjetividade, que tornam humana uma sentença, buscando realizar, o máximo possível, a concretização do justo, de um mínimo ético, independentemente da vontade da maioria, contudo, em paz com sua consciência.

A imparcialidade do juiz significa o grande diferencial de sua atividade. Julgar desapaixonadamente, sem se deixar influenciar pelas suas paixões e pelas da sociedade, significa que a pré-condenação de um acusado pela coletividade não guiará a sua decisão, assim como os princípios que norteiam a ideologia de um sistema. Essa prerrogativa do juiz traz segurança às partes e a seriedade de sua atividade jurisdicional. Ou seja, quando o magistrado impuser um apenamento ao réu, não estará comprometido com qualquer movimento punitivo, contudo, com um conjunto de regras e princípios que foi criado pela racionalidade do sistema e que refletirá a prudência do julgador.

Afinal, qual perfil de juiz é desejado? Um tradicional ou um alternativo? Por certo que ambos se confrontam e apontam-se como extremos opostos. Rocha refere que os alternativos são vistos pelos conservadores como comunistas, o que demonstra uma posição política: "[...] ao contrário, o juiz deve posicionar-se como homem atento às mudanças de seu tempo, agindo politicamente, opinando sobre o

---

[204] CALAMANDREI, Piero. *Eles, os juízes, vistos por um advogado*. São Paulo: Martins Fontes, 2000, p. 355-356.

conteúdo das leis que aplica e buscando adaptar sua interpretação para produzir decisões que melhor atendam às demandas sociais hoje".[205]

O modo de ver a realidade está, igualmente, indissociável da visão pessoal, da história particular de sua vida, da visão política que paira sobre o entorno social. Dentro de um viés sociológico, não apenas interessa a inserção do magistrado nas frustrações humanas como a forma política com que as trata.

Luhmann defende que, em países socialistas e nos Estados Unidos, existe uma série de indícios de

> um desenvolvimento do papel dos juízes no sentido de terapeutas sociais [...] especialmente na jurisprudência penal, na jurisdição de menores e no tratamento de questões de direito de família. As conseqüências ampliadas desse desenvolvimento, no entanto, raramente são intencionais; elas podem significar uma considerável perda de segurança jurídica [...], mas por outro lado, uma pressão política mais acentuada sobre a justiça, pois sua neutralidade política torna-se menos justificável na medida em que ela assume tarefas de conformação do direito.[206]

Um terapeuta devolve ao seu paciente o que está mal no seu funcionamento, na sua vida, assim como o juiz devolve ao criminoso, frente ao crime, o mal com o mal, segundo a retribuição e a retaliação.

---

[205] ROCHA, Álvaro Filipe Oxley da. *Sociologia do Direito*: a magistratura no espelho. São Leopoldo: Unisinos, 2002, p. 47.

[206] LUHMANN, Niklas. *Sociologia do Direito II*. Rio de Janeiro: Tempo Brasileiro, 1985, p. 41.

3. Os princípios da retribuição e da retaliação na justificação do dever de punir pelo Estado: pena de prisão como castigo

3.1. Os princípios constantes no Direito Penal para a justificação do dever de punir

3.1.1. Teorias relativas: prevenção geral positiva, negativa e especial

As teorias relativas têm como fundo a intimidação, o exemplo geral, partindo-se do particular, do criminoso que, ao ser sentenciado, serve como um objeto e um objetivo estatal, no sentido de demonstração do poder de punir institucionalizado, sob uma perspectiva de dissuadir o provável e futuro autor de um fato delitivo, posterior à ocorrência e à condenação do primeiro "exemplo".

A prevenção se baseia na confiança de que a norma penal será aplicada, pois essa é a expectativa social diante do delito, aliada ao medo, ao se pensar em uma esperada, futura condenação criminal. A prevenção, então, funcionaria como um contraimpulso aos comportamentos criminosos, além de objetivar a recuperação do criminoso, quando a prática do delito já seja uma realidade.

Como bem se posiciona Heller: "Tal princípio (da intimidação) permite a punição sem ofensa (ação preventiva). Quanto mais a ofensa é moral [...] menor o valor de intimidação da lei [...]. Pode-se dizer que a intimidação não é um princípio alternativo de punição para revide, mas que é a *função da lei para intimidar*, independentemente dos princípios da punição".[207]

Se se pensar por esse norte, um exemplo é o do pai que encontra um agente que cometeu um crime sexual contra sua filha, ou até

---

[207] HELLER, Agnes. *Além da justiça*. Rio de Janeiro: Civilização Brasileira, 1998, p. 227 e 233.

mesmo contra a vida de uma pessoa que lhe era cara, querida. Por um motivo de relevante valor moral, possivelmente, esse homem não hesitaria em dar fim à vida do delinquente. A norma não o deteria, se outra razão o conduzisse a não praticar o delito em uma situação bastante hipotética.

Quem se filia à prevenção, rejeita a retribuição. Assim, para Dotti,

a hipertrofia do sentido retributivo desvenda um pragmatismo inconciliável com o estágio da civilização contemporânea, posto que o Direito Penal não se pode caracterizar como o conjunto de princípios e regras destinadas exclusivamente à repressão dos comportamentos antagônicos aos mais relevantes valores do homem, da comunidade e do Estado. Ele aparece aos olhos e ao coração de todos como a imagem de dupla face. E, por isso, não se compadece com as teorias absolutas que pretendem negar a capacidade e a reserva espiritual do ser humano.[208]

O questionamento que surge reside no seguinte problema (ao que parece que a resposta é uma negativa indubitável): quem estiver na iminência de praticar um crime pensará no ordenamento penal, em seu conteúdo normativo e proibitivo, e se amedrontará com as possíveis consequências de sua ação ou inércia? A pena, ou seus efeitos, é capaz de intimidar o agente anteriormente ao cometimento do comportamento criminoso?

Sem a pretensão de adotar uma tese fatalista ou determinista, o Código Penal não representa limitação ao agir criminoso, considerando-se, em especial, as condutas dolosas.

Dias apresenta o que chama de *proposta de solução* no que tange às finalidades da pena a título de prevenção:

As finalidades da aplicação de uma pena residem primordialmente na tutela de bens jurídicos e, na medida do possível, na reinserção do agente na comunidade. [...]. Nestas duas proposições reside a fórmula básica de resolução das antinomias entre os fins das penas; pelo que também ela tem de fornecer a chave para a resolução do problema da medida da pena. Tudo quanto se traduza em manipulações ou modificações desta fórmula básica no processo de medida da pena introduz, no sistema, uma *contradição normativa*, que põe em causa princípios irrenunciáveis na constituição político-criminal [...] Assim pois, primordialmente, a medida da pena há de ser dada pela medida da necessidade de tutela dos bens jurídicos face ao caso concreto. (grifos do autor)[209]

Para tanto, Hassemer avisa que o homem "meta" do Iluminismo era aquele que tinha conhecimento das proibições, das consequências que poderiam advir pelo descumprimento do pacto, esperando-se que se abstivesse de cometer a proibição: "sua imagem de homem se carac-

---

[208] DOTTI, René Ariel. *Bases e alternativas para o sistema de penas*. 2.ed. São Paulo: RT, 1998, p. 142.

[209] DIAS, Jorge de Figueiredo. *Direito Penal português*: as consequências jurídicas do crime. Coimbra: Coimbra Editora, 2005, p. 227.

teriza pela sua racionalidade e inclusive por sua capacidade de cálculo".[210] Eis a coação psicológica dentro da ideia da prevenção geral.

Roxin trata das teorias da pena como um caminho para justificar sua função, considerando-se que sua aplicação gira em torno da necessidade preventiva do castigo: "se nem desde o ponto de vista preventivo especial, nem desde o ponto de vista preventivo geral existe uma necessidade de castigo, a pena carece de justificação teórica, não tem nenhuma legitimidade social e não deve se impor".[211]

A prevenção especial trata da ressocialização. Parece uma proposta infundada e inviável ou invisível dentro da realidade, notadamente, da pena de prisão, ainda que, na prática jurídica e no cotidiano forense, alguns juristas sustentem que, em penas restritivas de direito, há um caráter utilitário e educativo mais evidenciado.

Hassemer resume a uma antinomia dos fins da pena (fins não equivalem à fundamentação, cujo último sentido reporta à justificação da imposição da pena pelo Estado, não às consequências de sua aplicação), a uma discussão acerca da proporcionalidade entre o injusto e a culpabilidade, com a ideia de recuperação dentro da execução penal: "o sistema penitenciário, orientado ao tratamento, se perturba se o recluso está no cárcere perdendo o tempo (ou uma parte desse tempo), sem que possa compreender a produtividade desse tempo".[212]

Nessa linha, o filósofo MacIntyre associa a pena à ideia de eficácia cooperativa, para legitimá-la:

> A disciplina da punição dentro de um tal esquema, entretanto, só é justificável porque e à medida que a punição educa aqueles que a recebem; deve ser um tipo de punição que sejam capazes de reconhecer como sendo para seu próprio benefício.[213]

Pode-se ressocializar quem não foi socializado? Parece uma indagação que expressa obviedade. É crível a socialização de um apenado em estabelecimento de segurança máxima? Sim, na inserção de um regramento próprio do sistema de exclusão social e inclusão carcerária.

Nessa linha, Muñoz Conde traz um questionamento relevante:

> Falar de ressocialização do delinqüente só tem sentido quando a sociedade na qual se pretende reintegrá-lo é uma sociedade com uma ordem social e jurídica justas. Quando

---

[210] HASSEMER, Wienfried. *Fundamentos del Derecho Penal*. Barcelona: Bosch, 1984, p. 380.

[211] ROXIN, Claus. *La evolución de la política criminal, el derecho penal y el proceso penal*. Valencia: Tirant lo Blanch, 2000, p. 61.

[212] HASSEMER, Wienfried. *Fundamentos del Derecho Penal*. Barcelona: Bosch, 1984, p. 361.

[213] MACINTYRE, Alasdair. *Justiça de quem? Qual racionalidade?* São Paulo: Loyola, 1991, p. 48.

não é este o caso, que sentido tem falar de ressocialização? Não deveríamos começar pela ressocialização da sociedade?[214]

Ao mesmo tempo em que se confirma a retribuição, afasta-se a ideia de reforma do delinquente com a pena e, por via de consequência, se descarta a ressocialização. Bem aponta Heller: "punição não é e nem deve ser uma *causa* de reforma [...] e normalmente quanto mais cruel, mais severa a punição, menor é a ocasião para a reforma. O princípio da reforma deixa com a 'lixeira' da 'mente viciada'".[215]

Harzer sustenta a defesa dessa teoria com base no contrato social e um senso de regramento social:

> A prevenção geral positiva utiliza a argumentação da teoria do contrato em uma medida especialmente contumaz. Ela situa os intervenientes em uma relação infantil frente à comunidade. A pena cumpre a finalidade da conservação da comunidade cidadã ao recordar-se aos intervenientes o contrato outorgado e, com ele, sua confiança. Quando se apela repetidamente à recordação do contrato, se estimula igualmente o temor potencial do indivíduo ante aos abusos dos demais no cerne da vida em comum.[216]

Essa menção da autora alemã reitera a preocupação de cunho social que está agregada a essa teoria. Apesar de se concordar com o posicionamento de Heller, julga-se oportuno, mais uma vez, o diálogo entre diversos autores e abordagens, sejam juristas ou filósofos. Eis a transdisciplinaridade: a capacidade de que as ciências abram as fronteiras de sua epistemologia própria, da apropriação de seu objeto, para que estabeleçam um intercâmbio de saberes em prol do conhecimento e da melhor compreensão dos fenômenos. Que se tenha a sensatez de abdicar momentaneamente da hegemonia do lugar de fala, para escutar o que o(s) outro(s) tem(têm) a dizer.

3.1.2. Teorias mistas

A hibridez de teorias gera certo conforto no aplicador do Direito, na tentativa de harmonizá-las. Talvez, semanticamente, se o ajuste se fizer adequado, o hermeneuta possa se convencer da validade da adaptação de duas proposições em uma.

Hassemer, no que tange às teorias mistas e à (im)possibilidade de harmonizá-las, entende que:

---

[214] MUÑOZ CONDE, Francisco. *Direito Penal e controle social*. Rio de Janeiro: Forense, 2005, p. 81.

[215] HELLER, Agnes. *Além da justiça*. Rio de Janeiro: Civilização Brasileira, 1998, p. 234.

[216] HARZER, Regina. La independencia y su significación para la teoría de la pena, *in* CASABONA, Carlos María Romeo (org.). *La insostenible situación del Derecho Penal*. Granada: Comares, 2000, p. 37.

A retribuição, a expiação, certamente, mas também a nova idéia de prevenção geral positiva, que afirma tão filantropicamente que a função da pena é estabilizar a confiança do cidadão na norma é, por outras palavras, restabelecer a norma violada. Esta teoria positiva e filantrópica proclama fins simpáticos e positivos, mas a verdade é que ela alcança esses fins positivos por meio da aflição intencional de um mal: a pena.[217]

O jurista alemão reitera a impossibilidade de conciliação entre ambas (prevenção e retribuição) devido aos seus fins e pela sobrevivência do mérito das próprias teorias: "para as teorias absolutas, o sentido da pena se desenvolve a partir da plenitude da teoria; para as teorias relativas, o sentido da pena se desenvolve a partir da imperfeição da realidade".[218]

Realizando uma junção de análise de ambas as teorias, urge a seguinte pergunta: qual delas é mais eficaz dentro da imposição de uma pena legitimada por um pacto, considerando as palavras de Rawls: "não é possível subtrair-se ao poder do Estado salvo abandonando-se o território do Estado"?[219]

Para Schecaira e Corrêa Júnior, "essa concepção unificadora quebraria a ideia de que o Direito Penal deve ser utilizado como *ultima ratio*. Argumenta-se, ainda, contra a teoria unificadora, a impossibilidade de se misturar uma teoria que nega fins à pena (retributiva), com outras que atribuem fins a ela (preventivas)".[220]

A expressão *flexibilização* tem tomado vulto nas ciências jurídicas, logo, na aplicação do Direito. Essa terminologia tem sido utilizada para a redução da intervenção penal em prol do interesse da vítima, como salientam Gomes e Jorge Yacobucci:

Dentro do esquema de propostas que privilegiam a reparação como resposta ao conflito e que se situam em uma posição favorável para a vítima há dois aspectos de caráter público do direito penal tradicional que são postos em crise. Por um lado, a formalização da resposta se vê alterada pela necessidade de negociações flexíveis entre as partes, em que não se persegue um objetivo público senão a satisfação da vítima. Por outro, isso muda radicalmente a finalidade do direito penal, já que a resposta não atende em princípio as necessidades de ordem pública, mas sim a exigências particulares.[221]

---

[217] HASSEMER, Wienfried. Processo penal e direitos fundamentais. *In Revista Del Rey Jurídica.* n. 16. ano 8. São Paulo: Del Rey, 2006, p. 72.

[218] HASSEMER, Wienfried. *Fundamentos del Derecho Penal.* Barcelona: Bosch, 1984, p. 350.

[219] RAWLS, John. *Justiça como equidade: uma reformulação.* São Paulo: Martins Fontes, 2003, p. 132. Não se irá apreciar questões como a extraterritorialidade da lei penal.

[220] SCHECAIRA, Sérgio Salomão; CORRÊA JÚNIOR, Alceu. *Teoria da Pena*: finalidades, Direito Positivo, jurisprudência e outros estudos de ciência criminal. São Paulo: RT, 2002, p. 134.

[221] GOMES, Luiz Flávio; JORGE YACOBUCCI, Guillermo. *As grandes transformações do Direito Penal Tradicional*: série sobre as ciências criminais no século XXI. v. 13. São Paulo: RT, 2005, p. 64.

Portanto, a teoria mista poderia ser enquadrada como flexível dentro de uma justificativa acerca da pena. Entretanto, a flexibilização, em seu sentido, presta-se para uma compreensão mais adiantada, adquirindo um condão de negociação. Assim como a coisa julgada tem se flexibilizado, nas relações contratuais, poder-se-ia estender à dignidade pessoal essa mesma significação, assim como lhe atribuir um valor de mercado, passível de negócio?

As teorias que foram expostas têm sido objeto de inúmeras críticas frente à inadequação de um suporte de sustentação, a partir de uma fundamentação que as justifique. Nesse sentido, Carvalho posiciona-se:

> Os ideais justificacionistas, por serem universalizantes de perspectivas unilaterais, nunca encontraram harmonização com as práticas mundanas. Os fins retributivos ou preventivos [...] invariavelmente geram aporias, questões sem saída, pois além de não serem passíveis de comprovabilidade [...] dependem, indistintamente, de como o sujeito concreto sofre o castigo (ou sua expectativa) transformará sua experiência (punitiva) em ação.[222]

Sob esse viés, a retribuição sustenta o fundamento ou a justificação da pena com base no pagamento. É nisso que se acredita e essa teoria, por mais que possa ser objeto de rechaço, é a mais crível e verificável. É importante, mais uma vez, ressaltar que todo o discurso penal e criminológico defendido no presente texto se sustenta nesse princípio da Justiça.

Parece, no mínimo, inviável reformar mediante a retribuição, partindo-se de um embasamento em Heller, que inadmite, desde logo, a possibilidade de uma reforma sincera da pessoa, ainda mais quando o postulado kantiano de revolução antropológica também não prospera em viabilidade. Não se está admitindo ou sugerindo que haverá reforma com a retribuição. A retribuição justifica-se como um recair da norma sobre o agente. Reformar pertence a um estudo que ultrapassa a seara do jurídico. É o mesmo que pretender que um magistrado faça uma avaliação psicológica ou psiquiátrica em um acusado. São conhecimentos pertencentes a diferentes – e complementares – áreas do saber.

Vingança (retaliação) com mudança interna parece um contrassenso, polos extremos: uma "mente viciada não pode ser reformada nem intimidada [...] por isso, temos bastante razão para aceitar o princípio da retribuição como o *único* princípio de punição racional e moral".[223]

---

[222] CARVALHO, Salo de. *Anti-Manual de Criminologia*. Rio de Janeiro: Lumen Juris, 2008, p. 168.

[223] HELLER, Agnes. *Além da justiça*. Rio de Janeiro: Civilização Brasileira, 1998, p. 234.

3.2. A retribuição: os princípios da Justiça em Heller e Kelsen

É próprio do ser humano elencar razões ou ponderar sobre suas decisões. A justificação de qualquer prática, quando bem fundamentada, gera uma sensação de legitimidade ou de ausência de arbítrio, ainda mais quando se destina ao julgamento de outros indivíduos.

As teorias absolutas encontram simpatizantes, geralmente, entre os que buscam na pena uma utilidade. Uma teoria com um fim em si mesma, um objetivo a ser concretizado pelo ordenamento jurídico em detrimento da conduta típica, ilícita e culpável, com o intuito de reprovar o autor do fato, mediante um merecido castigo. Assim como o pai disciplinador castiga, exemplarmente, o filho desobediente, não socializado, procurando meios de neutralizá-lo, o Estado lança mão de um aparato para retribuir o mal com o mal, para vingar-se do delinquente (retaliação).

O "castigo" do pai, educativo e pedagógico, com o fim de modelar o filho, dentro de uma conduta ética e socialmente respeitosa, em regra, não pertence ao Estado, pois a função da paternidade é particular de um indivíduo a quem foi outorgada essa possibilidade. O Estado gere a coisa pública, incluindo a punição dentro da legalidade penal, e o pai, o poder familiar, formando (ou deformando) um indivíduo de acordo com a carga de valores que recebeu de uma figura de autoridade.

Sobre o castigo como consequência do mal praticado, Carnelutti traz uma perspectiva retributiva para a justificação da pena, *in verbis*:

> Não obstante, se há um passado que se reconstrói para fazer a base do futuro, é o do homem nas grades do processo penal. Não há outra razão para atingir o delito senão aquela de impor-lhe a pena, o delito está no passado, a pena no futuro. Diz o juiz: devo saber aquilo que você foi para estabelecer aquilo que será. Foi um delinquente, será um encarcerado. Fez sofrer: sofrerá. Não soube usar sua liberdade: será recluso.[224]

Pelo que se depreende, existe uma relação taliônica com a retribuição? Seria um retorno à barbárie irracional do início dos tempos existenciais? Não há irracionalidade na vingança pelo Estado, que retribui de acordo com princípios penais estabelecidos, como a anterioridade (legalidade), a proporcionalidade, a individualização das penas etc.

Pierangeli emite uma comparação entre a pena, na atualidade, e o Talião, do início da história punitiva:

> Que não se vislumbre – advertimos – no Talião as características modernas de retribuição adequada à reparação da ordem e da paz social, anulando-se com ela o alarme produzido pelo delito e a restauração da fé no ordenamento jurídico-estatal, concepção

---

[224] CARNELUTTI, Francesco. *As misérias do processo penal*. 2. ed. São Paulo: Bookseller, 2002, p. 58.

moderna dos fins da pena [...] com o Talião surgem os primeiros sinais de composição e de reparação do dano causado pelo delito e a satisfação dos interesses do prejudicado mediante a entrega importante de dinheiro, bens ou objetos da natureza, a prestação de serviços por parte do ofensor ou procedimentos reparadores. Raízes longínquas do que chamamos hoje de reparação do dano *ex delicto* e, talvez, da pena restritiva de direitos consistente em prestação de serviços à comunidade, com a tarefa de purgar o delito, mesmo sem a reparação do dano.[225]

Para tanto, Dias reitera seu rechaço à legitimidade do caráter retributivo da sanção, entendendo como inadequado à legitimação, à fundamentação e ao sentido da intervenção penal:

Ao Estado incumbe satisfazer, proporcionar condições de existência comunitária, assegurando a cada pessoa o espaço indispensável de realização livre de sua personalidade. Só isto pode justificar que o Estado furte a cada pessoa o mínimo indispensável de direitos, liberdades e garantias para assegurar os direitos dos outros e, com eles, da comunidade. Para o cumprimento de uma tal função a retribuição, a expiação ou a compensação do mal do crime constituem meios patentemente inidôneos e ilegítimos.[226]

Diante das teorias de justificação, Schmidt acrescenta:

Esqueceram-se as doutrinas, tanto justificacionistas como abolicionistas, que a *prevenção* não tem em mira somente a prática de delitos, mas sim, também, um mal antiético a ele, e que corresponde ao mal da *vingança privada*, informal, selvagem ou arbitrária. [...] não se tutela só o ofendido, senão também o delinqüente frente às reações informais. Assim, enquanto o fundamento da pena mínima cominada em lei é a *intimidação* da sociedade, o fundamento do *máximo* de pena, por outro lado, é a prevenção da *vingança desregrada*. (grifos do autor).[227]

Recusar o caráter retributivo do dever de punir é abrir mão da compreensão do funcionamento humano, seja individual ou coletivo. O sentimento de vingança, o elo entre moralidade e punibilidade, o sentimento de justiça internalizado por pessoas que herdaram valores de uma cultura e de uma família parecem afirmar a humanidade que existe em cada pessoa.

Segundo Hassemer salienta, a retribuição não se ocupa da observação empírica da pena (como o êxito da ressocialização na teoria relativa), entretanto, apoia-se em si mesma, carente de sentido e inapreensível:

---

[225] PIERANGELI, José Henrique. De las penas: tiempos primitivos y legislaciones antiguas. *In* ZAFFARONI, Baigún; PIERANGELI, García-Pablos. *De las penas*. Buenos Aires: Depalma, 1997, p. 404. Destaca-se que, no presente estudo, não se defende a reparação do dano, advindo do crime, pela imposição da pena.

[226] DIAS, Jorge de Figueiredo. *Questões fundamentais de Direito Penal revisitadas*. São Paulo: RT, 1999, p. 94.

[227] SCHMIDT, Andrei Zenkner. *O princípio da legalidade penal no Estado Democrático de Direito*. Porto Alegre: Livraria do Advogado, 2001, p. 111.

> A decisão a favor de uma teoria de uma pura teoria retributiva suporia, de fato, renunciar a uma justificação da pena desde o ponto de vista de seus efeitos práticos (tanto frente ao delinqüente individual, como frente à comunidade jurídica como um todo). O Direito Penal não pode decidir por essa renúncia. A justificação se exige desde fora. A justificação pelas conseqüências desejadas é uma parte de nossa racionalidade.[228]

A perspectiva racional e a ideia de castigo parecem contrapostas. É uma mera aparência. É viável partir-se de uma interpretação do sentido da retribuição como castigo e como talionismo contemporâneo, com a diferença de que, como já defendeu Kelsen, o Tribunal realizará a justiça punitiva, vingando-se do particular malfeitor.

Heller, na esteira desse pensamento, sustenta que esse é o único princípio da Justiça no qual a punição é administrada de uma forma na qual as pessoas são tratadas como "seres livres e racionais, como os únicos autores de sua ação".[229] Eis o cotejo com o princípio da igualdade em Kelsen e em Rawls, apenas para exemplificar.

Um fundamento para a retribuição encontra sustentáculo, também, nas consequências sobre atos livremente escolhidos para serem exercidos. Igualmente, porque a retribuição, como castigo, contenta o público (sociedade) no espetáculo punitivo, o mesmo analisado por Foucault, compreendendo a aplicação "circense": enquanto uns se divertem e se alienam, os outros sofrem com os efeitos que provêm das sanções. Não que não sejam merecidas. Se necessárias, devem ser proporcionais (pelo menos, é uma tentativa de resposta relativamente satisfatória, como autoridade da pena).

Nessa linha, Costa Júnior aprecia a questão:

> Enquanto perante a retribuição moral a pena é uma exigência ética profunda da consciência humana de que o bem seja recompensado com o bem e o mal com o mal – conforme a retribuição jurídica –, a fundamentação da pena está no âmago do ordenamento jurídico. Se o delito configura uma rebelião do indivíduo contra o império da lei, exige uma reparação que venha a reafirmar a autoridade da lei através da pena.[230]

De acordo com Schecaira e Corrêa Júnior, "a sanção penal é essencialmente retributiva, vale dizer, a pena é a reafirmação do poder estatal que se materializa através de uma restrição imposta àquele que violou a paz social garantida pelo Estado".[231]

---

[228] HASSEMER, Wienfried. *Fundamentos del Derecho Penal*. Barcelona: Bosch, 1984, p. 351.

[229] HELLER, Agnes. *Além da justiça*. Rio de Janeiro: Civilização Brasileira, 1998, p. 233.

[230] COSTA JÚNIOR, Paulo José da. *Curso de Direito Penal*. 9. ed. São Paulo: Saraiva, 2008, p. 142.

[231] SCHECAIRA, Sérgio Salomão; CORRÊA JÚNIOR, Alceu. *Teoria da Pena*: finalidades, Direito Positivo, jurisprudência e outros estudos de ciência criminal. São Paulo: RT, 2002, p. 144.

A pergunta que poderá ser realizada após a assertiva dos autores é a seguinte: se o Estado garante a paz, qual é o conceito de paz? A contemporaneidade tem trazido um mal-estar, em termos sociais, de insegurança e de indiferença muito significativas, sendo que o contrário não é proporcionado pelo Estado, ressaltando-se que não se advoga por um paternalismo ou por políticas assistencialistas. Se o Estado garantisse a paz, provavelmente, o caos social instalado pela miséria humana (e de valores) não estaria tão evidenciado, aceitando-se que a paz não se resume a uma mera ausência de guerra (declarada e oculta ou surda).

Essa paz seria atingida por eventuais "efeitos intimidatórios da pena"? Kelsen reforça sua justificação punitiva na retribuição, ao negar as teorias relativas:

> A definição do conceito de Direito como ordem coercitiva refere-se ao conteúdo das normas de Direito, significando que essas regras estipulam sanções. Não significa que a idéia que os homens têm do Direito exerça coerção psíquica sobre eles, que os coaja a conformar sua conduta ao Direito.[232]

As teorias retributivas tentam aplacar a paixão com a imposição da vingança do Tribunal. A retaliação embute-se na retribuição. Percebe-se que o aparato punitivo aplica e executa uma pena dosada pelo magistrado, racionalmente calculada, baseada na realidade trazida aos autos e manifesta na forma da retaliação.

Como aduz Kelsen, no sentido de retribuição e proporcionalidade: "a equiparação de mal e punição, mérito e recompensa, não é apenas qualitativa, mas quantitativa, já que quanto maior é o mal, maior deve ser a punição, quanto maior o mérito, maior a recompensa".[233]

É necessário um cuidado: o Estado não pode impor qualquer dano a qualquer pessoa, a menos que tenha uma razão muito boa para isso.[234]

Argumentos pela retribuição como a justificação da pena podem ser entendidos como "o salário do pecado", considerando, também, que Kelsen, ao defender a retaliação, se utiliza de argumentos teológicos: justiça pode ser descrita como dar a cada homem o que lhe é devido. Justiça pode requerer punição, se a alguém é devida a punição. Isso faz a punição parecer merecida ao criminoso por seu empenho

---

[232] KELSEN, Hans. *O que é Justiça?* São Paulo: Martins Fontes, 1998, p. 287.

[233] Idem, p. 304.

[234] GOLASH, Deidre. *The case against punishment*: retribution, crime prevention, and the law. New York: New York University Press, 2005, p. 1. Palavras do autor: "we ought not to impose such harm on anyone unless we have a very good reason for doing so".

criminal. Talvez os criminosos sejam os únicos com os quais se tenha o direito de se utilizar da violência para a punição.[235]

Vingança é uma expressão que leva a uma série de palavras em cadeia associativa, como ira, raiva e espera de imposição do mal a alguém que não age como uma "pessoa moral", um "desejo de que os outros sofram".[236]

A autoridade do contrato social justifica o dever de punir. É uma lógica de merecimento, uma ótica do conceito ético de justiça, no qual "os bons devem ser felizes porque merecem a felicidade e os maus devem ser infelizes, pois não a merecem".[237]

Já Kelsen impacta: "o julgamento é a execução da justiça da retribuição".[238]

Importante frisar, desde logo, que a justiça retributiva está longe de ver na pena uma restauração ou uma reparação. Heller traz uma visão da pena como retribuição, mas, com esse pagamento, não se restaura bem jurídico algum. Kelsen não trabalha com o conceito de reparação com o crime (mas com recompensa diante de uma decisão acertada, aquela contrária ao delito), apenas com o de castigo: é a retribuição por excelência. Levanta o que pode ser castigo para o ser humano, em suas diferenças: o trabalho, a morte, a punição pelo pecado...[239] Restauração significa reparar o que o crime causou de prejuízo.

A Justiça Criminal, ao aplicar a pena, garante a simbologia do apenamento – a imposição do sofrimento –, pois o Direito reprova tanto a conduta quanto o resultado produzido. O meio ambiente não vai ser reparado com uma prestação pecuniária, restrição de direitos ou privação de liberdade do agente causador do dano que impacta na natureza. Uma relação conjugal ou afetiva não será reconstituída ou reparada com a imposição de um apenamento ao agressor: pense-se na realidade das circunstâncias da vida. Para o Direito Penal, o criminoso tributário é mais um a ser apenado independentemente do quanto aos cofres públicos deixou de recolher, assim como o marido violento que traumati-

---

[235] HALLIDAY, Roy. *What good is punishment?* Disponível em: http://royhalliday.home.mindspring.com/a2html. Acesso em: 21 de agosto de 2009. "Is punishment the wages of sin? Justice can be described as giving each man his due. Justice can require punishment, if someone is due punishment. This makes punishment sound like a right that a criminal earns through his criminals efforts. [...] perhaps criminals are also unique in that they are the only ones that we have the right to use violence against for punishment".

[236] NUSSBAUM, Martha. *The therapy of desire*: theory and practice in hellenistic ethics. Princeton: Princeton Press, 1994, p. 244.

[237] HELLER, Agnes. *Além da justiça*. Rio de Janeiro: Civilização Brasileira, 1998, p. 79.

[238] KELSEN, Hans. *O que é Justiça?* São Paulo: Martins Fontes, 1998, p. 70.

[239] Idem, p. 39.

za a vítima e seus "sonhos", ou o sujeito que devasta o meio ambiente em prol de seus interesses econômicos.

O Direito tem que responder ao delito, entendendo-se que a Justiça Retributiva e a retaliação guardam o mesmo sentido, de reprimenda, pagamento, revide, censura, castigo.

A visão positivista de Kelsen traz bem a distinção entre lei, Direito e Justiça. Lei é um comando, uma expectativa de que os indivíduos se comportem, através de normas que ditam o proibido, o permitido e o obrigatório, heteronomamente ditado pelo Estado. O Direito envolve um conjunto de regras, que, segundo o positivismo de Kelsen, ditam o que é lícito e ilícito. Kelsen ressalta que o valor da norma em si não deve ser questionado, dada a conduta do agente, que desobedece a um comando. Justiça absoluta, ideal, que contente a todos, não existe. O leitor atento de Kelsen, mesmo sem ser o maior dos positivistas, percebe que ele nega a realização plena da justiça através do Direito. Uma decisão contentará uma das partes apenas, não ambas.

Assim como um homem que disputa uma mulher com outro poderá ser rejeitado em detrimento daquele, o que se castiga e apena, portanto, se revoltará contra o sistema, não aceitará essa imposição. Nesse particular, pode-se cogitar que, para a sociedade, a "justiça foi feita". Aprisiona-se quem "merece", quem deve "pagar pelo que fez". Na visão do criminoso, justiça é estar livre de qualquer acusação, livre de imputações e sob o amparo da impunidade. Justiça humana, como se idealiza, como se quer, de acordo com a subjetividade de cada um, é um conceito relativo.

Mas, se Justiça absoluta não existe,[240] por que chamar a retribuição de um princípio de Justiça? O certo é que a negação da justiça é ponto menos conflitivo que sua conceituação. Para nomeá-lo como um princípio que advém de uma autorização do Estado de Direito, dentro de um estudo do que é legal, jurídico e justo, ainda que o "justo" seja questionável para quem foi prejudicado, seja com os efeitos do crime, seja com a imposição dos efeitos da pena.

Adota-se o posicionamento conforme Kelsen, no sentido de que justiça, como ideal, é questionável, ou melhor, humanamente irrealizável, não desprezando outros que pensam de maneira diversa. Mesmo assim, manter-se-á e aderir-se-á ao princípio da retribuição como um

---

[240] Nesse sentido: "Justiça absoluta é um ideal irracional. Do ponto de vista do conhecimento racional existem somente interesses humanos e, portanto, conflitos de interesses. Para solucioná-los existem apenas dois caminhos: ou satisfazer um dos interesses à custa do outro, ou promover um compromisso entre ambos. Não é possível comprovar que somente uma, e não a outra solução, seja justa [...]", in KELSEN, Hans. O que é Justiça? São Paulo: Martins Fontes, 1998, p. 23.

princípio de Justiça, no sentido de remeter ao mundo do Direito, pois Justiça é o que se espera (o mais aproximado dessa subjetividade e que se realiza pelo sentimento sentido por quem está sob o jugo do Estado). Justiça é dever ser; é o que se persegue com a aplicação do Direito, ainda que se considere sua falibilidade. Não se contenta a todos, não se garante bem-estar e felicidade a todos.

3.2.1. Retribuição e o dever-ser da ressocialização

Devido à difusão das teorias que justificam as penas e a tentativa de harmonização entre a retribuição e a prevenção, é difícil verificar, na prática, como uma medida de castigo poderia coexistir com reeducação, reinserção e ressocialização, se ainda falta estrutura para a efetivação. Positivamente, com presídios superlotados e com a ausência de condições dignas de cumprimento de pena, ao que tudo indica, somente se fomenta ainda mais violência.

A sanção penal deveria garantir ao apenado uma forma de crescimento para enfrentamento social, após seu cumprimento. Não uma mudança em seu temperamento ou sua personalidade, mas uma forma utilitária, sem a utilização de uma pessoa como mero objeto, já que é um sujeito da retribuição (e da retaliação).

Explicando o raciocínio: se as teorias de prevenção buscam uma recuperação e a reeducação do criminoso, deve-se considerar que já houve uma educação prévia, uma socialização que se rompeu com o crime, e que ele deveria voltar ao convívio social com a consciência dessa desadaptação. Por outro lado, é válido que se lembre e que se julgue oportuna a ideia de que o Estado não deve sequer tentar "reformar" o criminoso, para que se molde como uma criança aos pais. Esse é um dos argumentos do garantismo, inclusive, afastando do Estado a função de terapeuta, que não é sua. Essa ideia reporta à discussão acerca de um princípio da justiça, em Heller, que melhor justifique a intervenção punitiva, afastando-se o princípio da reforma de um discurso que possa ser respaldado, devido à não racionalidade na defesa de que se possa aferir que a interiorização das normas seja verificável nos indivíduos, assim com a dissuasão pelo crime, em razão da aceitação de sua autoridade. Entretanto, de outra parte, não cabe ao Estado ignorar o fato de que o criminoso se especializa ainda mais em criminalidade violenta com os demais apenados.

Por isso, a proposta de aprendizagem com a pena. Como isso se daria e que aprendizagem é essa?

Aprender poderia ser sinteticamente conceituado como deixar de ignorar algo. A educação, formal e familiar, geralmente, é baseada em reforços e punições. Reforçar, reafirmar e desejar determinado comportamento socialmente aceitável e premiá-lo é uma maneira de mantê-lo. Se um pai deseja que seu filho seja aprovado para a série seguinte, deve alertá-lo de que isso será possível se estudar e mantiver assiduidade às aulas. Utilizar-se de expedientes ilícitos em provas ou deixar de frequentar a escola não é objeto de premiação: impõe-se uma medida de restrição, não de reforçamento.

O objetivo da escola é formar sujeitos que tenham capacidade de crítica frente aos eventos da realidade, de afirmação pessoal, de construção de autoestima e de uma epistemologia que lhe torne apto a exercer uma profissão e, assim, construir uma vida digna. Muitas vezes, na ausência de uma estrutura para tanto, o vandalismo e os atos antissociais são manifestações de rebelião contra os valores vigentes e socialmente esperados, contra as condutas ajustadas e adequadas, esperadas pelo Direito, e que são alvo de sua despreocupação, uma vez que lícitas e obrigatórias.

Os efeitos deletérios da prisão são uma constatação. Se a educação promove um sentimento de liberdade de pensamento e autonomia, por que não investir na educação formal e profissionalizante do apenado encarcerado? Se as escolas são o futuro de um país e são dotadas de horários, por que não aplicar essa mesma organização em um estabelecimento prisional?

Uma proposição para o cumprimento de uma pena privativa de liberdade é um cronograma obrigatório de atividades com horários preestabelecidos, tanto para despertar quanto para se recolher à cela. O uso de uniformes, assim como os utilizados nas escolas, os horários para higiene, alimentação, estudos e esportes, certamente, não mudarão um caráter, tampouco devem gerar essa expectativa, mas imporão uma sensação de dever e o aprendizado de um ofício que, após o cumprimento da sanção, se imporá como útil ao apenado e poderá impedir inúmeros conflitos e rebeliões entre presos desocupados. Mesmo assim, a que se visaria não seria a ressocialização, mas uma convivência tolerável, disciplinadora. Nenhuma reforma interior, apenas um comportamento ordeiro, sem humilhação ou afronta à dignidade pessoal.

O ócio traz consequências irreversíveis de miserabilidade psíquica; o trabalho traz uma sensação de engrandecimento e autoconceito. Já que a imposição da pena é inquestionável na violação de um acordo prévio entre uma sociedade civil, nada mais adequado que sua execução se dê em prol de uma vida digna, mesmo que com a privação da liberdade, não se afastando determinado rigor de cumprimento de horários e tarefas, ínsito em qualquer regime disciplinar.

Como já se defendeu, a ideia de Heller sobre a prevenção (extensiva à especial integradora) parece a mais crível: essa prevenção está na legislação codificada, não na realidade da vida cotidiana. É por isso que falar em políticas criminais ou públicas de prevenção à delinquência é apontar um dever-ser. Criminalidade retribui-se com apenamento.

Como menciona a autora húngara, no reino animal, o instinto é a ordem natural, a manutenção da vida. No "reino humano", é necessário substituir a regulação instintiva pela social. É isso que determina a condição humana.[241]

Educação é promoção de aculturamento. De saber como se deve agir para priorizar o esperado juridicamente (a não ser que não seja exigível outro comportamento senão aquele adotado pelo agente) e abdicar de um agir menos reflexivo, mais impulsivo, sem pensar nas possíveis consequências.

A educação promovida com o encarceramento, dentro dessa perspectiva, e não da atual, não é aquela traduzida por Baratta, de "bom preso". Tampouco se presta para ser modelado, socializado para a lei de sobrevivência carcerária. Quem dita as regras são os agentes do Estado, e não o chefe da galeria prisional. Regras existem para serem cumpridas, não violadas. Na violação, no descontrole das paixões, haverá a retribuição.

Como refere Ramón Capella, "a existência das prisões não é a maior tragédia do século XX, mas segue sendo uma tragédia. Revela uma sociedade pouco integrada, que veda os olhos ante a descarga das tensões dos fortes sobre os débeis".[242]

O trabalho digno, no estabelecimento prisional, é, por certo, bastante terapêutico. Essa atividade, alicerçada em um ambiente que promova qualidade da vida carcerária, proporcional ao que a segregação permite, não mudará o caráter do delinquente, porém o tornará mais ajustado em um ambiente que não promoverá encarceramento intelectual e fomentação de violência, mas que providenciará uma atividade que auxiliará na promoção da saúde mental e deixará de atribuir ao sistema e à pena uma mentalidade de colapso.

---

[241] HELLER, Agnes. *Historia y futuro*: ¿sobrivivirá la humanidad? Barcelona: Península, 1991, p. 63.

[242] RAMÓN CAPELLA, Juan. *Fruto Proibido*: uma aproximação histórico-teórica ao estudo do Direito e do Estado. Porto Alegre: Livraria do Advogado, 2002, p. 224.

Baldí refere que a prisão não é o lugar ideal para aprender lições, quando melhor seriam se tivessem sido dadas nos joelhos das mães.[243]

A ressocialização é uma bandeira dos mais humanistas daqueles que acreditam que, se os direitos humanos e os princípios iluministas fossem observados, se deixaria de ver o criminoso como "escória", "lixo" e socialmente inútil, para que se pudesse fazer um movimento em prol da valorização de sua dignidade. Os valores sociais, na atualidade, estão mais pautados no ter, e o risco que se corre em perder os bens e até responder pela vida são reforçadores de comportamentos aversivos contra o delinquente e, em grande escala, na defesa da morte.

A prisão guarda diversos efeitos deletérios, como a dissimulação e a mentira; as condições materiais não favorecem a reabilitação; há maus-tratos verbais, falta de higiene, superpopulação carcerária, facilitando abusos sexuais, castigos sádicos impostos diante de violações de regras, o ambiente mostra-se propício à violência, ao elevado consumo de drogas etc.[244]

Considerando que a prisão é um fator criminógeno, modificando o cárcere, como se impõe, mais viável seria uma possibilidade de reinserção social dentro de um ambiente que, mesmo segregando, oportunize o mínimo de saúde física e mental.

O Direito estuda o dever-ser. Esse é um dos objetivos. Acreditar, hoje, em ressocialização pode ser comparado com a crença em histórias de fadas que se ouve na infância. Espera-se que, em um futuro não muito distante, seja possível relatar casos de pessoas que se deram conta do quanto o crime é uma das formas mais desprezíveis da existência humana dentro das escolhas que a vida oferece.

Enquanto isso, a pena não pretende educar, porém, castigar. Na realidade fática, a pena é sádica, retaliatória: faz o outro sofrer com a imposição do mal. Retribuição é uma necessidade e uma justificação, não um mero arbítrio para todos aqueles que tiveram a oportunidade de internalização do lícito e do ilícito e decidiram pela segunda opção. O Estado não deve ser equiparado como o pai que dá uma "chance" para o filho que está "desnorteado". O norte do Estado está na legislação. Ela dita o que se pode, não se pode e se deve fazer. O explícito são os comportamentos desejados e indesejados e, para a boa ação, uma recompensa, desde que essa recompensa seja a manutenção do exercício dos direitos fundamentais do "obediente, não desviante" e a punição, a limitação dos mesmos direitos ao desviante. Retribuição

---

[243] BALDÍ, Frederíck. *My unwelcome guests*. Philadelphia: Lippincott Company, 1959, p. 42.

[244] BITENCOURT, Cezar. *Falência da pena de prisão*: causas e alternativas. 2. ed. São Paulo: Saraiva, 2001, p. 156.

aplicada com proporcionalidade e sem humilhação, sob o amparo do pilar constitucional da dignidade pessoal. Na medida de segurança, já que o criminoso não internalizou o lícito e o ilícito, seja por qualquer situação prevista no art. 26, *caput*, do CP, o juiz retribuirá segregando ao estabelecimento adequado, o que, igualmente, não deixa de ser um castigo.

A retribuição não segue o mandamento do amor: não diz ao criminoso que já deveria ter aprendido a como viver em comunidade. A retribuição segue o mandamento do "talião", com a diferença da racionalidade.

É por isso que, hoje, quando se trata do castigo, alguns conceitos beccarianos e iluministas vêm à tona, como o de humanização, que segue o entendimento de dignidade. Ressocializar é uma tentativa (no mundo das letras) de respeitar a diferença e a infeliz escolha que um determinado sujeito fez, tentando que ele pense, reflita sobre sua prática e dela abdique no futuro.

Prisão (pena) não é sinônimo de serviço de orientação educacional. Execução não é escola, não se aprendem regras de etiqueta. Aprende-se a como sobreviver na "lei da selva", uma lei que diz que só os mais fortes serão os aptos à manutenção de suas vidas. Essa sobrevivência afasta a ressocialização e atrai a dissimulação. O sentimento de que o que o apenado sabe fazer é trabalhar no crime, e não na licitude esperada. Não foi (e, provavelmente, não quer ser) treinado para isso. Para tanto, castiga-se. Depois, muito provavelmente, o sistema o receberá de volta e retribuirá mais uma vez.

3.2.2. Retribuição e dignidade da pessoa

Poderia parecer um contrassenso aplicar, dentro da conceituação e compreensão da extensão da dignidade, o caráter retributivo da pena. Dignidade pressupõe o reconhecimento de que algo tem valor, que merece cuidado. A retribuição a que se refere Kelsen[245] também precisa de uma aproximação dentro de um contexto ético, portanto, valorativo, quando compara a Justiça aos preceitos mosaicos.

---

[245] É importante o registro de um pensamento de Kelsen acerca dos valores incidentes sobre o que se entende por justo: "uma teoria de valores relativista não significa – como muitas vezes erroneamente se entende – que não haja qualquer valor e, especialmente, que não haja qualquer Justiça. Significa, sim, que não há valores absolutos, mas valores relativos, que não existe uma Justiça absoluta, mas apenas uma Justiça relativa, que os valores que nós constituímos através dos nossos atos produtores de normas e pomos na base dos nossos juízos de valor não podem apresentar-se com a pretensão de excluir a possibilidade de valores opostos", *in* KELSEN, Hans. *Teoria Pura do Direito*. São Paulo: Martins Fontes, 1999, p. 76.

A retribuição deve respeitar a pessoa que é punida. Nesse ponto, vai-se além da justificação e acrescenta-se a noção de aplicação digna dessa pena imposta na forma de castigo.

Castigar pensando no valor da dignidade do ser, na ética das relações Estado-indivíduo parece a chave do dever-ser. É isto que o particular deseja: que o Estado o respeite pelo que é, mesmo que a sociedade não goste dele, e que, se for para retribuir, que seja com respeito ao corpo e à mente, ainda que, na visão do criminoso, não tenha respeitado a vítima.

Defendendo uma lógica punitiva retaliatória em Kelsen, especialmente, não se consegue dissociar seus ensinamentos do valor agregado ao seu exame quanto à justificativa das penas, com base na "vingança pelo Tribunal", em que pesem inúmeros doutrinadores ensinarem que Kelsen se preocupava com a pureza do Direito. Não há como separar Direito de valor. Não há (não deve haver) pena sem um axioma agregado: respeitar punindo ou punir respeitando (leia-se retribuir preservando a dignidade pessoal). O que se volta é à relativização da Justiça humana que, apesar de falha, guarda um critério de resposta ao crime.

Maurer traz uma importante observação:

[...] em nome da liberdade, da autonomia pessoal, é grande o risco de que cada um determine, defina a sua própria dignidade como bem entenda [...] a lei deve procurar condenar os atos ou as atitudes que não estejam de acordo com a dignidade, mais do que definir o que ela é.[246]

Existem parâmetros defensáveis sobre o que é indignidade, assim como o que seja injustiça. Tratamento indigno é o degradante, o cruel, a tortura. Penas aplicam-se sem esses "ingredientes".

Defender retribuição e dignidade implica um compromisso de manutenção da autoridade do Direito Penal, justificando-se que, em nome dessa autoridade, está negado o excesso punitivo.

Retribuir significa que, no momento do castigo, presume-se que, mesmo que valores tenham sido violados, com o delito, o Estado não pode ser o titular da violação do valor universal da dignidade, mesmo diante das diferenças entre as pessoas.

Na ética das relações, pressupõe-se uma via de mão dupla: o respeito à dignidade de todas as pessoas para consigo próprias, independentemente de ambições pessoais e de situações de inveja. No mundo jurídico, essa recíproca é verdadeira.

---

[246] MAURER, Béatrice. Notas sobre o respeito da dignidade da pessoa humana...ou pequena fuga incompleta em torno de um tema central. *In* SARLET, Ingo Wolfgang (org.). *Dimensões da dignidade*: ensaios de Filosofia do Direito e Direito Constitucional. Porto Alegre: Livraria do Advogado, 2005, p. 71.

A pena criminal está associada, em sua aplicação, em especial, na execução antecipada ou definitiva da pena, com a dignidade pessoal, pilar da Lei Maior de 1988. Além da sanção, na contemporaneidade, tem-se elaborado a junção entre ambas as terminologias e os âmbitos de abrangência, com a nomenclatura "dignidade penal".

Como refere Dias, enfrenta-se o problema da *carência da tutela penal* ou *carência de punição ou de pena*.[247] A centralização da dicotomia pena e dignidade manifesta-se, sobretudo, na pena de prisão.

Assim como quando se pergunta o conceito de justiça e cada estudioso apresenta o seu, incrementando o debate jusfilosófico e afastando, com isso, qualquer pretensão de unanimidade, ao se questionar sobre uma existência digna e sobre o conceito de dignidade, vem à mente a mesma questão: consegue-se visualizar uma vida indigna, um tratamento indigno, e, afinal, como se verifica o respeito à dignidade pessoal? Através de uma ótica kantiana, como ressalta Weber, "é importante relevar que a pessoa ou o ser racional tem dignidade, ao passo que as coisas têm preço. Ter dignidade significa não ter equivalente, portanto, não ter preço".[248]

O poder estatal autoriza a violação da dignidade pessoal em detrimento da "ordem social"? Para responder a essa pergunta, lança-se mão das palavras de Sarlet, uma das referências dogmáticas no estudo e no significado da dignidade pessoal:

> Verifica-se que também para a ordem jurídico-constitucional a concepção de homem-objeto (ou homem-instrumento), com todas as conseqüências que daí podem e devem ser extraídas, constitui justamente a antítese da dignidade da pessoa humana, embora, esta, à evidência, não possa ser, por sua vez, exclusivamente formulada no sentido negativo (de exclusão de atos degradantes e desumanos), já que assim se estaria a restringir demasiadamente o âmbito de proteção da dignidade, razão pela qual imperiosa sua concretização por meio de outros princípios e direitos fundamentais...[249]

Uma maneira de se almejar a extensão do significado da dignidade pode ser a *indignidade*. Como bem expõe Dworkin, o termo "direito à dignidade", no âmbito da Filosofia moral e política, traduz-se como

---

[247] DIAS, Jorge de Figueiredo. *Questões fundamentais de Direito Penal revisitadas*. São Paulo: RT, 1999, p. 250.

[248] WEBER, Thadeu. *Ética e Filosofia Política*: Hegel e o formalismo kantiano. Porto Alegre: EDIPUCRS, 1999, p. 43.

[249] SARLET, Ingo Wolfgang. As dimensões da dignidade da pessoa humana: construindo uma compreensão jurídico-constitucional necessária e possível. *In* SARLET, Ingo Wolfgang (org.). *Dimensões da dignidade*: ensaios de Filosofia do Direito e Direito Constitucional. Porto Alegre: Livraria do Advogado, 2005, p. 35-36.

"o direito a viver em condições, quaisquer que sejam, nas quais o amor próprio é possível e pertinente".[250]

Amor próprio está na esfera de subjetividade do agente, de atribuição de valor a si mesmo, como alguém que merece respeito e consideração, por parte de si, dos demais e do Estado, que não deve permitir que alguém desconsidere a identidade e os direitos de personalidade do outro, o que revelaria a indignidade.

Para Bacigalupo, "as penas do Direito Penal são degradantes quando, por seu conteúdo ou por sua forma de execução, implicam alguma forma de lesão à dignidade da pessoa".[251]

Respeitar a dignidade pessoal é uma forma de observar a manutenção da integridade dos bens jurídicos.

A dignidade é uma expressão de luta por direitos de defesa e pelo respeito à existência como, nas palavras de Fernández Segado, "um freio frente ao exercício abusivo dos direitos".[252] Alexy defende que o princípio da dignidade da pessoa humana é o fundamento do princípio da liberdade negativa, sendo que o último, além de ser uma das condições para a garantia da dignidade, "exige uma razão suficiente para toda a restrição da liberdade".[253]

Não se consegue pensar em uma visão de dignidade sem ética. Assim como não se imagina um estudo da ética sem alteridade. Envolver ética e dignidade pessoal, em um contexto contemporâneo social, pressupõe lançar mão de uma análise, ainda que pálida, sobre a sociedade que se tem hoje, sobre a inserção em um dado histórico, acerca dos reflexos do modo de vida das pessoas.

Uma civilização que "matou Deus", em prol do dinheiro como meio de obtenção de felicidade, satisfação, permissividade e onipotência, é uma sociedade que "descarta" quem não tem poder e *status*, quem não ostenta bens ou riquezas. Um círculo social que se enoja com qualquer situação de miséria, que responsabiliza os governos assistencialistas e as Igrejas por fazerem "caridade".

---

[250] DWORKIN, Ronald. *Domínio da vida*: aborto, eutanásia e liberdades individuais. São Paulo: Martins Fontes, 2003, p. 333.

[251] BACIGALUPO, Enrique. *Principios de Derecho Penal*: parte general. 3. ed. Madrid: Akal, 2004, p. 31.

[252] FERNÁNDEZ SEGADO, Francisco. La dignidad de la persona como valor supremo del ordenamiento jurídico español y como fuente de todos los derechos. *In* SARLET, Ingo Wolfgang (org.). *Jurisdição e Direitos Fundamentais*. v. 1. Porto Alegre: Livraria do Advogado, 2004, p. 127.

[253] ALEXY, Robert. *Teoría de los derechos fundamentales*. 2. ed. Madrid: Centro de Estudios políticos y constitucionales, 2008, p. 314.

Onde está a alteridade? Lipovetsky aponta que o discurso de viver cada um para si próprio está legitimado: "nossa época já não tem fé no imperativo de viver para o próximo [...] o indivíduo contemporâneo não é mais egoísta que o de outros tempos, expressa sem vergonha a prioridade individualista de suas eleições".[254]

Caputo se expressa no sentido de que "[...] boas leis tentam defender o fraco do forte [...]. A lei quer justiça, mas a justiça está sempre faltando na lei".[255]

A lei que, através do Direito, espera a realização da justiça (relativa, como se viu em Kelsen), aposta que, quando de sua aplicação, a dignidade seja observada tanto no sistema de Justiça Criminal como em qualquer situação da vida: de quem é vítima e de quem está no cárcere. São qualidades diferentes de viver, merecimentos contrastantes, valores diversos. O que o Estado não pode é compactuar com as barbáries do medievo, com as penas como eram impostas desde o início das primeiras comunidades, com tamanho retrocesso, por mais que o ser humano não seja tão diferente em sua essência.

Assim como uma "ética mínima não é ética",[256] uma dignidade mínima não é dignidade. A dignidade, reportando-se a Rawls, não admite negociação.

A dignidade parece um conceito pacífico, no sentido de concretização na realidade do respeito à humanidade de todos, independentemente de juízos de valor. A dignidade da criança, por exemplo, que tem uma mãe encarcerada e que necessita da convivência com a genitora, que não seja no presídio onde sua mãe cumpre pena, mas que a criança não se prive desse convívio, possa se socializar, desenvolver-se, ainda que se suspenda, temporariamente, a execução dessa pena.[257]

A dignidade, para Häberle, além de ser a base de um Estado Constitucional, "é ' inata' à existência humana. Ela constitui 'natureza' do ser humano; ela constitui, porém, também, 'cultura', atividades de muitas gerações e dos homens na sua totalidade (da 'humanidade'): a

---

[254] LIPOVETSKY, Gilles. *El crepúsculo del deber*: la ética indolora de los nuevos tiempos democráticos. Barcelona: Anagrama, 1994, p. 131.

[255] CAPUTO, John D. *Against Ethics*: contributions to a poetics of obligation with constant reference to deconstruction. Indianapolis: Indiana University Press, 1993, p. 89-90. "Good laws try to defend the weak against the strong [...] the law wants justice but justice is always wanting in the law".

[256] LÓPEZ LÓPEZ, Pablo. La persona humana como mínimo y máximo. *In* MURILLO, Ildefonso (coord). *Filosofía Práctica y persona humana*. Salamanca: Ediciones Diálogo Filosófico, 2004, p. 503.

[257] HÄBERLE, Peter. A dignidade humana como fundamento da comunidade estatal. *In* SARLET, Ingo Wolfgang (org.). *Dimensões da dignidade*: ensaios de Filosofia do Direito e Direito Constitucional. Porto Alegre: Livraria do Advogado, 2005, p. 148.

'segunda criação'. A partir dessa ação recíproca se constitui a dignidade do homem".[258]

Exemplo da concepção que se faz de dignidade seria "o filho de um escravo achar que é normal que seu pai apanhe abusivamente e que seja eternamente humilhado, ou ainda a menina vítima de incesto achar que esse comportamento não contraria sua dignidade".[259]

Pensar em dignidade e respeito às formas de vida (e por que não estender aos animais?) envolve uma dupla acepção: a dignidade "para si" e "para nós", segundo Maurer:

> Essa concepção pessoal da dignidade para si é condicionada pela educação, pelo contexto social, pela imagem que os outros fazem de si etc. ela é perfeitamente capaz de progredir. Para chegar, no entanto, a uma concepção de dignidade mais próxima da verdade, o indivíduo deve aceitar questioná-la permanentemente, fazendo-a evoluir até a 'dignidade para nós' e tentar fazer com que ela evolua rumo ao *em si*.[260]

O Estado deve ser promotor de dignidade para todos. Dignidade no sentido de ser o que se é, respeitando-se o processo de aculturação e formação de identidade (personalidade). Digno não é apenas aquele viver que não sofre com castigos. Digna é a vida boa, apontada por Heller. Dignidade é ter qualidade no viver, implicando bens materiais que disponibilizem uma vida saudável, com o mínimo existencial, que viabilize a "reserva do possível" dentro da subjetividade de cada um.

Inegável que o que se assiste nos presídios, hoje, está longe da execução penal digna que pessoas racionais almejariam dentro do Estado. Em que pesem essas críticas e no que tange à problematização, como já exposta, do conceito de dignidade, esse pilar, princípio e valor constitucional, como base do ordenamento, revela que o Estado Democrático e Social de Direito traz uma imagem de consideração à pessoa, como sujeito de direitos, afastando-se, ao menos no plano teórico, a coisificação de quem quer que seja.

Dignidade e humilhação são dois temas que chamam a atenção, quando se fala em identidade, respeito, singularidade de cada um, independentemente de como seja, como sujeito que merece um tratamento digno, em que pese o delito cometido. "Quem humilha será humilhado" é uma frase bíblica. Desde o início da existência, alguns se

---

[258] HÄBERLE, Peter. A dignidade humana como fundamento da comunidade estatal. *In* SARLET, Ingo Wolfgang (org). *Dimensões da dignidade*: ensaios de Filosofia do Direito e Direito Constitucional. Porto Alegre: Livraria do Advogado, 2005, p. 150.

[259] MAURER, Béatrice. Notas sobre o respeito da dignidade da pessoa humana...ou pequena fuga incompleta em torno de um tema central. *In* SARLET, Ingo Wolfgang (org.). *Dimensões da dignidade*: ensaios de Filosofia do Direito e Direito Constitucional. Porto Alegre: Livraria do Advogado, 2005, p. 71.

[260] Idem, p. 73.

sentiram – como se sentem – superiores, quando impõem uma condição de menos valia a outra pessoa, seja expondo-a ao ridículo, publicamente, seja na ofensa verbal, física ou sexual.

Humilhar significa rebaixar, menosprezar, diminuir o outro, desvalorizar, para se engrandecer ou se assoberbar, aquele que é humilhado. Isso é aviltante e vai contra o que se pode pensar sobre dignidade.

Esse é um problema na retribuição e quando se aponta que a execução penal deve respeitar o condenado. Respeito leva à dignidade, mas o conceito vai para tão além que é difícil entender com exatidão o seu alcance. Humilhar não significa respeitar a dignidade, mas colocá-la em xeque. Significa ignorar que o tratamento digno respeita a pessoa por sua humanidade em si. Na prisão, na Constituição, qualquer tratamento degradante implica humilhação. O Estado tem de ser capaz de punir sem humilhar, através do sistema penal. É um dever-ser, poder descolar a fúria da sociedade com o dever do Estado de resguardar o que dita a Lei Maior, que vê a dignidade como base, princípio, valor. Para isso, é necessária muita racionalidade. Ver o apenado como pessoa, e não o crime no (do) apenado.

É uma tarefa hercúlea não ver naquela pessoa que foi condenada o crime que ela cometeu. Já vê-la de modo indigno propicia a sua indignidade e, desde logo, o castigo afina-se e adere à imposição da humilhação.

Humilhadas estão as pessoas não desviantes, diante de uma vida de miséria e penúria; humilhados estão os encarcerados e, também, os animais, que estão sendo aviltados em sua dignidade. Assim como os humanos, os animais não foram privados de uma capacidade: a de sofrer quando os humilham.

Retribuir e retaliar significa uma vingança contra aquele que transgride: a grande diferença da retribuição do particular é que essa não respeita a dignidade. A pena não deve humilhar. Retribuição não é humilhação; o castigo não envolve aviltamento. Castigar envolve proporção e respeito humano pela pessoa, não pelo crime.

3.2.3. A retribuição nos crimes contra a natureza

Respeito não se dirige somente a pessoas, contudo a animais, assim como a dignidade, portanto, a todos os sujeitos de direito. Retribuir em matéria ambiental parece ser ainda mais visível: só castigando, porque as espécies desrespeitadas em sua dignidade e seu valor intrínseco não terão a restituição de seu *status quo*, seja no Direito Civil, com a pecúnia, seja com a cautelaridade de serem evitados mais danos. Como dosar a dor de um animal torturado? "Educando" o agente com prestação de serviços à comunidade e multa?

Está-se apreciando uma visão da pena, até então, que atinge uma pessoa física que gera uma lesão à esfera jurídica de outra. Poder-se-ia estabelecer uma análise, que, se mais acurada, seria objeto de outra exposição pela importância da temática, que são os crimes ambientais, os quais atingem, além de gerações de seres vivos, em sua dignidade animal e seu valor intrínseco das espécies, o ser humano, em sua saúde.

Até o presente momento, reiterou-se que o Direito Penal está "habituado" a responder perante a criminalidade clássica, ou seja, aos crimes contra a vida, a honra, a liberdade de ir e vir, a sexual, as integridades física e moral etc. No que concerne à criminalidade contemporânea, a ordem penal, em especial, nos crimes ambientais e nos delitos contra a ordem tributária, ainda "engatinha" rumo ao seu objetivo, que é a repressão eficaz para a efetivação da prevenção geral positiva e negativa, a qual muitos juristas ainda sustentam como as teorias que justificam as penas.

Aliando a universalização dos princípios da Justiça às preocupações filosóficas quanto à vida e sua manutenção, na contemporaneidade, estuda-se a chamada ética dos animais.

A compaixão com as espécies da fauna impediria que o ser humano deixasse os animais sofrerem, cumprindo as exigências contidas em conceitos morais de respeito universal.

Assim se manifesta o filósofo alemão Tugendhat:

> Parece quase evidente não limitar aos seres humanos a exigência de não ser cruel; um ser humano que não tem compaixão para com os animais é um ser humano sem-compaixão [...] é evidente que seres humanos, que por natureza são geralmente compassivos, também queiram incluir os animais na moral [...] parece evidente que a brutalidade é um fenômeno unitário e que, como tal (como 'vício'), deve ser moralmente proscrito. A relação homem-animal teria que receber um novo esclarecimento. Pertencemos a uma comunidade mais abrangente de criaturas capazes de sofrimento e também da natureza em geral.[261]

No que tange à ética relacionada ao Direito, associada ao sistema de cooperação social, Tugendhat, preocupado com uma ética ecológica, compara a classe dos seres que podem sentir à dos que não podem e dos que são racionais e autônomos. Os animais não sofrem quando agredidos?

---

[261] TUGENDHAT, Ernst. *Lições sobre ética*. 5. ed. Petrópolis: Vozes, 2003, p. 190-191.

Assim, "em seu artigo 'Precisamos de uma ética ecológica?', Wolf explica que a consideração da natureza em sentido mais amplo só pode ser compreendida instrumentalmente, e não moralmente, porque o domínio dos objetos da moral são os seres capazes de sofrer".[262]

Como bem ressalta Bosselmann, a ética coloca um espelho diante das pessoas, sendo ofensivo que se preocupem com a própria existência, uma vez que não se tem responsabilidade moral apenas consigo mesmo, como também com os demais, com as outras formas de vida.[263]

A perspectiva de que o ser humano mantém uma visão utilitária do meio ambiente, a ser aproveitado ao seu bel prazer, traz implicações que apostam em uma lógica econômica de exploração da biodiversidade, do ecossistema, como um produto a ser incorporado pelo capital para a circulação de riqueza.

Essa percepção se dá em detrimento da compaixão com os animais e do respeito à dignidade de todas as formas de existência, ainda que não humanas.

Santos traz uma definição de ética ambiental, relacionando-a com um exame de consciência pessoal e referindo que o ser humano deve ter "humildade ecológica":

> Podemos definir essa Ética Ambiental como a conduta, ou a própria conduta, comportamental do ser humano em relação à natureza, decorrente da conscientização ambiental e conseqüente compromisso personalíssimo preservacionista, tendo como objetivo a conservação da vida global. Com essa nova ética, diferente da ética tradicional, pautamos toda a sua vida e assim estaremos agindo sempre com um maior compromisso ético. Compromisso criado por nós; dentro de nós. Sem nenhuma lei que não seja a nossa consciência.[264]

Poderia caber o questionamento de como se promover o desenvolvimento sustentável sem a contribuição do meio ambiente, uma vez que se desenvolver é "uma exigência contínua". Entretanto, tem-se um critério de proporcionalidade do crescimento econômico com a preservação das gerações, levando-se em consideração o reconhecimento de que os animais são portadores de "direitos próprios".[265]

---

[262] WOLF *apud* TUGENDHAT, Ernst. *Lições sobre ética*. 5. ed. Petrópolis: Vozes, 2003, p. 192.

[263] BOSSELMANN, Klaus. *Human Rights and the Environment – a critical review*. Ciclo de Conferências apresentadas no Programa de Pós-graduação em Direito – Doutorado, na Pontifícia Universidade Católica do Rio Grande do Sul, em 29 de maio de 2007 (inédito).

[264] SANTOS, Antonio Silveira Ribeiro. *Ética ambiental*. Disponível em: http://www.aultimaarcadenoe.com/direitoetica.htm. Acesso em: 29 de maio de 2007.

[265] As expressões que se salientam provêm de BOSSELMANN, Klaus. *Human Rights and the Environment – a critical review*. Ciclo de Conferências apresentadas no Programa de Pós-graduação em Direito – Doutorado, na Pontifícia Universidade Católica do Rio Grande do Sul, em 29 de maio de 2007 (inédito).

Fora as abordagens jurídicas (penal, administrativa, civil) que repercutem, independentemente dos mandamentos morais que cercam o sofrimento infligido aos animais, os quais também são dotados de dignidade, reporta-se à sustentação menos otimista de Hobbes, quando desconsidera qualquer forma de respeito mútuo entre humanos, o que dirá, então, para com os seres irracionais.

Como sabiamente disserta Jonas,

o homem não somente se converteu em um perigo para si mesmo, como também para a biosfera [...] reduzir o dever unicamente ao homem, o desvinculando do resto da natureza, representa a diminuição, mais ainda, a desumanização do próprio homem, a atrofia de sua essência (ainda em caso afortunado de sua conservação biológica) e contradiz, assim, sua suposta meta, precisamente acreditada pela dignidade da essência humana. Em um ponto de vista autenticamente humano a natureza mantém sua própria dignidade, a qual se opõe ao uso arbitrário de nosso poder.[266]

Para tanto, na contemporaneidade, a discussão segue sob o viés de uma ética ambiental baseada, segundo Sirvinskas,

no estudo dos juízos de valor da conduta humana em relação ao meio ambiente. É, em outras palavras, a compreensão que o homem tem da necessidade de preservar ou conservar os recursos naturais essenciais à perpetuação de todas as espécies de vida existentes no planeta Terra. Essa compreensão está relacionada com a modificação das condições físicas, químicas e biológicas do meio ambiente, ocasionada pela intervenção de atividades comunitárias e industriais, que pode colocar em risco todas as formas de vida do planeta. O risco da extinção de todas as formas de vida deve ser uma das preocupações do estudo da ética ambiental.[267]

Nash, ao mencionar a história da ética ambiental nos Estados Unidos, ressalta que "o problema está sempre em certos grupos de pessoas que se beneficiam pela negação da ética a outros grupos (ou à natureza) [...] relutantes em abandonar esses benefícios. Mudar as leis e as instituições com freqüência requereu força".[268]

A história das conquistas notadamente é marcada como uma disputa de poder, resultando em dominadores e dominados. Na conjuntura atual, essa busca de poderio se apresenta como uma forma de dominação da natureza pela agressão, seja poluindo, desmatando ou chacinando.

Já para Ferrajoli, a crítica concentra-se em uma visão ética formal, que, na maior parte das vezes, apenas é "uma adesão moral e política aos valores e aos interesses protegidos pelo direito positivo, ou na

---

[266] JONAS, Hans. *El principio de responsabilidad*: ensayo de una ética para la civilización tecnológica. Barcelona: Herder, 1995, p. 227-228.

[267] SIRVINSKAS, Luís Paulo. *Manual de Direito Ambiental*. 3. ed. São Paulo: Saraiva, 2005. p. 7.

[268] NASH, Roderick Frazier. *The rights of nature*: a history of environmental ethics. Wisconsin: Wisconsin University Press, 1989, p. 8.

melhor das hipóteses, em uma hipótese de constitucionalismo ético, consistente na sacralização dos valores constitucionais enquanto tais, erigidos à categoria de absolutos, e interiorizados sob a forma de uma específica ideologia progressista".[269]

O jurista italiano rechaça o que aduz como "uma ética específica de feições estatais", ou seja, uma eticidade imposta por uma forte carga ideológica.

Em relação às leis penais, a dogmática defende que "a luta na defesa do meio ambiente tem encontrado no Direito Penal um dos seus mais significativos instrumentos. Muitas são as hipóteses em que sanções administrativas ou civis não se mostram suficientes para a repressão das agressões contra o meio ambiente".[270]

Não se pode desconsiderar o fundamento dogmático dotado de subjetividade, ou seja, de normas de conduta que valorizam a alteridade, em detrimento de um injusto típico ambiental, e os danos podem se prolongar no tempo, assim como ocorre nos crimes permanentes.

Os danos provenientes dessas práticas nem sempre são visíveis de forma instantânea, como nos crimes de imediata consumação, tais como um homicídio. As consequências dos delitos ambientais podem ser perpetradas em diversas gerações de uma ou mais espécies.

Afinal, além do ecossistema, quem sofre com as repercussões das condutas criminosas atentatórias à manutenção das espécies e que provocam o dano ambiental?

Freitas considera que, "em se tratando de meio ambiente, o prejuízo sofre dimensão difusa, estendendo-se para o futuro. Diz respeito à coletividade e não ao indivíduo, pouco importando sua duração ou se o meio ambiente terá condições de autodepuração capaz de reduzir os efeitos das alterações ocorridas".[271]

Ressalta-se que o equilíbrio ecológico é um bem jurídico tutelado pelo Direito Ambiental.[272]

Dias refere que "não há que se negar que o Direito Penal é o instrumento mais importante, contundente e grave do sistema jurídico, pois mediante a pena que se conserva o sistema de arrumação jurídica

---

[269] FERRAJOLI, Luigi. *Direito e Razão*: teoria do garantismo penal. São Paulo: RT, 2002, p. 185.

[270] FREITAS, Vladimir Passos de; FREITAS, Gilberto Passos de. *Crimes contra a natureza*. 8. ed. São Paulo: RT, 2006, p. 31.

[271] FREITAS, Gilberto Passos de. *Ilícito penal ambiental e reparação do dano*. São Paulo: RT, 2005, p. 50.

[272] RODRIGUES, Marcelo Abelha. *Elementos de Direito Ambiental* – parte geral. 2. ed. São Paulo: RT, 2005, p. 301.

que reflete o padrão axiológico de uma determinada sociedade histórica".[273]

No que tange à responsabilização penal, ainda que alguns sustentem, em esfera civil, uma responsabilidade objetiva (que parece fora de cogitação em âmbito criminal), a prova da culpa se faz necessária, em respeito ao art. 13 do Código Penal, que estabelece o nexo causal para a apuração de um juízo de culpabilidade.

Em matéria criminal, muito se discute sobre os direitos humanos como extensivos a todos os sujeitos de direitos, ao réu e às vítimas das práticas criminosas. A impressão que advém desses argumentos parece demonstrar que direitos humanos fundamentais se dirigem, pela nomenclatura, apenas a pessoas.

Dentro de uma visão ética, e não apenas social, bem como em uma perspectiva jusambientalista, esses direitos abrangem o direito a um meio ambiente ecologicamente sustentável admitindo-se que "envolvem um custo econômico (desenvolvimento global)", podendo-se argumentar e defender os direitos humanos ecológicos a partir da ética, um nível mais profundo que o do Direito.[274]

Diante do enfoque principiológico atinente ao Direito Penal e à construção de uma teoria da Justiça que traga alguma resposta ao problema ambiental, ou que faça refletir, de forma jusfilosófica, sobre ele, Hassemer, ao tratar da afetação do bem jurídico penalmente tutelado, refere o sistema jurídico-penal como uma técnica de proteção e detentor de princípios valorativos.

Assim, o Direito Penal "observa uma técnica de proteção para a proteção dos bens jurídico-penais e porque vincula o seu controle do crime a determinados princípios de valor".[275]

Dentre os princípios penais, que poderiam ser chamados de "tradicionais" em Direito material, como a ofensividade, a fragmentariedade, que regulam a afetação aos bens jurídicos protegidos pelas normas penais incriminadoras e selecionados por elas, pensa-se no princípio

---

[273] DIAS, Fábio Freitas. Direito Penal de intervenção mínima e a noção de bem jurídico aplicada às infrações tributárias: uma análise à luz da concepção de Estado Social e democrático de Direito. *In:* D`ÁVILA, Fábio Roberto; SOUZA, Paulo Vinicius Sporleder de. *Direito Penal Secundário*: estudos sobre crimes econômicos, ambientais, informáticos e outras questões. São Paulo: RT, 2006, p. 130.

[274] BOSSELMANN, Klaus. *Human Rights and the Environment – a critical review.* Ciclo de Conferências apresentadas no Programa de Pós-graduação em Direito – Doutorado. Promoção do Programa dos Cursos de Mestrado e Doutorado em Direito da Pontifícia Universidade Católica do Rio Grande do Sul, em 29 de maio de 2007 (inédito).

[275] HASSEMER, Winfried. *Introdução aos fundamentos do Direito Penal.* 2. ed. Porto Alegre: Fabris, 2005, p. 418.

da humanidade em matéria criminal, especialmente difundido pelos postulados beccarianos.

Sarlet traz, em sua obra, importante reflexão no que tange à natureza igualitária desse princípio (norma e valor fundamental), dizendo que,

por exprimir a ideia de solidariedade entre os membros da comunidade humana, o princípio da dignidade da pessoa vincula também no âmbito das relações entre os particulares. No que diz com tal amplitude deste dever de proteção e respeito, convém que aqui reste consignado que tal constatação decorre do fato de que há muito já se percebeu – em face da opressão socioeconômica exercida pelos assim denominados poderes sociais, que o Estado nunca foi (e cada vez menos o é) o único e maior inimigo das liberdades e dos direitos fundamentais em geral.[276]

Conforme se apreciam as defesas incondicionais pelo respeito às formas humanas de vida, por demais negligenciadas pelo Estado, podem e devem se estender ao meio ambiente.

O princípio da ofensividade, em matéria penal, aliado ao da culpabilidade e considerando-se que pode ser sujeito passivo de crime o meio ambiente, reforça a ideia de que a ofensa, a exposição a perigo e o dano causados ao meio ambiente devem estar protegidos pela tutela da lesividade.

Jonas acredita que possa ser realizado um paralelo entre um Estado ideal e o melhor Estado possível. Assim esclarece:

É preciso distinguir entre dois conceitos completamente diferentes de Estado ideal ou Estado melhor: o que não atende às possibilidades de realização do que se concebe como o melhor, isso é, o mais desejável em si – segundo um quadro ideal de felicidade humana – e imaginável ao gosto de cada um, e o que busca o melhor Estado possível nas condições reais, atendendo ao limites marcados pela natureza e a imperfeição dos homens, que não são anjos [...].[277]

A procura e a espera da felicidade, dentro de um Estado social, são um objetivo eminentemente humano. Os animais irracionais e os vegetais que compõem a biosfera não têm condições de manifestá-los ou de "pensar" sobre eles, mas necessitam que os direitos da natureza, dentro de um contexto, sejam observados.

Qualquer forma de vida integra um sentido, mesmo que não se veja, ao menos nesse momento, um sentido satisfatório ao Direito Penal Ambiental. Entender o significado de uma existência, em que pese sua ausência de racionalidade, da qual os humanos são dotados (em

---

[276] VIEIRA DE ANDRADE *apud* SARLET, Ingo Wolfgang. *Dignidade da Pessoa humana e direitos fundamentais na Constituição Federal de 1988*. Porto Alegre: Livraria do Advogado, 2001, p. 109-110.

[277] JONAS, Hans. *El principio de responsabilidad*: ensayo de una ética para la civilización tecnológica. Barcelona: Herder, 1995, p. 281.

regra) e que os diferencia dos demais seres na natureza, implica compreender a dimensão do Direito e não ignorá-lo, quando parecer mais conveniente.

Percebe-se que a proporção do injusto com o resultado típico, entendida pelo legislador, é subjetiva e absolutamente minimalista. A diferenciação entre as formas de vida (humana e não humana) é visível. É possível mensurar o sofrimento de um animal, com a aplicação de uma pena restritiva de direitos?

Volta-se ao argumentado por Freitas e Freitas no que tange à tendência de descriminalização de uma série de injustos penais, os quais se pode comparar com uma política de *laissez faire* (deixa fazer).

Por isso, as penas, em matéria ambiental, têm se mostrado ainda tímidas em sua aplicação, quando os impactos gerados à natureza são irreversíveis. A prestação de serviços à comunidade frente à tortura a animais ou à poluição do ar apenas vem a reafirmar que o Direito Penal não consegue responder satisfatoriamente. A pena de multa, seja penal ou administrativamente, não consegue restituir a vida animal e vegetal.

No momento em que a preocupação com os direitos da natureza tomam vulto, apenas surge a (obviedade da) demonstração de que a vida das atuais e futuras gerações está em perigo, a dos humanos e não humanos. Tem-se um sintoma de que a ética ambiental, a compaixão animal e o reconhecimento de que os animais têm direito próprio, e a ofensividade que implica se considerar apenas uma forma de existência, entendendo-se o ambiente um instrumento de satisfação, continuam sendo um discurso com o qual o Direito não está se comprometendo. Volta-se aos princípios de Justiça em Heller.

O meio ambiente é negociável? Essa reflexão parece central ao se fazer referência em torno dos princípios da Justiça, que não apenas são adaptáveis ao valor intrínseco dos seres vivos como extensivos à impossibilidade ética (e não econômica) de se negociar, quando se trata de vida.

Pela percepção de que a sociedade refuga quem não produz e prospera, na contemporaneidade, humaniza-se o mercado e coisifica-se o ser humano ("o mercado está estressado"!). O que sobra para o meio ambiente?

Existe um paradoxo suscitado por Arkes e Hutzel no que tange a uma implicação ambiental, no sentido do sentimento humano de não gostar de ser um desperdiçador, até mesmo evitando comportamentos que incentivem o desperdício. Por outro lado, as mesmas pessoas que se posicionam contra o desperdício abandonam objetos minimamente usados, demonstrando a ambivalência entre o desejo de não desperdiçar e o desejo por coisas novas, cuja repercussão se dará no meio ambiente.[278]

Para um meio ambiente decente, precisa-se de pessoas decentes. O Estado socioambiental deve promover políticas ambientais que garantam o desenvolvimento sustentável e a promoção de uma dosagem entre a prosperidade econômico-social e a manutenção do valor intrínseco das criaturas.

Por certo que não é verificável um Estado que promova um consenso entre a sociedade civil, por mais que haja um esforço nesse sentido, dentro de uma tolerância coletiva.

Esse acordo se dirige ao ecossistema, à proteção incondicional de todas as espécies terrestres, marinhas, ou quaisquer que sejam, assim como existem interesses humanos que devem ser levados em consideração para o desenvolvimento econômico.

Entretanto, dentro de um Estado que recepciona o meio ambiente em sua Lei Maior, que prevê as responsabilizações civil, criminal e administrativa às violações ao ecossistema, há a necessidade de se ponderar ambos. A importância de estabelecer "regras do jogo" que não submetam o ecossistema à vontade humana e às suas manifestações de desconsideração, desrespeito e até mesmo indiferença à preservação de um meio ambiente decente.

O problema de se classificar uma teoria da pena adequada ao Direito Penal Ambiental traz o confronto com a crença que se tiver sobre a reparação do dano ambiental. Desconsiderando a restauração do irreparável, o princípio da reforma não gera qualquer repercussão após a efetiva lesão ao bem. Reformar o autor e manter deformada a natureza? O princípio da reforma não se dirige ao bem lesado ou ao crime em si, contudo ao agente que o praticou, visando a uma transformação de ordem pessoal e existencial. O que interessa aos crimes contra a natureza, ao que parece, não são as mutações humanas e as lições de vida com a imposição da pena. O que importa é prever como o meio ambiente conseguirá (e se chegará a isso) reagir ao potencial lesivo impactante nas espécies.

A prevenção, que está na lei, estática, como já apontou Heller, não afastará o autor do dano, ainda mais com apenamentos brandos como os previstos na lei dos crimes contra a natureza. A retribuição parece

---

[278] ARKES, Hal R.; HUTZEL, Laura. Waste heuristics: the desire not to waste versus the desire for new things. *In* BAZERMAN, Max; MESSICK, David; TENBRUNSEL, Ann; WADE-BENZONI, Kimberly. *Environment, ethics and behavior*: the psychology of environmental valuation and degradation. San Francisco: The New Lexington Press, 1997, p. 154.

ser a única saída: já que não é viável, no mundo do ecossistema, que uma população possa se desenvolver natural e normalmente pós-impacto, que o agente seja castigado por isso. O problema ainda é a questão da proporção. Mas essa é uma outra discussão. Volta-se ao fim em si mesmo da pena.

Retribuir, em matéria ambiental, não repara o impacto, não repõe a dignidade do animal que sofreu tortura. Retribuição não compensa a dor do animal, que é dotado de sistema nervoso capaz de lhe permitir sentir. Castigo como necessidade reforça a ideia de supremacia frente ao animal e a onipotência que muitos sentem (e prazer) diante de uma atividade de humilhação aos animais, como submetê-los a condições imundas, devastando o seu habitat e maltratando-os. Mesmo assim, impera o conceito e a abrangência da dignidade pessoal, e o legislador deveria se preocupar, também, com quem sofre e que, por sua natureza, não tem condições de verbalizar o seu sentimento de humilhação, desprezo e indignidade que o ser humano lhe conferiu.

A retribuição autojustifica-se quando se pensa que o delinquente ambiental não se preocupa com os impactos, a não ser com o que pode ser auferido através deles. A retaliação comporta que, diante da impossibilidade de reparar o que foi destruído, impere a vingança pelo Estado, ainda que possam ser discutidas as penas previstas em matéria ambiental diante de tais impactos. Mesmo assim, castiga-se de acordo com a legislação, sem visar a uma reforma pessoal, diante de um desrespeito contra a dignidade do animal que sofre ou das espécies exploradas.

3.2.4. As teorias da pena: retribuição na Lei Maria da Penha

No presente século, a legislação penal trouxe algumas inovações. A Lei dos crimes ambientais surge em 1998, e a Lei Maria da Penha, em 2006. Direitos fundamentais são objeto de tutela, como a natureza, a integridade física e moral das vítimas de violência doméstica. Essas questões vêm comprovar como o Direito Penal continua sendo percebido e esperado, apesar de suas limitações quanto à aplicação, a julgamentos e efetivação das penas, como uma *prima ratio*, ou a resposta aos problemas mais emergentes da sociedade.

Calcada em um histórico de violência, a mulher, "presenteada" com um dia dedicado ao ano e considerada o sexo frágil, deparou-se, ao longo dos tempos, com situações de menos-valia e submissão frente à força física masculina.

Partindo de uma reflexão sobre as teorias da pena, parece que o legislador optou pela teoria mista, ao proibir que o agressor se aproxime da vítima, ao mesmo tempo em que prevê programas de recuperação, acreditando na educação do delinquente, em que pese sua compulsão à repetição, com um comportamento ávida e constantemente violento.

Ao contrário do crime ambiental, no qual ainda se acredita (ou se propaga) uma "reparação" com base em pena de multa existem violências irreparáveis, como a psicológica. As feridas internas, resultantes de um relacionamento destrutivo e desgastante, apenas demonstram a fragilidade da resposta jurídico-penal à perpetração do desrespeito ao outro ser humano, que se vincula por um sentimento de amor inicial.

Para tanto, a violência pela violência, a imposição do mal sem qualquer mal praticado pela vítima, parece ser um discurso mais eloquente em processos de humilhação contra o sujeito passivo relativos à submissão à violência intrafamiliar.

O ciclo da violência é bem explicado pelo estudo do comportamento e da "segunda chance" em uma relação a dois, que começa com uma "lua-de-mel". Por isso, a temática comporta uma afinidade com o Direito Privado, com as repercussões na dissolução de uniões estáveis, de casamentos.

Como refere Bauman,

> vive-se em uma modernidade líquida, marcada pela insegurança não apenas relativa à ciência como no que diz respeito à duração dos relacionamentos, dos novos entendimentos acerca da família, modificada pelas diversas formas de convivência humana, pela efemeridade e falta de constância de muitos relacionamentos que se iniciaram na tentativa do "eterno enquanto dure".

As mutações sociais e tecnológicas influem nos relacionamentos, os quais acabam por requerer a intervenção e a resposta de uma tutela jurídica, civil, penal e constitucional no que tange à família, tendo em vista que "a modernidade líquida é uma civilização do excesso, da superfluidade, do refugo e de sua remoção".[279]

O Direito Privado, ao contemplar a necessidade de tutela e preservação dos valores da família, e tendo em vista a exigência de não se afastar da realidade que se impõe, é chamado a, como bem aponta Sarlet, "construir pontes"[280] entre o público e o privado, com a constitucionalização do Direito Civil, abrangendo a justa preocupação estatal com um enfoque publicista, garantidor da sociedade familiar e de seus membros.

---

[279] BAUMAN, Zygmunt. *Vidas desperdiçadas*. Rio de Janeiro: Zahar, 2005, p. 120.

[280] Nesse sentido: SARLET, Ingo Wolfgang (org.). *A Constituição concretizada*: construindo pontes com o público e o privado. Porto Alegre: Livraria do Advogado, 2000.

Entretanto, o Direito Civil não promove uma resposta mais invasiva, devendo-se, pelo princípio da intervenção mínima, convocar o Direito Penal ao castigo.

Apesar de a violência contra a mulher não ser um fenômeno recente, parece crescer independentemente das revoluções sociais testemunhadas pela História.

Uma questão sociológica e cultural que merece ser referida é a transformação da sociedade conjugal e da estruturação das relações familiares, tendo em vista a inserção da mulher no mercado de trabalho e as implicações daí decorrentes, como um exercício de direitos fundamentais de segunda geração.

A mulher, educada para a submissão e aceitação incondicional da ideologia masculina imposta, acompanhava o marido nos eventos sociais, administrava as tarefas domésticas, educava ativamente os filhos, supervisionava os empregados, dependendo da classe social, ou ela própria era responsável pelos trabalhos invisíveis dentro do lar.

Sabendo de possíveis encontros furtivos do cônjuge, era imperativo que se calasse, tendo em vista sua impossibilidade de autossustento e, principalmente, sua nula participação na economia familiar, no sentido de aquisição de patrimônio.

Com a entrada das profissionais no mercado de trabalho, nos anos 60, a mulher emancipa-se, divorcia-se, especialmente nos Estados Unidos. O Brasil, até 1977, não admitia o termo da sociedade conjugal com o divórcio, pela preservação da manutenção da família tradicional, aparentemente monogâmica e patriarcal.

Da década de 60 aos tempos presentes, o casamento continua sendo reconhecido entre homens e mulheres, com diversas modificações, como o exercício do poder familiar e a chefia da família por ambos os cônjuges; a possibilidade de que, na dissolução do casamento, o cônjuge varão obtenha a guarda dos filhos, ou a compartilhada; o reconhecimento equiparado da união estável, a facilitação de um novo e imediato matrimônio com o divórcio.

Pelo que se depreende, mais que um conjunto de normas decorrentes de mandamentos constitucionais ou de legislação federal, o que o legislador buscou foi uma preservação dos valores da família, razão pela qual se inserem regras no texto da Lei Maior trazendo a seriedade de temas que dizem não apenas com relações de afeto, mas com a estrutura da sociedade, com o diário dos indivíduos, especialmente, os que não querem e não sabem viver sozinhos, como eremitas.

Essas pessoas são aquelas que desejam compartilhar suas vidas com outras e que precisam de um regramento que possibilite um resguardo a essas opções de vida.

Há, ainda, a prisão por alimentos em esfera privatista, que não desobriga o genitor, em termos de Direito de Família, das parcelas alimentares vencidas. Em âmbito penal, a apreciação emitida até então parece apenas comprovar que o Estado somente conseguiria "ressocializar" um socializado. A coisificação do ser humano leva o Direito Penal a tratar o delinquente como coisa, assim como tratou a vítima. É um ciclo de relações objetais: prende-o e castiga, assim como quando se utiliza da força para humilhar e subjugar a vítima.

Carvalho acolhe uma teoria da pena que "minimize o sofrimento (redução de danos) gerado pela pena (violência pública) e a negação da violência privada ilegítima decorrente da inexistência da pena possibilitariam uma nova compreensão da sanção como fenômeno do poder".[281]

O pensamento do autor traz uma reflexão quando se pensa em matéria de violência doméstica e resposta penal a um relacionamento que envolve um poder explícito de dominação frente ao outro, o qual, como vítima, é o mais débil perante a relação. Dependendo do olhar e do enfoque, se for vitimológico, a vítima tem uma expectativa psicológica com os efeitos da norma penal sobre o indivíduo (prevenção geral positiva).

Em contrapartida, se o crime emerge de um poder de imposição de outro poder, denominado violência, pensá-lo sobre o enfoque do delinquente é um convite ao questionamento do acatamento da autoridade da pena como prevenção geral negativa e especial, caso não volte a agredir. Quem sabe esse seja o modelo ideal, ainda que não se acredite nele. Então, nesse caso, as teorias relativas obteriam sucesso em seus postulados, ainda que sem qualquer comprovação, apenas especulando-se as possíveis eficácias de um apenamento sobre o espírito (psique) do autor do fato, que se aproveita da fragilidade física e emocional da vítima para obter satisfação.

A Lei Maria da Penha faz pensar sobre um dos princípios da Justiça mencionado por Heller: o princípio da reforma, que, mais uma vez, não se espera do agressor. Argumenta a filósofa que pessoas "reformadas" agem e comportam-se de acordo com as regras do ambiente: "reforma como princípio de punição é obviamente falsa [...] ele tem assumido um constante papel em educar crianças, determinados com-

---

[281] CARVALHO, Salo de. *Pena e garantias*. 2. ed. Rio de Janeiro: Lumen Juris, 2003, p. 146.

portamentos de esposas e criados, e também, embora nem sempre, em tratar ofensores, pecadores e bandidos".[282]

Ofensores reformam-se? Agressores motivar-se-iam na abstenção de comportamentos violentos contra a mulher, porque a legislação prevê a possibilidade de prisão em casos de descumprimento de ordem judicial, quando o agressor não se mantém afastado da vítima?

Nos Estados Unidos, onde se produz intensa pesquisa sobre a criminalidade, Halliday aponta que esse princípio tenta provar que a punição é "boa". Traz o exemplo de um marido que pratica o homicídio contra sua esposa com o fim específico de "puni-la". A punição, para esse autor, não tem um cunho de reformar o cônjuge, mas castigá-lo, retribuir o sofrimento causado com uma intensidade ainda maior, quando não autorizado para tanto. Por isso, o jurista norte-americano defende que a reforma é muito menos relatada pelos agressores do que a punição pela retribuição, por exemplo. Reforma seria um meio adequado para confinamento de doentes mentais em instituições, para dependentes químicos e para a segregação de agressores, nas quais haveria pessoas que os ensinariam a desenvolver habilidades que os capacitassem a ser produtivos e, ao final desse treinamento, ser-lhes-ia conferida a liberdade.[283]

O autor, ao enfocar a questão de quem merece punição, refere que os liberais são os defensores da retribuição e pergunta: será que aquele que "despedaça corações" não causa mais dano que ladrões? A partir disso, sustenta que os primeiros deveriam ser punidos mais severamente que os segundos, porque o ladrão causa dano ao patrimônio; o que "machuca o coração" impõe os danos psicológicos, piores que os causados pelos delinquentes patrimoniais. Muitos dos homicídios, hoje, são praticados por amantes ciumentos e maridos traídos. São punidos, porque magoaram pessoas, tanto os agentes quanto as vítimas. As formas de imposição da dor são diferentes: uma é realizada pelos particulares entre si, e a outra, pelo Estado através do Direito Penal.[284]

A retribuição, na Lei Maria da Penha, mostra-se pelas medidas protetivas com as quais a mulher está amparada, com o afastamento compulsório do lar pelo marido e a impossibilidade de aproximar-se da mulher, assim como a perda do poder familiar decorrente de um

---

[282] HELLER, Agnes. *Além da justiça*. Rio de Janeiro: Civilização Brasileira, 1998, p. 229.

[283] HALLIDAY, Roy. *What good is punishment?* Disponível em: http://royhalliday.home.mindspring.com/a2html. Acesso em 21 de agosto de 2009.

[284] Idem. Traduziu-se os que despedaçam corações, o que no texto original é trazido pelo autor norte-americano como "heartbreakers".

dos efeitos de uma sentença de condenação, em razão do emprego de violência contra a esposa ou companheira e sua prole.

A legislação a que se faz referência se baseia no gênero e na identidade. Nas necessidades que foram vistas em Heller, uma "filósofa mulher, judia e húngara",[285] que trata do respeito de todos para com a vida boa de cada um. Volta-se, também, ao que a filósofa trata no sentido de se sentir traídos diante da vida: uma relação como se imagina e construída na fantasia nem sempre é correspondida em suas expectativas.

Essas reflexões mostram o quão rico é o universo da associação da "vida boa" com a retribuição, com o impedimento, por um terceiro, de seguir almejando essa "vida boa". A traição desse outro que ilude merece uma retribuição penal, assim como a vida boa é um valor que tende a se relativizar, como os valores da família têm sido, e é por isso que a Lei Maria da Penha resguarda o gênero, que advém da preservação das necessidades do respeito pela diferenças.

Volta-se à defesa de que a pena não restaura, apesar de que o castigo se impõe. O castigo percebido, sentido e significado como um fim em si mesmo. Uma mulher que foi morta pela "defesa da honra" do marido não "restaura", no sentido de reparar, a "honra" do cônjuge supostamente enganado.

A propósito da Justiça Restaurativa oposta à Retributiva, a primeira está associada à vergonha sentida pelo criminoso, ao mesmo tempo em que reintegrativa junto à comunidade, que o reprova pelo delito e o readmite no convívio social.[286]

A vergonha pode ser associada com sentimentos de moral. A moral é muito particular. Alguns têm, outros não, e há aqueles que agem contrariamente aos seus ditames. Pensar em vergonha, diante do delito, remonta ao criminoso que não é o alvo principal do discurso apresentado neste estudo. Poder-se-ia dirigir ao crime culposo, à desatenção, não à deliberação, ao prazer e aos ganhos advindos com o delito. Reintegrar à sociedade está mais para um dever-ser do que para um ser. Reparar e reintegrar, não parecem sentidos que apontem para a retribuição, aliás, são duas vias antagônicas. Terapia não combina com castigo. Quaisquer formas de violência contra a mulher, para exemplificar, não são estancadas ao despertar, no agressor, um sentimento de "vergonha" para inclusão social. Até porque o criminoso, em âmbito de violência

---

[285] HELLER, Agnes. A reply to my critics. *In* BURNHEIM, John (org). *The social philosophy of Agnes Heller*. Rodopi: Amsterdam, 1994, p. 309.

[286] BENEDETTI, Juliana Cardoso. Justiça restaurativa: contribuições para seu aprimoramento teórico e prático. *In* SÁ, Alvino Augusto; SCHECAIRA, Sérgio Salomão (orgs.). *Criminologia e os problemas da atualidade*. São Paulo: Atlas, 2008, p. 278.

doméstica, sente-se chancelado pelo seu próprio gênero. Quem sabe na Holanda, de Hulsman, no contexto do abolicionismo penal...

Reparação e pena não são um binômio tão simples assim. Restauração e conciliação entre as partes não parecem ser medidas eficazes para a compensação de um dano. Talvez, no Direito Civil, com a pecúnia, não na invasidade do Direito Penal e na lesão a bens jurídicos que o crime impõe contra o outro, seja o criminoso uma pessoa física ou jurídica, seja a vítima uma esposa, o meio ambiente, uma criança, um animal...

3.2.5. A pessoa jurídica: retribuição nos crimes contra a ordem tributária

Discutir penas e sua justificação implica, também, pensar nas repercussões sociais dos apenamenos, não no sentido preventivo ou de reforma, conforme já se posicionou, mas como a retribuição assume destaque no imaginário popular, no sentimento de vingança (retaliação), de paixão que reproduz a humanidade.

Os crimes contra a ordem tributária não têm chamado a atenção da sociedade. A razão é simples: o montante que deveria ser recolhido aos cofres públicos (ao Erário ou Fisco) não é visível como um cadáver em um crime de homicídio. Pode parecer, à primeira vista, que essa espécie de criminalidade contemporânea não seja tão lesiva quanto um crime contra a mulher, o qual envolve violência física e psicológica, marcas no corpo e na alma, ou quanto a mortandade de espécies vegetais ou animais em determinado ecossistema, sem aparente repercussão na vida humana. Entretanto esses delitos impedem que a destinação de verbas para a fomentação de direitos fundamentais (coletivos e difusos) possa servir a políticas públicas e ao benefício de incontáveis pessoas.

Pensar que a equidade envolve reciprocidade do Estado para com o particular denota o dever de retribuir: se as pessoas pagarem a tributação em dia, ou se não tiverem nenhum ponto na carteira de motorista, o Estado recompensará, seja com restituição de imposto de renda, para exemplificar, seja com descontos no pagamento do próximo tributo. Caso contrário, a retribuição virá com um apenamento, seja de multa, ou de restrições de direitos.

No exame da punibilidade das condutas, outro problema jurídico-penal que se instala nesse debate é a responsabilização penal da pessoa jurídica, ou seja, a culpabilidade que alguns advogam como pressuposto de pena e como (quem) será punido pelo cometimento de crimes de tal monta. Ao tratar dessa temática, é corrente a denominação de um Direito Penal de Classes para caracterizar os crimes em tela.

Urge que se faça um comentário: não se busca, em nenhum momento, trazer ilações sobre a legislação penal tributária em si, por se entender que, em uma exposição mais detalhada, outras questões devem ser aventadas, como a contextualização de uma legislação, salvo melhor juízo, ineficiente a um Estado que se diz social e constitucional e que tolera mais essa espécie de "especialidade no crime", que a massificada. O que preocupa é a eficácia dos apenamentos, como se impõem.

Próprio de uma sociedade do risco, o Direito Penal Tributário remete, mediante uma comparação longínqua, ao Direito Privado, no Código Napoleônico, que valorizava o individualismo. Assim como o criminoso de qualquer espécie sente um prazer e um ganho com a prática da conduta, o sonegador fiscal, por exemplo, se beneficia deixando de contribuir e inadimplindo uma obrigação tributária.

Nesse sentido, como bem pontua Gandra Martins,

> a periculosidade, no Direito Penal, não se assemelha à do contribuinte, que dolosa ou culposamente procura não pagar seus tributos, até porque, em seu íntimo, o contribuinte que assim procede não se convence da legitimidade da pretensão estatal, nela muitas vezes vendo uma forma de o Estado apropriar-se de bens que não lhe pertencem. Por essa razão, muitas nações sancionam somente o sujeito passivo da relação tributária faltoso, com penas pecuniárias, numa forma de coação mais compreensível, e outras, quando chegam à pressão extrema de tirar-lhe a liberdade, permite que o recolhimento dos tributos afaste o risco da prisão.[287]

Os crimes também denominados de "lesa-majestade" são apreciados por Beccaria, uma vez que não contemporâneos no sentido de "inovação criminal", contudo em uma legislação especial que os tenta coibir, associando ao que se referiu como invisibilidade do delito de natureza fiscal: "é que os crimes que os homens não têm como nocivos aos seus interesses não afetam o suficiente para provocar a indignação do povo".[288]

Se o Direito Penal, por seu aparato, não se percebe tão interessado ou eficiente na resposta aos crimes de natureza fiscal, que as outras formas de intervenção possam responder de maneira imperativa e contundente, compreendendo o Direito Tributário e o Administrativo, em benefício do Fisco e das garantias constitucionais existentes para a proporcionalidade e a contenção dos excessos nas relações entre erário e contribuinte.

---

[287] MARTINS, Ives Gandra *apud* DENARI, Zelmo; COSTA JÚNIOR, Paulo José. *Infrações tributárias e delitos fiscais*. São Paulo: Saraiva, 1995, p. 84.

[288] BECCARIA, Cesare. *Dos delitos e das penas*. São Paulo: Hemus,1998, p. 73.

Denari refere o ensinamento de Gandra Martins acerca da teoria denominada "economia de aquisição compulsória":

Devemos buscar a natureza jurídica da sanção tributária, que não visa tanto a preservação da ordem, da tranquilidade da sociedade, a recuperação de criminosos, a reparação do dano, mas principalmente coagir o contribuinte a trazer sua participação, para que as necessidades públicas sejam satisfeitas.[289]

Já a Lei nº 8.137/90, segundo entendimento dogmático, tem fim retributivo, ou seja, a imposição de um castigo, com o intuito de preservar o erário público e, *ipso facto*, a integralidade do crédito tributário.

Percebe-se que o Direito Penal contemporâneo está em uma crise fundamental e de fundamentação: a questão do livre-arbítrio, do rechaço ao determinismo, a consequente decorrência na aplicação da pena e, antes, na aferição da culpabilidade.

A pergunta passível de análise é: qual a repercussão do (não) recolhimento de tributos dentro do Estado que se diz Social de Direito?

Os tributos adquirem função social, porque ao final visam, mediante atuação intervencionista, à redistribuição do patrimônio e das rendas na forma de programas de desenvolvimento social e econômico que, por fim, buscarão equilibrar os desajustes que se produzirão no interior das relações interpessoais em que os bens microssociais se manifestam com toda a sua intensidade.[290]

Segundo Bauman, "um imperativo da maior urgência enfrentado por todo o governo que preside ao desmantelamento e ao recuo do Estado Social é, portanto, a tarefa de encontrar ou construir uma nova 'fórmula de legitimação' em que a autoafirmação da autoridade do Estado e a exigência da disciplina possam se basear".[291]

Essa disciplina se dirige ao que o sociólogo polonês denomina de *refugo*, expressão que pode ser entendida como o marginal, ou o lixo humano, aquele sem serventia, sem utilidade social, improdutivo, descartável e imprestável, dentro do qual não se encaixa o criminoso tributário.

Nas palavras do autor, todo o sistema precisa desempenhar, a fim de sobreviver, "as notórias tarefas de 'administração da tensão', 'manutenção do padrão' [...] hoje se resumem quase totalmente em separar de modo estrito o 'refugo humano' do restante da sociedade, excluí-lo

---

[289] DENARI, Zelmo; COSTA JÚNIOR, Paulo José. *Infrações tributárias e delitos fiscais*. São Paulo: Saraiva, 1995, p. 83.

[290] DIAS, Fábio Freitas. Direito Penal de intervenção mínima e a noção de bem jurídico aplicada às infrações tributárias – Uma análise à luz da concepção de Estado Social e Democrático de Direito. *in* D´ÁVILA, Fábio Roberto; SOUZA, Paulo Vinicius S. de (coord.). *Direito Penal Secundário*: estudos sobre crimes econômicos, ambientais, informáticos e outras questões. São Paulo: RT, 2006, p. 142.

[291] BAUMAN, Zygmund. *Vidas desperdiçadas*. Rio de Janeiro: Jorge Zahar Editor, 2005, p. 112.

do arcabouço jurídico em que se conduzem as atividades dos demais e 'neutralizá-lo'".[292] Dentro dessa perspectiva de imprestabilidade e rejeição, surge a figura do Direito Penal Simbólico baseado na pena ao inimigo. Esse simbolismo é questionável na aplicação das penas aos delitos em tela, envolvendo a questão de classes.

Nesse sentido, Thompson disserta:

> Só nas mais cândidas das abstrações será viável conceber alguém capaz de enxergar o grupo humano sem fazê-lo através da intermediação de representações de valor, as quais estarão permeadas da influência da posição do sujeito no que concerne ao conflito de interesses entre as classes sociais.[293]

O que se percebe é que, nos delitos em tela, figura a microcriminalidade[294] dentro do Estado de Direito, que não garante o mínimo existencial, porém que exige a satisfação dos créditos para os "investimentos sociais".

Na discussão contemporânea acerca da dicotomia entre público e privado, percebe-se que a figura do Estado, em especial dos europeus, no período evidenciado pela Primeira Guerra Mundial, adquire outra leitura. Pelo risco imposto ao particular, o Estado deve intervir mais em esferas privadas pelo crescimento da tecnologia e da insegurança social gerados por uma sociedade que se despersonaliza com o passar do tempo. Com o Direito Penal, percebe-se que o fenômeno de sustentação social e de adesão à norma com as práticas criminosas se intensificou e aperfeiçoou.

Para Pinto, questionando a eficácia da pena, em sua função no que tange à criminalidade em apreciação, o cerne dessa temática aliada à autoridade estatal denota que:

> O debate no Estado Democrático de Direito impõe-se a respeito da proporção e eficácia, maiores custos e maiores benefícios da sanção criminal, uma vez que, historicamente, a mesma não representou adequada eficácia ou vantagem esperada pelos penalistas clássicos [...] é bem verdade que a função da pena está sob suspeição no Estado Democrático de Direito, no entanto, no que tange ao *novo tipo de criminalidade*, especificamente a econômica, é importante esclarecer que ocorre uma tomada de posição sobre o papel e a função do Direito Penal em geral, sendo evidente a disposição de aceitar o 'ônus' da decisão teórica de se sustentar a utilidade da pena no caso.[295] (grifos do autor).

---

[292] BAUMAN, Zygmund. *Vidas desperdiçadas*. Rio de Janeiro: Jorge Zahar Editor, 2005, p. 107.

[293] THOMPSON, Augusto. *Quem são os criminosos?* Rio de Janeiro: Lumen Juris, 1998, p. 27.

[294] Expressão utilizada em contraposição à macrocriminalidade por PINTO, Emerson de Lima. *A criminalidade econômico-tributária*: a (des)ordem da lei e a lei da (des)ordem. Porto Alegre: Livraria do Advogado, 2001, p. 117.

[295] PINTO, Emerson de Lima. *A criminalidade econômico-tributária*: a (des)ordem da lei e a lei da (des)ordem. Porto Alegre: Livraria do Advogado, 2001, p. 123.

Além de urgir um questionamento sobre a imposição da pena mais adequada ao caso, reconhecendo-se que a função intimidatória pouco ou nada repercute nesses casos, cumpre que se faça uma relação dos crimes de natureza fiscal com a culpabilidade, como conceito analítico de delito e capacidade de responsabilização penal. É comum que alguns juristas pensem que esses criminosos, os ambientais e os tributários, não tenham perfil para outra pena que não a de multa ou a restritiva de direitos, sob a alegação de que não são violentos, como os sexuais, por exemplo.

Entretanto, o simplismo dessa assertiva leva a pensar nos danos causados, mais silenciosos que um latrocínio ou homicídio, mas não menos nefastos em médio prazo, com sequelas muitas vezes tão irreversíveis quanto a destruição de espécies de animais e vegetais, ou as verbas que deixam de ingressar em investimentos para educação e saúde (acreditando que se destinarão para esses fins).

Aplicar uma pena restritiva de direito ou de multa para quem sonega, em continuidade delitiva, o Fisco, ou para quem não se importa com a vida do ecossistema, tendo em vista o ganho econômico e a ascensão social, utilizando-se da natureza como meio para seu fim, é irresponsável no sentido de atribuição de valores proporcionais aos danos causados.

A culpabilidade, partindo-se de uma evolução histórica psicológica e psicológico-normativa, inicialmente calcada no dolo e na culpa (que, com o finalismo, foram deslocados para o tipo) e no juízo de censura penal contra aquele que podia e devia agir de outro modo, é baseada na reprovação pessoal.

Responsabilidade, sendo diferente de imputabilidade, dirige-se àquele que tenha capacidade de responder pelos seus atos.

A reprimenda penal, pelo princípio da fragmentariedade ou subsidiariedade, destina-se aos bens jurídicos selecionados pelo legislador. Parece um contrassenso: responsabilizar uma camada social que faz parte das relações, como se apreciou, ou que é da mesma camada social dos que compõem a legislatura.

Para tanto, a dogmática define-se pela aplicação e eficácia do Direito Administrativo, seja na questão do lançamento, da existência de um crédito tributário, que, por via administrativa, extingue a punibilidade pelo pagamento.

No que tange a esse princípio, Denari aponta que "tem-se propalado que não existe, hodiernamente, consciência da nocividade da conduta fiscal, consciência de que os delitos fiscais violam os valores mais fundamentais da ordem social".[296]

A afetação dos interesses sociais, com o desenvolvimento econômico possibilitado pela arrecadação que envolve a carga tributária, pressupõe um novo conceito de culpabilidade? Mas como aferi-lo e efetivá-lo?

Em matéria penal, a dogmática espanhola se debruça frente ao silogismo *societas delinquere non potest* no que tange à impunidade da pessoa jurídica contra a ordem tributária, inclusive.

O jurista espanhol García Vitor, mencionando Mir Puig, suscita que

> A pena não se pode dirigir a quem não tenha a capacidade de sentir o efeito da cominação psicológica antes a sua eventual aplicação, se afilia aos que propugnam a imposição de medidas de segurança, que se fundamenta na periculosidade de que a pessoa jurídica possa ser utilizada para cometer ilícitos, além da responsabilidade civil em que haja incorrido por atos de seus representantes.[297]

O autor afirma que o Direito Alemão há muito se preocupa e toma precauções necessárias com o fim de aplicar sanções administrativas contra coletividades, autorizando-se a aplicação de multa (aposta no Direito Administrativo), privando a sociedade do enriquecimento ilícito, das ganâncias ilicitamente obtidas, "passando por cima" das atribuições de responsabilidade da pessoa jurídica, pois a aplicação "é acessória de um injusto cometido por seu representante em seu benefício".[298]

Pelo que se pode perceber, é possível arrazoar, no sentido de Hassemer, conforme se expôs anteriormente: que seja adotado um Direito Penal Administrativo e que a esfera administrativa puna a pessoa jurídica mediante multa e, em casos de individualização da conduta criminosa (ativa ou omissiva e lesiva ao Fisco), apontada devidamente à autoria, que o desviante tributário responda criminal, pessoal e subjeti-

---

[296] DENARI, Zelmo; COSTA JÚNIOR, Paulo José. *Infrações tributárias e delitos fiscais*. São Paulo: Saraiva, 1995, p. 83.

[297] PUIG, Mir *apud* GARCÍA VITOR, Enrique. Responsabilidad penal de las personas jurídicas.*in* ZAFFARONI, Baigún; PIERANGELI, García-Pablos (coord.). *De las penas*. Buenos Aires: Depalma, 1997, p. 262. Salienta-se o Art. 11 da Lei nº 8137, de 27 de dezembro de 1990, que define crimes contra a ordem tributária, econômica e contra as relações de consumo, e dá outras providências: "Art. 11, *caput*: quem de qualquer modo, inclusive por meio de pessoa jurídica, concorre para os crimes definidos nessa lei, incide nas penas a estes cominadas na medida de sua culpabilidade". O pronome "quem" traz a ideia de pessoalidade no estudo da culpabilidade.

[298] GARCÍA VITOR, Enrique. Responsabilidad penal de las personas jurídicas.*in* ZAFFARONI, Baigún; PIERANGELI, García-Pablos (coord.). *De las penas*. Buenos Aires: Depalma, 1997, p. 263. O termo que se usou decorre de uma livre tradução, "passar por cima", vem do espanhol "soslayar".

vamente sobre sua ação, de acordo com o paradigma de culpabilidade tal qual se apresenta em matéria criminal. Com isso, afasta-se a responsabilidade objetiva como uma possível herança do Direito Administrativo, uma vez que incabível penalmente.

A retribuição, nos delitos contra a ordem tributária, visualiza-se em uma restrição de direitos à empresa, como uma interdição temporária de direitos, com a impossibilidade de manutenção de suas "portas abertas", de seu funcionamento por um prazo estipulado pelo juiz. Criminosos fiscais não deixam de se comportar em lesão ao Fisco, pelo apenamento previsto, pela certeza da impunidade. Então, uma vez que a prevenção não existe, mais uma vez, volta-se ao castigo, à retaliação. Um dos argumentos favoráveis que a doutrina traz consiste em que, nos delitos dessa natureza, resta uma maior dificuldade no conhecimento da lei penal, presumindo-se que ninguém se exime de cumpri--la, alegando desconhecimento. Mesmo assim, criminosos de qualquer espécie, assim que constatado o elemento subjetivo do tipo, e com suas condutas enquadradas, merecerão o apenamento proporcional, sendo--lhes imperativo o "pagamento" perante o Estado.

3.2.6. Retribuição e direitos fundamentais

Parece um tanto quanto desafiador pensar em retribuição e associá-la aos direitos fundamentais. Os direitos fundamentais, como conceitua Dimoulis, "são direitos subjetivos de pessoas (físicas ou jurídicas), garantidos por normas de nível constitucional que limitam o exercício do poder estatal".[299]

A limitação desse poder representa que direitos fundamentais são a proteção do particular frente ao Estado, ao seu poder de punir, de impor decisões, de decidir sobre a vida cotidiana.

Para se utilizar de uma expressão de Hassemer, podem ser entendidos como o "núcleo duro" do sistema sobre o qual há o norteamento da hierarquia de importância e de prioridades de tutela dentro do ordenamento, tendo em vista o respeito que merecem bens indisponíveis como a vida, a liberdade e a garantia de segurança pelo Estado. Em nome dessa observância, tem-se advogado por movimentos de Direito Penal Máximo, com a criação de tipos penais que deem conta de salvaguardar ou efetivar a proteção desses bens, abstratamente previstos e concretamente lesados.

---

[299] DIMOULIS, Dimitri. Elementos e problemas da dogmática dos direitos fundamentais. *In* SARLET, Ingo Wolfgang (org.). *Jurisdição e direitos fundamentais*. v. 1. Porto Alegre: Livraria do Advogado, 2003, p. 72.

Segundo Paschoal,

sabe-se que essa inflação penal, na verdade, não decorre do reconhecimento dos direitos sociais, mas da utilidade falaciosa do Direito Penal; utilização esta que serve apenas para mascarar a ausência de solução dos problemas sociais, acarretando, em última instância, a instrumentalização do indivíduo.[300]

A autora salienta que o Estado está ausente, mais no sentido de evitar do que de apaziguar os problemas sociais, que são inerentes às formas de convívio a grandes e pequenas aglomerações de pessoas, seja em termos de macro ou microssociedades. Como se teve a oportunidade de mencionar, Heller aponta que o que legitima e identifica, o que importa à Justiça Criminal é a capacidade, a justificação do dever de punir através do pagamento do débito do particular para com o desvio, entendido como crime.

Assim como o Estado tem o dever de zelar pela qualidade de vida ou pela vivência digna do cidadão dentro dos limites territoriais do Estado no qual se insere e ao qual se submete, pela soberania jurídica, tem o dever de punir. A partir disso, limitará o pleno exercício dos direitos fundamentais do apenado, como a liberdade, considerando o cárcere. É um pacto previamente estabelecido, no qual quem nasce sob essa jurisdição pouco tem a fazer a não ser se adaptar às normas, que, além de proibitivas, resguardam que os direitos fundamentais sejam exercidos livremente, salvo o impedimento de seu exercício contínuo, através de um apenamento, quando da falta de obediência ao esperado.

Canotilho destaca que:

A dimensão dos direitos de defesa contra os poderes públicos é apenas uma das dimensões relevantes no âmbito de proteção dos direitos, liberdades e garantias. A ideia de *dever de proteção* [...] aponta para a natureza positiva desses mesmos direitos.[301] (grifos do autor)

É perceptível a utilização e a simbologia do Direito Penal como um remédio para todos os males sociais, ignorando-se que o princípio de intervenção mínima preceitua que a ingerência penal, na esfera do cidadão, não é a de *prima ratio*. O efeito "mágico" do Direito Penal, o espetáculo em punir, em executar provisoriamente uma pena, seja no inquérito policial, seja no decurso do processo, garante uma ilusão de que, com essa intervenção mais invasiva, o Direito, a sociedade, os valores que compõem a dinamicidade da vida serão observados. A preocupação com a "prestação de contas" à sociedade deturpa a visão

---

[300] PASCHOAL, Janaina Conceição. *Constituição, criminalização e Direito Penal mínimo*. São Paulo: RT, 2001, p. 128.

[301] CANOTILHO, José Joaquim Gomes. *Estudos sobre direitos fundamentais*. Coimbra: Coimbra Editora, 2004, p. 166.

mais técnica que se deve ter do processo penal: responde-se perante o Estado, na proporcionalidade, diante da violação de bens jurídicos protegidos, não apenas pela legislação ordinária como pela norma fundamental.

Por isso, Bacigalupo traz à discussão uma questão travada pelos constitucionalistas: "a suposta obrigação do Estado em proteger *penalmente* os bens e interesses jurídicos representados pelos direitos fundamentais reconhecidos pela Constituição. Na teoria se propôs considerar que o catálogo de direitos fundamentais constitui, também, um conjunto de bens e valores".[302] (grifo do autor)

O jurista espanhol sustenta que a proteção a esses bens foi delegada ao Direito Penal: "é um dever do Estado protegê-los por meio do Direito Penal".[303]

Como já se apreciou quando do enfoque principiológico no início desta exposição, o tratamento penal vai além do texto legal. O que está subjacente, o sentido daquela redação é: a imposição da dor.

A pena deve respeitar o princípio da proporcionalidade, como proibição de excesso e de insuficiência, sendo, como bem afirma Sarlet, "incompatível com a ausência de uma proteção ou com uma proteção insuficiente dos direitos fundamentais".[304] Eis sua dupla dimensão.

Para tanto, Feldens destaca que:

> Os direitos fundamentais legitimam até mesmo as restrições (proporcionais) aos direitos individuais, limitando o conteúdo e o alcance desses direitos em favor da própria liberdade de ação dos indivíduos e de outros bens constitucionalmente valiosos, o que pode implicar a necessidade de adoção de medidas de caráter penal.[305]

A explicação para a proibição de excesso e de insuficiência pode ser traduzida com o exemplo da pena de prisão preventiva. Em muito se sustentou que afetaria o princípio do estado de inocência. Em contrapartida, a Súmula 09 do STJ pacificou o entendimento de que não haveria qualquer afronta, tendo em vista a cautelaridade da medida extrema, mas, em determinados casos, necessária, cabendo a proibição

---

[302] BACIGALUPO, Enrique. *Justicia Penal y derechos fundamentales*. Madrid: Marcial Pons, 2004, p. 97.

[303] Idem, p. 97.

[304] SARLET, Ingo Wolfgang. Direitos fundamentais e proporcionalidade: notas a respeito dos limites e possibilidades da aplicação das categorias da proibição de excesso e de insuficiência em matéria criminal. *In* GAUER, Ruth (org.). *Criminologia e sistemas jurídico-penais contemporâneos*. Porto Alegre: EDIPUCRS, 2008, p. 208.

[305] FELDENS, Luciano. *Direitos Fundamentais e Direito Penal*. Porto Alegre: Livraria do Advogado, 2008, p. 75-76.

de insuficiência, principalmente quanto ao tempo de segregação, em casos de prisão temporária, para averiguações no decorrer da investigação policial.

A proibição do excesso na prisão se dá pela negação da tortura como uma forma de tratamento totalmente incompatível com a dignidade pessoal. O excesso não comporta, necessariamente, o tempo de segregação.

A dificuldade encontrada, dentro do sistema penal, é a efetivação dos direitos fundamentais, mesmo com a restrição dos direitos individuais, cuja limitação nada mais é do que uma das consequências das práticas criminosas, como a supressão da liberdade, que se justifica até para a preservação da integridade física do indiciado ou acusado, diante da proteção contra a reação social, advinda dos impactos gerados pelo crime.

Nesse sentido, assim se manifesta Carvalho: "somente poderiam ser estabelecidos juízos isonômicos de reprovabilidade individual pelo ato delitivo se [...] for constatado que existiu, por parte do Estado, satisfação mínima de seus direitos fundamentais (direitos de liberdade e direitos sociais, econômicos e culturais)".[306]

Os direitos fundamentais chancelam o que se denomina de Estado Democrático de Direito, na medida em que reconhecem que o ser humano é dotado de dignidade e que esse valor, princípio e pilar constitucional, deve ser protegido pelo sistema, na sua integralidade, em todos os seus matizes, seja nos direitos sociais, nos direitos de liberdade, ou seja, na tutela dos bens jurídicos que integram a esfera jurídica do sujeito. Para Swaminathan, direitos humanos são obtidos com paz, não com armas de fogo. Pressupor um Estado Democrático significa o respeito à dignidade dos cidadãos, a manutenção pacífica das relações entre Estados, o desenvolvimento humano e a prosperidade econômica para a estabilidade política das instituições.[307]

Sobre os direitos humanos em sua universalidade (e que se estende como sinônimos de direitos fundamentais), Rawls defende que são universais e uma construção de todos os povos e sociedades como condições necessárias de cooperação social e reconhecimento por todos os regimes decentes. Os direitos humanos não pretendem se justificar por

---

[306] CARVALHO, Salo de. A co-responsabilidade do Estado nos crimes econômicos: fundamentos doutrinários e aplicabilidade judicial. *In* GAUER, Ruth (org.). *Criminologia e sistemas jurídico-penais contemporâneos*. Porto Alegre: EDIPUCRS, 2008, p. 137-138.

[307] SWAMINATHAN, M. S. *Uncommon Opportunities*: an agenda for peace and equitable development. New Jersey: Zed Books, 1994, p. 29.

doutrinas religiosas, filosóficas ou morais, para não ensejarem divisões em um mundo plural.[308]

Dentro de uma leitura filosófica, os direitos humanos fundamentais envolvem um estudo moral, assim como o respeito à dignidade da pessoa, à pluralidade das culturas, às formas de vida (como a ambiental). A moralidade compreendida como uma forma incondicionada de dever, de obrigação, de retidão, de justiça e solidariedade nas relações com os demais.[309]

É possível associar os direitos fundamentais, em seu exercício, à dignidade da pessoa. Liberdade, responsabilidade e dignidade complementam-se. Falar em liberdade de escolha, em assumir o que advier, quando de uma eleição que necessariamente envolverá uma renúncia, pressupõe que, independentemente da má opção, a dignidade da pessoa existe, sem condições.

Entretanto, existe uma repercussão na esfera do exercício dos direitos fundamentais: "[...] o homem que age indignamente é destituído dos direitos fundamentais que decorrem de sua dignidade de pessoa [...] humilhar gravemente o outro ou a si próprio sempre tem como conseqüência atingir a própria dignidade".[310]

As condutas que advêm da liberdade de opção pelo agente e que resultam em responsabilidade penal farão com que haja uma limitação de direitos fundamentais como a liberdade. Entretanto, a regra é: sua dignidade não pode ser aviltada ou vilipendiada, por mais perverso que seja como pessoa, por mais reprovável pelo Direito Penal do Autor.

Como bem ensina Sarlet, até no pior dos criminosos, deve ser observada a sua dignidade:

> [...] o mesmo ocorre com a evolução da natureza das penas em matéria criminal ao longo do tempo, já que na mesma sociedade ocidental, que já reconhecia a dignidade da pessoa como um valor até mesmo para o Direito, determinadas penas inicialmente aceitas como legítimas foram proscritas em função de representarem violações da dignidade da pessoa humana.[311]

---

[308] HINSCH, Wilfried; STEPANIANS, Markus. Human Rights and moral claim rights. *In* MARTIN, Rex; REIDY, David (orgs.). *Rawls's law of peoples*: a realistic utopia? Malden: Blackwell Publishing, 2006, p. 118.

[309] DE ZAN, Julio. *La ética, los derechos y la justicia*. Montevideo: Mastergraf, 2004, p. 21.

[310] MAURER, Béatrice. Notas sobre o respeito da dignidade da pessoa humana...ou pequena fuga incompleta em torno de um tema central. *In* SARLET, Ingo Wolfgang (org.). *Dimensões da dignidade*: ensaios de Filosofia do Direito e Direito Constitucional. Porto Alegre: Livraria do Advogado, 2005, p. 83.

[311] SARLET, Ingo. As dimensões da dignidade da pessoa humana: construindo uma compreensão jurídico-constitucional necessária e possível. Idem, p. 28.

O mesmo jurista aponta, quando da análise cuidadosa da eficácia dos direitos fundamentais, que a dignidade é "o fio condutor de toda a ordem constitucional, sem o qual ela própria acabaria por renunciar à sua humanidade, perdendo, até mesmo, sua razão de ser".[312]

A retribuição envolve a privação de determinados direitos fundamentais em decorrência do delito, assim como a vítima também pode sofrer limitações dessa natureza. A máxima retribuição consiste na segregação da liberdade. A vida ainda é um bem jurídico "sagrado", no sentido de que o Estado respeita a hierarquia desse bem, em detrimento de qualquer argumento que atribua ao Estado a legitimidade de intervenção na esfera jurídica do particular. Foi uma opção do legislador brasileiro, cuja previsão se dá constitucionalmente, em casos de guerra. Até o que se pensa, o Estado não pode se "igualar" ao delinquente, no sentido de ser um homicida, e deve retaliá-lo, na ótica do castigo.

3.2.7. A retribuição e o sentido jurídico da sanção penal

Quando se faz referência ao sentido da pena, necessariamente, precisa-se reportar à legitimidade de sua imposição. A sanção penal é sofrimento e dor, das mais variadas formas, e, considerando que a pena perpassa a pessoa do condenado e atinge sua família, tem-se, mais uma vez, a revelação da retribuição. Retribuir não visa a melhorar, corrigir, emendar a pessoa do criminoso; isso é pretensão do princípio da reforma. A retribuição mostra a ele quem detém as regras do jogo, quem "manda" na sociedade (des) organizada.

A retribuição, como fim da pena, decorre de uma ruptura e, assim como as leis da Física, que pressupõem que toda ação produz uma reação, ao comportamento se deduz uma consequência. E ao crime, uma pena, que necessariamente imporá o sofrimento, ressaltando-se o problema da proporção entre o dano causado e a imposição da dor. Juridicamente, com a pena, o Estado não quer ensinar, quer castigar. Quem ensina são pai e mãe, com um propósito de formar o filho para a vida. Quem ensina é o professor, através de um ensino formal, científico, humanista, tecnológico, no desenvolvimento e na apreensão de saberes. Educar envolve objetivo de incremento e valorização da vida.

---

[312] SARLET, Ingo. *A eficácia dos direitos fundamentais*. 6. ed. Porto Alegre: Livraria do Advogado, 2006, p. 464.

De fato, a realidade é uma construção e um ponto de vista, a visão interpretativa (hermenêutica) do lugar do intérprete, uma percepção de quem sofre a pena, de quem a espera, "para se fazer Justiça", como sociedade. Para uma mãe que vê a prisão de seu filho e que o imagina um "santo", a pena é uma contrafação monstruosa de um sistema perverso, ainda que não queira admitir seu possível fracasso enquanto exerceu sua função materna. É um outro viés a ser ponderado.

Outros, diante da mesma situação, podem analisá-la com outro enfoque ou abordagem, dependendo de suas visões de mundo. É possível que a pena tenha sentido como a expiação de um pecado. Para a Teologia, seria um argumento viável. Como poderia reparar a culpa diante de uma conduta que, sendo criminosa, tem um fundo religiosamente proibitivo? Essa ação que afronta os dez mandamentos também é passível de juízo, mas não do juiz humano e falível.

Entretanto não é sobre esse julgamento infalível a que se reporta, contudo a um sistema que busca, constantemente, afirmar a legalidade de seus atos e a legitimidade na ingerência de bens jurídicos de particulares, cujos interesses, em princípio, dizem respeito aos próprios, uma vez que indisponíveis.

Carvalho, sobre a justificação ou busca de sentido para a pena, juridicamente considerada, é claro ao dissertar que não existe fundamentação que a sustente:

> O projeto de minimalização do sofrimento imposto pelo uso da pena e a negação da violência pública e privada ilegítimas possibilitam a negativa explícita dos modelos teóricos justificadores, visto que reloca acertadamente o problema da pena da esfera jurídica à política. O direito, nessa ótica, retoma seu papel de limite à política, atuando como vínculo negativo à ação administrativa.[313]

Zaffaroni advoga que a pena não tem sentido, a não ser como manifestação de poder e não pode pretender nenhuma razão: "a falta de racionalidade da pena deriva de não ser um instrumento idôneo para a solução dos conflitos. Logo, toda a sanção jurídica ou imposição de dor a título de decisão da autoridade, que não se encaixe nos modelos abstratos de solução de conflitos dos outros ramos do Direito, é uma pena".[314]

O criminólogo argentino aposta não em uma mudança radical no poder punitivo, porém na propositura de uma "administração otimizada do poder de contenção reduzido, de forma que permita apenas a

---

[313] CARVALHO, Salo de. *Pena e garantias*: uma leitura do garantismo de Luigi Ferrajoli no Brasil. Rio de Janeiro: Lumen Juris, 2001, p. 159.

[314] ZAFFARONI, Eugenio Raúl. *Em busca das penas perdidas*: a perda de legitimidade do sistema penal. Rio de Janeiro: Revan, 1991, p. 202.

passagem do poder punitivo menos irracional, erigindo-se em barreira para o de maior irracionalidade".[315]

A justificação da sanção penal é procurada em Ferrajoli, mediante uma preocupação nas formas de intervenção do Estado em atenção a uma visão centrada na pessoa do réu, não atendendo aos clamores de vingança social:

> Acima de qualquer valor utilitário, o valor da pessoa humana impõe uma limitação fundamental à qualidade e à quantidade da pena [...] a única coisa que se pode e se deve pretender da pena é que, como escreveu Francesco Carrara, 'não perverta o réu': quer dizer, que não reeduque, mas também que não deseduque, que não tenha uma função corretiva, mas tampouco uma função corruptora; que não pretenda fazer o réu melhor, mas que tampouco o torne pior.[316]

Enquanto o jurista italiano se inspira nos clássicos, como Carrara, preocupando-se com o "mais débil", Jakobs defende que o Direito Penal é uma confirmação da identidade social e que à pena está vinculado, pela psicologia social, um depósito de esperanças: "que se mantenha ou solidifique a fidelidade ao ordenamento jurídico".[317]

Em contraposição à estabilidade normativa como finalidade da pena,[318] a pessoa do réu, fora da esfera de julgamento, é uma herança iluminista, como já se pôde apreciar, além de marco dos movimentos denominados de autoritários e antidemocráticos pelos adeptos do garantismo, que, por muito tempo, no final do século XX, chegou a ser defendido como uma religião, por muitos juristas, após o impacto inicial do movimento do uso alternativo do Direito nos anos 80-90.

Entretanto, o Direito Penal também é o do autor, e a legislação autoriza julgamentos tendo em vista particularidades do indivíduo.

Nesse sentido, assim se manifesta Ordeig:

> A aplicação do aparato punitivo supõe uma intervenção tão radical na vida do cidadão, deve-se exigir do Estado o mais excelente, delicado e cuidadoso manejo na força destrutiva da pena: o Estado deve estar sempre em situação de dar conta sobre a punição de um comportamento: sua potestade penal está justificada apenas enquanto faça uso correto dela.[319]

Já que essa ingerência é relevante e considerável (indelével), para Rawls, no contexto da Filosofia do Direito, urge a necessidade de uma explicação para as sanções penais, por mais limitada que seja:

---

[315] ZAFFARONI, Eugenio Raúl. *O inimigo no Direito Penal*. 2. ed. Rio de Janeiro: Revan, 2007, p. 171.

[316] FERRAJOLI, Luigi. *Direito e Razão*. São Paulo: RT, 2002, p. 318-319.

[317] JAKOBS, Günther. *Sociedade, norma e pessoa*. São Paulo: Manole, 2003, p. 04.

[318] JAKOBS, Günther. *Ciência do Direito e Ciência do Direito Penal*. São Paulo: Manole, 2003, p. 51.

[319] ORDEIG, Enrique Gimbernat. *O futuro do Direito Penal*. São Paulo: Manole, 2004, p. 23.

Dadas as condições da vida humana, algum tipo de ordenação dessa natureza se faz necessário. Sustentei que os princípios que justificam essas sanções podem ser deduzidos pelo princípio da liberdade [...] vemos também que o princípio da responsabilidade não se funda na idéia de que o objetivo primeiro da punição é a retribuição ou a denúncia. Pelo contrário, o princípio é reconhecido em nome da própria liberdade. A menos que os cidadãos estejam em condições de conhecer o teor da lei e tenham a oportunidade de levar em conta suas respectivas diretrizes, não se deveria impor-lhes sanções penais. Esse princípio é simplesmente a consequência de se ver o sistema jurídico como uma categoria de normas públicas dirigidas a pessoas racionais a fim de regular sua cooperação, atribuindo à liberdade seu peso adequado.[320]

Para o jurista italiano Baratta, mediante o desenvolvimento do pensamento liberal europeu italiano, "assistimos a um processo que vai da filosofia do direito penal a uma fundamentação filosófica da ciência do direito penal; ou seja, de uma concepção filosófica para uma concepção jurídica, mas filosoficamente fundada, aos conceitos de delito, de responsabilidade penal e de pena".[321]

O holandês Hulsman, pai do abolicionismo penal, descarta a legitimidade do dever de punir, o qual envolve, necessariamente, uma relação de poder cuja aceitação nem sempre ocorre:

Daí que, não havendo uma relação entre aquele que pune e aquele que é punido, ou ausente o reconhecimento da autoridade, estamos diante de situações em que se torna extremamente difícil falar em legitimidade da pena. Se a autoridade for completamente aceita, podemos falar de uma pena justa. Se, ao contrário, houver uma contestação total da autoridade, não teremos mais uma pena verdadeira, mas pura violência.[322]

Na esteira das argumentações deslegitimantes, o jurista alemão Jakobs é claro ao sustentar que "a pena não é a luta contra um inimigo; tampouco serve ao estabelecimento de uma ordem desejável, mas somente à manutenção da realidade social".[323]

Mediante uma perspectiva sociológica, Robert defende que o sistema penal pretende "monopolizar a força no interior de um território, punindo e negando legitimidade a qualquer manifestação de violência que não controle".[324]

---

[320] RAWLS, John. *Uma teoria da Justiça*. São Paulo: Martins Fontes, 1997, p. 264.

[321] BARATTA, Alessandro. *Criminologia Crítica e Crítica do Direito Penal*. 2. ed. Rio de Janeiro: Freitas Bastos, 1999, p. 33.

[322] HULSMAN, Louk; CELIS, Jacqueline Bernat. *Penas pedidas*: a perda de legitimidade do sistema penal. 2. ed. Rio de Janeiro: Luam, 1997, p. 87.

[323] JAKOBS, Günther. *Teoria da pena*: suicídio e homicídio a pedido. São Paulo: Manole, 2003, p. 27.

[324] ROBERT, Philippe. *Sociologia do crime*. Petrópolis: Vozes, 2007, p. 52.

Assim expõe:

O fato de o Estado reclamar para si o monopólio da violência, obrigando-se a castigar aqueles que ousam empregá-la a seu grado, não significa que ele o consiga imediata ou plenamente. Mormente porque o conteúdo dessa violência não é fixado de maneira inteligível em uma lista decretada peremptoriamente: os conflitos merecedores de penalização são definidos de maneira variável de acordo com as épocas, de acordo com o tipo de Estado e, por fim, de acordo com a situação das relações sociais.[325]

Estabelecendo-se um cotejo entre essa assertiva do sociólogo francês com Beccaria, percebe-se que a ideia iluminista é corroborada nos tempos contemporâneos: a pena deve ser mais dura quanto maior o impacto que o crime causar nos espíritos. Por isso que os crimes tributários não geram impacto social, pois lesam ao Fisco, e a sociedade não visualiza a destinação a essas receitas. Entretanto os crimes violentos causam repúdio, ainda que as manifestações de apatia (como autodefesa) sejam cada vez mais constantes na comunidade dos indivíduos, excetuando-se quando as vítimas estão próximas, integram o clã familiar.

A família envolve poder e autoridade, assim como o Estado com a pena, como se referiu quando se defendeu a retribuição de Heller e a retaliação de Kelsen na justificação do ato punitivo pelo Estado, reportando às observações de Arendt sobre a imposição da violência como uma forma de decidir sobre a vida de outros, independentemente de suas anuências.

Wolff traz sua concepção de poder e autoridade, eis o sentido da existência da pena, como reafirmação do poder que decorre de um pacto ao qual todos, como sociedade, têm a obrigação de observar (e obedecer). Aquela obediência reafirmada perante a fidelidade ao que se acredita. Assim entende: "poder, geralmente, é a habilidade de tomar e impor decisões. [...] autoridade, em contraste com o poder, não é uma habilidade, mas um direito".[326] Por isso, a pena, mais que um direito, é um dever pelo Estado, que decorre de seu poder.

Atribuir sentido e valor à pena corresponde à atribuição de sentido e valor ao crime. A recíproca é verdadeira. O problema está na vida cotidiana, que tende a relativizar qualquer valor de referência.[327] A ver-

---

[325] ROBERT, Philippe. *Sociologia do crime*. Petrópolis: Vozes, 2007, p. 53.

[326] WOLFF, Robert Paul. On violence. *In* STEGER, Manfred; LIND, Nancy (orgs.). *Violence and its alternatives*: an interdisciplinary reader. New York: St. Martin's Press, 1999, p. 13. "Power in general is the ability to make and enforce decisions [...] Authority, by contrast with power, is not an ability but a right".

[327] DESPOIX, Phillippe. On the possibility of a Philosophy of values. *In* BURNHEIM, John (org). *The social philosophy of Agnes Heller*. Rodopi: Amsterdam, 1994, p. 33.

dade também é objeto de relativização no estudo dos sistemas processuais e na pequena história de cada processo penal.

3.2.8. Sistemas processuais como legitimadores da intervenção penal: o processo como instrumento de retribuição

Os dois sistemas penais que merecem análise, para o estudo da pena, são o inquisitivo e o acusatório, os quais, em diferentes épocas, foram (e ainda são) utilizados como referências às ideologias penais predominantes dentro de um contexto histórico.

O sistema acusatório pode ser visualizado como aquele que garante a paridade, a igualdade de tratamento entre defesa e acusação, por um juiz imparcial, equidistante e desinteressado. A neutralização que se pretende dirigir ao criminoso, com a imposição da pena, entretanto, não ocupa a psique do julgador, seja qual sistema processual se adote. O juiz não é neutro e jamais será.

Advogar pela neutralidade do magistrado implicaria um desprezo à sua formação conservadora ou liberal (permissiva), à influência de seus pais e cuidadores em sua vida, de seus professores e amigos, enfim, aos valores introjetados no decorrer de uma história pessoal.

Admitir o juiz como um espectador, um gestor da prova, excluindo-se, por isso, seu papel ativo, como um ator que busca a prova, assim como se percebe no processo civil, significa compactuar com um sistema que separa a acusação da defesa, identificando-o como acusatório. Isso possibilita que o acusado saiba contra o que se defende, sob quais alegações a acusação funda a sua persecução penal, oportunizando a publicidade das provas, o contraditório e a ampla defesa, defendendo-se pessoalmente no interrogatório e sendo acompanhado por um advogado constituído com conhecimentos jurídicos sólidos para bem representá-lo.

Capez assim resume as diretrizes do sistema inquisitório: "é sigiloso, sempre escrito, não é contraditório e reúne na mesma pessoa as funções de acusar, defender e julgar. O réu é visto nesse sistema como mero objeto da persecução, motivo pelo qual práticas como a tortura eram freqüentemente admitidas como meio para se obter a prova-mãe: a confissão".[328]

A grande imposição entre ambos, conforme posicionamento pessoal, verifica-se no que tange à verdade esperada com a investigação (inquérito policial de cunho inquisitorial), o interrogatório e a instru-

---

[328] CAPEZ, Fernando. *Curso de Processo Penal*. 13. ed. São Paulo: Saraiva, 2006, p. 46.

ção, mediante a coleta das provas, para a formação do convencimento do juiz. Qual seria essa verdade? Uma aparente, que pretende se aproximar da história delitiva, considerando a falibilidade da prova testemunhal e de sua reconstrução fática, ou uma fidedigna, que retrate com exatidão e reproduza o crime dentro do processo, a chamada verdade real?

Segundo uma perspectiva garantista, ainda que não se compactue integralmente com sua dogmática, refere que a segunda verdade apontada se apresenta como um ranço inquisitorial dentro de um sistema que se denomina acusatório, tendo em vista as garantias constitucionais referentes ao processo penal. Não se pune o pecado, pois por essa falta se responde perante Deus e o eventual arrependimento desloca-se para o confessionário.

Definitivamente, acreditar em verdade real pode se equiparar à crença na ressocialização dentro de um sistema de deterioração humana. Voltando-se, há alguns séculos, Pilatos pergunta a Jesus: o que é a verdade? E é uma dúvida frequente (e não se terá a ousadia de tentar respondê-la), assim como a possibilidade de se conceituar universal ou consensualmente a Justiça.

Discutir sistemas processuais envolve a prova e de qual maneira será colhida: mediante a força do aparato estatal, através da tortura, para a obtenção de confissões inverídicas, as mesmas contra as quais se insurgia Beccaria? Por meio de investigações preliminares, em fase policial, com base em perícias técnicas? E essa carga probatória que influirá diretamente na convicção judicial retrata exatamente o crime, tal qual ocorreu? Diz-se que não. Então, compactua-se com os argumentos garantistas que reputam como verdade a que se constrói no processo, por uma verossimilhança, uma aparência, uma limitada e humana, portanto, falível, tentativa de reconstrução, com impressionável margem de distanciamento da realidade tal como aconteceu. Acredita-se na geração de uma utopia e ingenuidade o acatamento da verdade real.

Nesse sentido, Heller reflete sobre a verdade (e sua relativização):

A verdade que me edifica é verdade para mim, mas não para os outros; não obstante, essa verdade ainda pode brilhar à luz do absoluto para mim, se bem que sou consciente de que não faz isso para (alguns) outros. Absoluto pode ter sentido de incondicional, total, como o de certeza. Ainda que a verdade-para-mim possa ser absoluta, não necessita sê-lo.[329]

---

[329] HELLER, Agnes. *Una filosofía de la historia en fragmentos*. Barcelona: Gedisa, 1999, p. 177.

Lopes Jr., sobre a "verdade e sua confirmação", aponta que "o processo enquanto ritual de reconstrução do fato histórico, é única maneira de obter uma versão aproximada do que ocorreu. Nunca será o fato, mas apenas uma aproximação ritualizada do fato".[330]

Como ensina Rangel, o sistema inquisitivo, defensor dessa verdade, é assim identificado:

a) as três funções (acusar, defender e julgar) concentram-se nas mãos de uma só pessoa, iniciando o juiz, *ex officio*, a acusação, quebrando, assim, a sua imparcialidade;

b) o processo é regido pelo sigilo, de forma secreta, longe dos olhos do povo;

c) não há o contraditório nem a ampla defesa, pois o acusado é mero objeto do processo, não sujeito de direitos, não se lhe conferindo nenhuma garantia;

d) o sistema de provas é o da prova tarifada ou prova legal e, conseqüentemente, a confissão é a rainha das provas.[331]

A posição do juiz como espectador e o rechaço à busca da prova, em obediência a uma (i) lógica verdade real, é rechaçada por Ferrajoli, que pauta um processo penal legítimo com a condenação baseada em provas, e não pelos gritos da sociedade: "nenhuma maioria pode tornar verdadeiro o que é falso, ou falso o que é verdadeiro, nem, portanto, legitimar com seu consenso uma condenação infundada por haver sido decidida sem provas".[332]

Nessa perspectiva, não se espera que o juiz seja um Pilatos, ao "lavar as mãos" diante da irracionalidade do povo, em detrimento de garantias arduamente conquistadas ao longo de uma História de vinganças bárbaras. Eis a volta do espetáculo punitivo ou ainda não se saiu desse estágio que representa, como bem ponderou Sarlet, ao referir a expressão a "antítese da dignidade"?

Prado salienta que o sistema acusatório envolve uma conformação da solução da causa penal, se dá entre a dialética acusação e defesa, restando fundamental a condução do processo pelo juiz:

Tal conformação só admitirá a influência das atividades realizadas pela defesa, se o juiz, qualquer que seja ele, não estiver desde logo psicologicamente envolvido com uma das versões em jogo. Por isso, a real acusatoriedade depende da imparcialidade do julgador que não se apresenta meramente por se lhe negar, sem qualquer razão, a possibilidade

---

[330] LOPES JUNIOR, Aury. *Introdução crítica ao processo penal*. Rio de Janeiro: Lumen Juris, 2004, p. 32.

[331] RANGEL, Paulo. *Direito Processual Penal*. 8. ed. Rio de Janeiro: Lumen Juris, 2004, p. 46.

[332] FERRAJOLI, Luigi. *Derechos y garantias*: la ley del más débil. Madrid: Trotta, 1999, p. 27. O autor, na mesma página, advoga que "deve haver um juiz independente que intervenha para reparar as injustiças sofridas, para tutelar os direitos de um indivíduo, ainda que a maioria ou inclusive os demais em sua totalidade se unissem contra ele; disposto a absolver por falta de provas ainda quando a opinião geral quisesse a condenação, ou a condenar, se existem provas, ainda quando essa mesma opinião demandasse a absolvição".

também de acusar, mas, principalmente, por admitir que sua tarefa mais importante, decidir a causa, é fruto de uma consciente e meditada opção entre duas alternativas, em relação as quais manteve-se, durante todo o tempo, equidistante.[333]

É por isso que não se acata a tese de que o órgão ministerial seja dotado de imparcialidade, na medida em que pode postular pela absolvição do acusado. O Ministério Público é parte necessária, assim como o réu, e o assistente da acusação, uma parte contingente. Se o processo é o único caminho para uma condenação e se o interesse de agir reside nesse instrumento como único meio para obtê-la, a titularidade da ação penal, em prol da sociedade, reforça a ideia de que, em um sistema acusatório, a "paridade de armas", assim como o contraditório e a publicidade dos atos processuais, apenas concretiza e personifica um modelo dialético, característico do direito processual.

O juiz retribui o fato ao que está subsumido na lei. É uma lógica de legalidade. Direito Penal é fato. A construção da história do delito, no processo, legitima, habilita e torna o julgador apto a emitir a repriment: a retaliação, dentro do sistema acusatório, que, ao contrário do inquisitivo, repudia a tortura como uma prática absolutamente condenável e atentatória à dignidade pessoal. Pelo princípio da legalidade, o tipo deve ser claro, a fim de que todos possam compreender o seu comando proibitivo, ainda que a lei penal não coloque, linguisticamente, a técnica do "não" antes da descrição de um tipo, como "ofender a integridade física de outrem". A proibição existe, de qualquer forma.

Responder a uma acusação implica uma execução antecipada da pena, para o acusado e seus familiares, mesmo que esteja em liberdade provisória. Para o apenamento definitivo, necessita-se do processo, que será a retribuição formalizada através do cálculo da pena e dos efeitos penais decorrentes dela, o que Kelsen trata como "o mal com o mal".

3.2.9. Retribuição e a seletividade da pena

A seletividade é amplamente tratada pela Criminologia. O que se depreende da realidade do momento, no século XXI, é uma nova forma de criminalidade, não retirando o lugar da clássica, mas incrementando o efeito devastador do delito: a criminalidade contemporânea, compreendida pelos crimes contra a ordem tributária, tráfico humano, crimes informáticos e ambientais, genéticos, dentre tantas condutas penalmente censuráveis.

---

[333] PRADO, Geraldo. *Sistema acusatório*: a conformidade constitucional das leis processuais penais. Rio de Janeiro: Lumen Juris, 1999, p. 116.

Tem-se uma ilusão de que, com a severidade das penas, por exemplo, os crimes que envolvem a violência doméstica poderão decrescer, esquecendo-se de que os registros de delitos continuam sendo desproporcionais às suas ocorrências, verificando-se um aumento geométrico da cifra negra da criminalidade oculta.

Apesar dos efeitos colaterais impostos pela tecnologia e pela virtualidade do *ciber* espaço, os crimes clássicos ainda chamam a atenção no cenário punitivo, pois o sistema penal está mais bem aparelhado para responder ao homicídio e aos crimes sexuais, por exemplo, que para tentar coibir os praticados por um público que, historicamente, não integra a clientela do Direito Penal, na sonegação fiscal ou na incineração de embriões descartados de experimentos científicos.

O sistema penal está habituado a lidar com a criminalidade clássica, com a sobra marginalizada do contexto social: a clientela por excelência.

Ao mesmo tempo, existe uma certa inquietação, no sentido negativo da expressão, quando defensores da sociedade preceituam que a coletividade está cansada de tanta impunidade, violência e criminalidade. Alguns apontam longamente o descrédito da polícia no "combate à criminalidade", aduzindo que a sociedade está farta e sofre com as consequências do crime. Parece hipocrisia. Esse mesmo clamor não se levanta com aquele que financia o crime organizado, o narcotráfico: quem se utiliza da droga? O dependente. E de onde vem? Da sociedade. O pseudopuritanismo de quem condena no outro, atos praticados por si próprios e que, apenas para os demais, são dignos de castigo.

Quando se cogita a incidência das normas penais a uma clientela selecionada, se percebe que, na contemporaneidade, os "favoritos" do sistema estão gradativamente deixando de ser escolhidos por etnias, profissão ou classe social. A distância linguística trazida por Baratta, do juiz para com o acusado, tendo em vista o distanciamento de realidade e de significado atribuído a ela por ambos, evidencia que padrões estão modificando. O acusado não será, necessariamente, o morador do morro, poderá ser um empresário conhecido, um criminoso econômico, tributário, que pertence à classe social do juiz, que mantém gostos pessoais parecidos, relações sociais elitizadas. O distanciamento reduz-se, e muito.

As explicações sociais com o incremento da tecnologia, com o avanço das ciências da computação, a difusão do conhecimento e a velocidade do tempo e da informação geram uma perda de controle pelas agências estatais e tornam delinquentes invisíveis sob a rede global. O desviante transforma-se: além daquele conhecido pelo sistema, esse é qualificado intelectualmente, evidenciado nos julgamentos em esfera federal.

A vivência em um século que valoriza o poder (do conhecimento, do ter, do consumir, de barganha, de negociação etc.) gera um *status* ambicionado por muitos. Alguns se dedicam, em suas profissões, para galgarem altos postos profissionais. Outros preferem se dedicar ao crime e ao poder que a chefia ou o mando garantem em uma subcultura.

Basta analisar o sistema penal e a liderança dentro dos presídios por determinados encarcerados. São formas de manifestação e exercício de poder, seja legal ou ilegal, dependendo da atividade exercida. E dessa relação vem a manipulação.

Como defende Goffman, em vários grupos e comunidades, o desviante "é frequentemente o centro da atenção, o qual reúne os outros em um círculo participante à sua volta, mesmo que isso o despoje do *status* de um ser participante",[334] que, se não fosse um delinquente, é provável que sequer seria percebido.

Assim, quando se analisa a violência contra a mulher, advoga-se que a permanência em um relacionamento destrutivo, muito possivelmente, trazia alguma espécie de "ganho" à vítima, estende-se esse entendimento à miserabilidade de uma vida estigmatizada a um agente que percebe uma vantagem, um benefício nesse desvio.

Essa criminalidade, por isso, contribuindo para o sentimento prazeroso com o resultado do delito, é passível de uma analogia, cuja inserção remete à sociedade de consumo: "a compulsão do consumo compensaria a falta de realização na escala social vertical. A aspiração 'super consumidora' (sobretudo nas classes baixas) seria, ao mesmo tempo, que a expressão da exigência estatutária, a expressão do fiasco vivido de tal exigência".[335]

O que seria da existência do Estado sem o poder que o reveste? A alteridade estatal é explicada pela presença do outro. Alguém que pode ameaçar a "estabilidade" pretensamente oportunizada pelo Estado, que é visto como eficiente pela sociedade, quando se comporta como punitivo. O reconhecimento da mazela do outro, de sua miserabilidade globalmente entendida, gera ojeriza, quando um não se identifica com o outro, quando as "tribos" são diferentes completamente e não complementares ou similares.

---

[334] GOFFMAN, Erving. *Estigma*: notas sobre a manipulação da identidade deteriorada. 4. ed. Rio de Janeiro: LTC, 1988, p. 152.

[335] BAUDRILLARD, Jean. *A sociedade de consumo*. Edições 70: Lisboa. s/a. p. 63

Como salienta Bauman, em uma perspectiva de movimento, "pessoas sem poder, experimentando o mundo como uma armadilha, não como um parque de diversões".[336]

O crime não deixa de ser uma manifestação de uma miséria humana, que não se mensura em dinheiro ou em aquisições de bens de consumo, entretanto, em uma existência desperdiçada: uma escolha ou uma contingência (dependendo da circunstância) incompatível com uma vida de dever ser, mas compatível com a vida como se assiste. É um reflexo de uma sociedade doente, da insegurança, do risco, da intolerância ao outro e aos seus sentimentos, da incapacidade de assistir ao sofrimento do próximo, sem regozijar-se com ele.

A retribuição não questiona e não se importa se o apenado concorda com ela. A posição de que pessoas desobedientes devem aceitar as consequências legais do seu agir, incluindo a punição, é inaceitável,[337] se se pensar que desobediência é essa, comparativamente ao regime nazista, por exemplo, questionando-se o que é desobediência que sirva como modelo e pressuposto de punibilidade. Estado Democrático e Social de Direito é aquele que obedece ao princípio da legalidade, por isso, a pena estatal é dirigida a quem merece o castigo por critérios de escolha pessoal (preferiu o prazer do delito ao prazer da sua liberdade, por exemplo). Fora isso, um regime não é democrático.

A retribuição, mais que escolher pessoas, escolhe atitudes. Opta pela resposta mais enérgica que se tenha, no Brasil, no que respeita à violência. Retribuição clássica é aquela que encarcera, que retira do condenado a sua capacidade de se autogovernar. Criminosos violentos são reclusos. A reclusão, para eles, é uma traição, porque esperavam "sinceramente" pela impunidade. Para o juiz, é um dever responder diante do crime. Para a sociedade, uma vingança "pessoal". Para o Direito, é uma resposta ao ilícito.

3.2.10. A pena como retribuição: princípio, necessidade ou arbítrio?

Retribuir é uma necessidade e um princípio da Justiça. Foge do arbítrio pelo pacto. Não é algo imposto sem o conhecimento do particular e seu prévio consentimento. Prevenir significa antecipar-se, é por

---

[336] BAUMAN, Zigmunt. *O mal-estar da pós-modernidade*. Rio de Janeiro: Jorge Zahar Editor, 1998, p. 41.

[337] PERRY, Michael J. *Morality, Politics & Law*. New York: Oxford University Press, 1988, p. 118.

isso que os Códigos cumprem essa função. A pena cumpre a função de retribuir.

Essa relação do Estado com o particular de imposição de uma resposta, uma reação através da pena, deve respeitar sua dignidade, o que não significa que se deva questionar a autoridade do Estado em impô-la. O que se pode pensar é na forma de aplicação, além de medidas de política criminal que possam alterá-la na execução, não na justificação: "parece lógico que a relação de dominação que ela traduz (a sanção penal) encontra uma justificação íntima que explica porque os homens obedecem".[338]

A dominação da pena é uma dominação do castigo. Como defende Heller, "retribuição é apenas o princípio justo da punição".[339] Para que o domínio (e não arbítrio) do Estado incida sobre o particular, é necessário o livre-arbítrio, o princípio da responsabilidade como corolário da liberdade, como já se discutiu no início desta abordagem.

Retribuir é uma forma de atribuir responsabilidade, no exame da culpabilidade de um agente com liberdade moral para se decidir contra o Direito, e não a favor dele. Volta-se ao valor de apenar e ser apenado, dominar e ser dominado. O dualismo do bem e do mal.

Percebe-se a pena como uma consequência da desestruturação do sujeito, dos valores familiares e sociais, sem qualquer conotação simplista. A perda do referencial da família, produto de uma sociedade de consumo que aposta na felicidade pelo acúmulo de bens materiais, duráveis e descartáveis, facilmente substituíveis, e a coisificação do ser humano como produto descartável inutilizam o conceito e a extensão da dignidade pessoal como mero vazio.

A pena envolve um castigar com fundamentação, no sentido da aplicabilidade obrigatória, pelo magistrado, do art. 59 do Código Penal.

Pelo princípio da individualização da pena, que envolve uma dosimetria em um método trifásico, o juiz deve avaliar as circunstâncias judiciais e legais, as causas de aumento e diminuição da pena, suscitando como a calculou, ensejando um juízo de condenação, para que o acusado possa recorrer dessa decisão, caso tenha interesse.

A pena é chancelada pelo Estado através do contrato social, do pacto que originou sua existência, capaz de ingerir na vida do particular, quando violar os termos de cooperação em uma sociedade de seres

---

[338] BELLI, Benoni. *Tolerância zero e democracia no Brasil*: visões da segurança pública na década de 90. São Paulo: Perspectiva, 2004, p. 97.

[339] HELLER, Agnes. *Além da Justiça*. Civilização Brasileira: Rio de Janeiro, 1998, p. 238.

racionais e livres, para se utilizar as expressões de Rawls. Então, a partir dessa argumentação, a sanção é legitimada pela concepção pública de justiça social, ou seja, pela adesão dos particulares em renúncia à liberdade ilimitada (estado de natureza).

É uma necessidade, porque é através dela que o Direito Penal manifesta seu poder e sua existência dentro da ordem social e jurídica. E é apenas mediante sua imposição que o apenado ou o preso provisório sente o Direito Penal, com seus tentáculos, reprovando-o por uma conduta em desconformidade ao esperado. O autocontrole na abstenção ao crime, psicologicamente falando, nem sempre é uma questão de opção. Fala-se em escolha, quando se examinam pessoas normais. Os inimputáveis não detêm essa capacidade.

A identificação da sociedade com o agente tem sido bastante explícita, em especial, nas situações em que a vítima é dependente de drogas, cuja drogadição torna a vida com os mais próximos absolutamente insustentável. A percepção de que não se reconhece um irmão em situação de dependência, ou até mesmo um filho, leva a sociedade a crer que o homicídio é dirigido contra um estranho, que assim se manifesta por influência de uma substância de fora para dentro. A eliminação dessas vidas é interpretada como um "alívio": não há reforma, há retaliação ou, como diria Halliday, o ofensor *merece* sofrer.[340]

As teorias de prevenção geral que apostam no contraimpulso criminoso pela aplicação e eficácia das normas penais incriminadoras retratam um período penalmente romântico para uma realidade atual, na qual o prazer do consumo não pode ser postergado, sob pena de uma frustração intensamente insuportável.

Então, por essa compreensão, mais vale obter, ainda que ilícita, ilegal e criminosamente, um bem de consumo e fonte de geração de rápido e fugaz prazer.

Penas que ainda são uma necessidade, dada a natureza humana, que se confronta diariamente com suas contradições, com o bem e o mal, com o amor e o ódio, com o perdão e com o revide; pessoas que acreditam na certeza da impunidade; vítimas enrijecidas pelo medo e pela desproteção são alguns dos fatores de crise da punibilidade. Muito se discute e poucas soluções são apontadas. Talvez porque o sistema nada mais seja do que um reflexo de uma sociedade carente de crenças, de expectativas, de segurança e de referenciais.

---

[340] HALLIDAY, Roy. *What good is punishment?* Disponível em: http://royhalliday.home.mindspring.com/a2html. Acesso em: 21 de agosto de 2009.

Os princípios penais buscam fortalecer, sustentar e respaldar o exercício da atividade jurisdicional na imposição do apenamento.

O princípio da personalidade da pena proíbe que a pena ultrapasse a pessoa do condenado. Pela culpabilidade, ou seja, pela imputação da conduta atribuída a um autor, a pena é uma consequência jurídica do delito e do processo, a sanção penal obedece a um critério de responsabilidade pessoal, admitindo-se a culpabilidade como pressuposto de pena, um juízo que determinará uma reprimenda a um sujeito singularmente considerado.

Pela humanidade na aplicação das penas, veda-se qualquer tratamento desumano, vexatório ou cruel imposto ao autor do fato, ora condenado por sentença irrecorrível. Pode-se estender a todas as fases de intervenção penal, seja na pré-processual, diante da autoridade policial, como, em especial, na execução penal, atendendo ao corolário, princípio, valor e pilar constitucional da dignidade da pessoa.

A proporcionalidade contempla a proibição do excesso do dever de punir, diz com o mínimo e o máximo de apenamentos descritos nos tipos e que orientarão o magistrado na eleição do regime de cumprimento, que deriva de um cômputo fixado na sentença.

Não apenas a Psicologia pode explicar a influência dos atalhos mentais (heurística) que interferem no processo decisório do magistrado, também calcado na emoção e no que aquele crime lhe gera, ou nas influências sociais que lhe trarão certo impacto ao decidir, ou sua própria história de vida, o que é inevitável, lançando mão do afeto.

Outro ponto a ser abordado reside no fato de que a pena como imposição de sofrimento, pela teoria retributiva, com a qual se compactua como a que melhor descreve a justificação da pena, revela um caráter de autoridade e reprovação de um comportamento, pelo Estado, em sua consecução.

Por isso, pensar e agir, comover-se e raciocinar podem conviver em um mesmo momento, em todas as circunstâncias da vida, sejam elas na decisão sobre o próprio destino ou o de outra pessoa, quando se tem autoridade para isso.

A culpabilidade é outro princípio da pena revelador de uma crise, especialmente quanto à avaliação da presença de psicopatologias que impeçam a plena capacidade de compreensão do delinquente acerca de sua conduta (a crítica de Ferrajoli ao Estado "terapeuta" e a necessidade de laudos psiquiátricos para a averiguação de uma culpabilidade afastada ou diminuída) e quanto à responsabilização penal da pessoa jurídica.

A pena deixa de ser arbítrio, pois se entende que não cabe ao Estado ser comparado com o particular. O projeto de poder autoriza a vingança pública institucionalizada (a retaliação), a mesma defendida por Heller e Kelsen. A sanção penal necessária é a aplicada com proporcionalidade e dignidade e o princípio da individualização da pena informa os critérios (circunstâncias subjetivas e objetivas) que orientaram a sua dosimetria, de acordo com os autos do processo e com a subjetividade do juiz na mensuração de sua quantidade.

A sanção penal é interpretada como uma necessidade, uma consequência da força do Direito Penal, cujos postulados se originaram de uma construção baseada em princípios provenientes de racionalidade jurídica, e não do arbítrio de uma minoria.

Todos esses princípios reportam a um conteúdo de técnica legislativa, de racionalidade de uma ideologia penal que se faz presente e que se traduz na sua carga de valoração. A eticidade do poder de punir como instrumento de negociação pelo pacto não é ferida ou desobedecida, quando se justifica a pena pela retribuição.

Isso leva a refletir os postulados de um Direito Penal do século XXI, que ainda e sempre necessitará da Filosofia, da Psicologia, da Antropologia e da Sociologia, para integrar o homem em uma comunidade, em uma época histórica, em uma política de consumo e de valores agregados (financeiros e éticos).

Admitir que os valores do presente século deveriam ser repensados é uma forma de rumar a um novo paradigma que traga menos incertezas e inseguranças, enquanto isso, o apenamento far-se-á cada vez mais necessário, quando a vida continuar valendo menos do que um bem patrimonial.

O abolicionismo, teoria criada por Hulsman, não vê qualquer sentido e valor na pena, porém a entende como mero arbítrio. Abolir significa extinguir com o sistema penal, com o Direito Penal, ou seja, todo o aparato policial que compõe esse sistema e a Justiça Criminal, por via de consequência.

Criado com ideários de aplicação na Holanda, o abolicionismo pode ser entendido com um extremo oposto ao Movimento de Lei e Ordem ou de Direito Penal Máximo, que valoriza o bem-estar social à custa, se for preciso, da condenação de um inocente.

Hulsman desenvolve a tese de que, já que o sistema penal e a pena não têm sentido, uma vez que violentos e ineficazes, o Direito Penal deveria ser abolido em detrimento do Direito Civil. Mediante pecúnia, a vítima (se ainda existir, após a prática de atos lamentáveis ou situações problemáticas, nova nomenclatura em substituição ao delito) seria passível de indenização pelo autor do fato. A sociedade reúne-se, ou melhor, a comunidade agrupa-se em torno de uma medida conciliatória, reparatória, pedagógica, para a busca do entendimento entre ofensor e vítima, sem o emprego da violência institucional e legitimada.

Diante da falência da pena e do sistema, Hulsman admite que não haverá a aplicação de uma pena "humana", contrariando-se o princípio da humanização, além de afastar por completo uma possível utilidade punitiva:

> A pena, tal como entendida em nossa civilização, parece conter dois elementos: 1º – uma relação de poder entre aquele que pune e o que é responsável, e o outro aceitando que seu comportamento seja assim condenado, porque reconhece a autoridade do primeiro; 2º – em determinados casos, a condenação é reforçada por elementos de penitência e sofrimento impostos e aceitos em virtude daquela mesma relação de poder. (grifo do autor)[341]

Hulsman, ao que indica, não se preocupa com o crime, contudo com sua consequência na esfera privada de liberdade do autor do fato.

O problema essencial e insuperável da pena, no abolicionismo, é a concordância das duas partes na sua imposição.[342]

Uma visível preocupação do autor holandês é a estigmatização decorrente da pena. Um dos seus efeitos, além da perda da dignidade.[343]

Esse estigma, ou seja, a aceitação do rótulo social de "marginal" servirá como um aprendizado do delinqüente, que a sociedade assim espera que se comporte: de forma desviante. Por que, então, "se regenerar"? Ainda se acredita na ingenuidade desse discurso?

É oportuno, nesse momento, diferenciar os processos de descriminalização com a abolição do sistema. Descriminalizar significa retirar do sistema penal a ilicitude material e formal de determinadas condutas que não interessam ao legislador como tipos penais. Já que o Direito Penal atua em última instância, algumas condutas pela pequena, mínima ou ínfima potencialidade lesiva não merecem a reprimenda penal, não causam impactos significativos no que tange ao princípio da ofensividade ou lesividade. Parece que essa, na atualidade, é uma forma de se deslocar da esfera penal condutas que não perturbam ou expõem a perigo esses interesses que o ordenamento visa a preservar e valorizar.

---

[341] HULSMAN, Louk; CELIS, Jacqueline Bernat. *Penas pedidas*: a perda de legitimidade do sistema penal. 2. ed. Rio de Janeiro: Luam, 1997, p. 87.

[342] Idem, p. 87.

[343] Idem, p. 88.

Como defende Heller, fora de um pensamento abolicionista, todas as estruturas de necessidades e modos de vida estão configuradas por um sistema de valores e normas, cuja aplicação se dirige a todos e a cada um dos membros da sociedade.[344]

É por isso que o apenamento retrata um valor: se não houve a abstenção pelo particular, quando podia e devia ter se comportado em desfavor do injusto, o Estado aplica o seu sistema de valores na tarifação do bem e do mal, critérios que erigiram a humanidade e a civilização, assim como a repressão dos desejos que não devem ser manifestados em nome do todo, em nome da lei ou do Direito. Se a repressão da conduta não existir, quando era o comportamento exigido, não se espera a repressão do Direito, apenas a manutenção de um sistema de regras que rechaça a liberalidade da conduta desrespeitosa quanto à necessidade do outro.

---

[344] HELLER, Agnes. *Crítica de la Ilustración*. Barcelona: Península, 1984, p. 233.

Considerações finais

As penas podem ser explicadas por diversos princípios e teorias da Justiça. Essa abordagem buscou dois, dentre tantos, para sustentar a justificação do dever de punir dentro do projeto de poder do Estado: a retribuição e a retaliação.

Kelsen e Heller trazem o mesmo sentido na articulação de suas ideias. Punição como resposta, responsabilidade, vingança. Heller trabalha com a visão de bondade e maldade, de recompensa e punição, assim como Kelsen. O jurista, com a estruturação positivista de seus discursos, nega o questionamento sobre a norma em si e confirma a incidência de juízos sobre as condutas e a realidade do crime, que impõe uma resposta do Estado.

Não foi a proposta deste estudo a ênfase aos conceitos de justiça, em ambos os autores, apenas o registro e a menção acerca de suas visões, ressaltando que, ao longo dos escritos de Kelsen, se podem perceber algumas ilações acerca desse conceito, ora admitindo a irracionalidade de sua concretização, em uma relativização da justiça (humana), que descontentará a alguém (prejudicado), ora estatuindo que se verifica na correta aplicação das normas, cuja defesa parte do pressuposto de justiça como um ideal. A Justiça compreendida nessa exposição é aquela que retribui o mal com o mal, que tem como sentido um binômio em matéria criminal: o débito e o pagamento.

Nessa linha, na investigação de princípios de Justiça que reforcem a pena como retribuição, em nenhum momento, outros enfoques foram desmerecidos, apenas afastados em sua viabilidade. As teorias da pena (relativas e mistas) podem ser traduzidas por denominados princípios da Justiça, como a intimidação e a reforma, ainda que Heller não os reconheça como verdadeiros.

Há uma interessante história em uma das obras de Heller. A autora conta que, em uma de suas idas à Itália, conversou animadamente com um senhor de meia-idade, em uma pequena *trattoria* em Roma, e lhe perguntou como poderia chegar à Porta Pia. Eis que o proprietário daquele restaurante lhe respondeu que não sabia, pois nunca, em toda a sua vida, tinha saído de sua cidade: Campo dei Fiori. Quinze anos depois, a bordo de um avião, rumo à Austrália, a filósofa húngara discutia os acontecimentos políticos da atualidade com uma "vizinha de assento", uma mulher de meia-idade, que confessou ser proprietária de três apartamentos em lugares distintos e dominar cinco idiomas. Ao que a filósofa a indagou: "onde é a sua casa"? A viajante respondeu: "onde vive meu gato".[345]

Essa pequena passagem traz uma comparação: por um lado, há um homem que nunca saiu de sua cidade natal; de outro, uma cidadã do mundo, sem o mesmo referencial que aquele homem tinha. Para uma analogia, cabe o exemplo, no sentido dos olhares que podem ser dirigidos ao mundo e a interpretação acerca dos fatos da vida e das diferentes concepções teóricas que existem.

Em relação à justificação das penas, encontram-se alguns olhares. Negar a intimidação e a reforma significa explicar a pena pelo viés da retribuição. É uma opção. Poder-se-ia explanar e justificar a pena pela intimidação, pela eficácia e pelo temor dos quais as normas se revestem. Poder-se-ia sustentar a pena como uma reforma interior do agente, para os que acreditam nessa possibilidade, assim como na sustentabilidade da ressocialização, em especial, quando se dirige ao cárcere. Há argumentos para todos os sentidos, assim como discursos e interpretações válidos e com suporte epistemológico.

Como bem sustenta a filósofa húngara, o punir dirige-se ao passado. Aquele passado em que, em Kelsen, se esperaria que fosse cumprido o mandamento do amor. O mesmo pretérito no qual se esperavam outras escolhas.

A pena é retribuição, no sentido de que o Estado responde ao criminoso como uma forma de reação frente ao delito. Pena significa, também, uma forma de retaliação, como menciona Kelsen, uma vingança do Tribunal, no sentido de que é esse órgão que aplica e impõe o Direito, quando de sua violação. A "toga" representa o saber jurídico e o discurso legal de um Estado de Direito. Retaliar significa uma represália estatal, diferente da lei do Talião em esfera privada. O talionismo é aplicado pelo Estado tendo como por embasamento o princípio da legalidade, é por isso que o Estado é de Direito. Por talionismo não se entende fúria, entende-se legalidade, proporcionalidade, pagamento, débito, revide: são expressões associadas ao significado, ao sentido de talião que fora utilizado.

---

[345] HELLER, Agnes. *Una revisión de la teoria de las necesidades.* Barcelona: Paidós, 1996, p. 123.

Afasta-se, dessa abordagem, a viabilidade fática dos princípios da Justiça expostos por Heller (repita-se, rechaçados pela autora) de intimidação e reforma. A prevenção dos delitos existe no mundo das letras, na codificação. A prevenção geral, no sentido de valência ou de eficácia da norma e de dissuasão, existem na previsão legal, nos tipos penais. Um criminoso contra a ordem tributária não deixará de praticar suas condutas típicas e, assim, afastar o ganho com essa escolha, porque existe um regramento que sustenta a reprovação de sua conduta. O princípio da reforma diz como uma mudança sincera do comportamento e da mente do criminoso, frente ao cumprimento de uma pena, que o fará refletir sobre o seu agir. Pense-se na Lei Maria da Penha: um companheiro que maltrata uma mulher tem uma tendência, uma compulsão a repetição, se esse comportamento já faz parte de sua vida. E, mesmo que não faça, o Estado não tem qualquer garantia de que não se repetirá.

Cumpre, mais uma vez, ressaltar que este estudo não defende a efetividade da ressocialização, ainda que seja uma proposta da legislação com a aplicação das penas e que não se coadune com a retribuição, senão com a prevenção geral positiva (teoria relativa).

Punir é mais que um direito. A dogmática traz o significado da punição como poder de punir, *jus puniendi*, direito de punir, quando, na realidade, a pena é o que se espera do Estado, quando o pacto for violado. Pena e transgressão são um binômio que guarda coerência. Apenar representa uma consequência direta de uma violação. Apresentou-se o ensinamento do jurista alemão Binding, quando trata a conduta criminosa como adequação típica. A proibição da norma não é explícita, mas existe, pois o Estado não pode punir o que não está claramente determinado como crime, em razão de uma série de princípios, como o *nullum crimen, nulla poena sine lege*. Então, segundo a legalidade, o agente sabe como se comportar. As regras são claras nesse aspecto.

O Direito dita o que é lícito e ilícito. A lei é um comando que prescreve o permitido, o proibido e o obrigatório para uma convivência tolerável em sociedade. Justiça absoluta é a divina, assim como não se pode exigir do cidadão o mandamento do amor frente ao crime. Dentro do positivismo de Kelsen, o justo (na medida do possível e, por isso, traduz-se por uma retribuição possível) pode ser traduzido pela Justiça retributiva, que, aliás, em sua obra, em diversas passagens, trata como retaliação. Kelsen defende o talionismo estatal. O positivismo de Kelsen não nega ou destrói a existência da Justiça, ele a relativiza. O talionismo do Estado é racional. A democracia do Estado garante que a Lei Maior que elenca os direitos fundamentais, como direitos de defesa do particular, frente ao Estado, e de contenção do excesso punitivo, pela

PENA COMO RETRIBUIÇÃO E RETALIAÇÃO — o castigo no cárcere

proporcionalidade, deve ser observada em qualquer justificação racional, bem como na aplicação da pena por aquele que retribui.

O Estado, ao retaliar, não pode ser equiparado a um carrasco vingador, inquisidor. Kelsen trata bem dessa questão quando cita passagens da lei mosaica: a retaliação do Estado vem para que o particular "pague" por seu débito (expressão utilizada por Heller). Esse pagamento se faz em virtude do que o Direito dita como ilícito. A proteção do particular é a descrição do comportamento indesejado, expresso na codificação.

A pena de prisão não tem qualquer condão de reparação ou compensação. Pena é castigo. Nesse aspecto, não se pode coadunar com a reparação, no que diz respeito ao cárcere, aos delitos ambientais, aos crimes contra a mulher etc. Castigar significa impor sofrimento e dor a quem o causou, anteriormente, a alguém (ou à natureza, ou ao fisco). O cárcere não possibilita, como se impõe na atualidade, a ressocialização, a restauração de um bem jurídico violado. Esse bem não voltará ao seu estado original, porque o agente está sendo apenado e segregado em sua liberdade. Não se trabalhou, nesta abordagem, na defesa da pena como restauração, ainda que Heller defenda, em seus textos, que a pena deva reparar o dano causado. Prova da impossibilidade de reparação são os impactos ambientais causados pela extinção de espécies. Nesse caso, não há que se cogitar a restauração do meio ambiente.

A retribuição possível assenta-se nas limitações da realização de uma Justiça ideal, que contente a todos. Pena não é instrumento de felicidade, é uma forma de sofrimento como uma reação a um dano causado a um terceiro. A Justiça Retributiva é visivelmente diferente da Restaurativa: não visa a arrependimento e acordo, visa a impor uma sanção, assim como a lei a determina.

Interessante que Heller trabalha com a prática do crime como autopunição, e Kelsen, com a imputação que garante a liberdade, ao mesmo tempo em que a sanção é uma consequência de um passado, de um ilícito anteriormente cometido. Autopunição é uma visão mais psicológica, não tratada no positivismo jurídico e que pode ser explicada pela escola criminológica psicanalítica como a necessidade que o ser humano tem, ainda que inconsciente, de ser punido sobre as más escolhas de seu viver.

A Justiça retributiva é um ponto importante de convergência no pensamento de Kelsen e de Heller. Para ambos, justiça é a aplicação das normas a todos aos quais se dirige no grupo social. Essa visão positivista do Direito agrega às normas e às regras a "responsabilidade" de conferir justiça diante da pena (o mais próximo do que se entende, pela proporcionalidade e pelos demais princípios penais que a nomeiam), como consequência ao descumprimento do que está posto. Essa é uma justiça possível, além de uma retribuição possível, erigida sob essa aplicação. Heller não defende a religiosidade, como Kelsen, ao estabelecer analogias entre a pena retributiva e as sanções dos povos antigos, porém admite que justo é o que advém da lei penal, de acordo com um sistema de recompensa e penitência. Não aquela penitência perante Deus, mas diante do Estado.

A dignidade pessoal é um pilar, um valor e um princípio constitucional e inerente a todas as pessoas, inclusive aos animais, que sofrem em decorrência de crimes contra a natureza, contra seu *habitat* e suas formas de existência. Tratamento indigno significa expor o outro à humilhação, a maus-tratos, a penas cruéis, degradantes, à tortura para a obtenção de confissões, aquela da Escola Clássica em Beccaria. Por mais que haja uma dificuldade em se precisar o conceito de dignidade, assim como uma definição mais próxima e possível de Justiça, nenhum ser humano, por maior que seja a retribuição do Estado, no sentido de *quantum* de pena, deve ser tratado de forma humilhante. Esse imperativo é motivo de choque ideológico entre as teorias que se posicionam na defesa da vítima não respeitada em sua dignidade e na tutela do mais débil (delinquente).

Ressocialização não é um efeito da pena, por mais que possa ser um dos objetivos propostos. Quando se retribui, a educação não é o viés da pena. Retribuir e retaliar não se prestam a "salvar" alguém por suas escolhas. Salvação é um conceito ligado ao divino.

Tanto para Heller quanto para Kelsen, pune-se não para evitar o mal, porém, para responder a ele com seu equivalente, percebido, visivelmente, por critérios de tempo e espaço. Em razão disso, a repreensão estatal é a retribuição e a retaliação.

REFERÊNCIAS

ALEXY, Robert. *Teoría de los derechos fundamentales*. 2. ed. Madrid: Centro de Estudios políticos y constitucionales, 2008.

ANDRADE, Vera. *A ilusão de segurança jurídica*: do controle da violência à violência do controle penal. 2. ed. Porto Alegre: Livraria do Advogado, 2003.

ARANHA, Maria Lúcia de Arruda; MARTINS, Maria Helena Pires. *Filosofando*. São Paulo: Moderna, 1986.

ARENDT, Hannah. From on violence. *In* SCHEPER-HUGHES, Nancy; BOURGOIS, Philippe (orgs). *Violence in war and peace:* an anthology. Oxford: Blackwell, 2004.

ARISTÓTELES. *Ética a Nicômacos*. 3. ed. Brasília: UnB, 1985.

ARKES, Hal R.; HUTZEL, Laura. Waste heuristics: the desire not to waste versus the desire for new things. *In* BAZERMAN, Max; MESSICK, David; TENBRUNSEL, Ann; WADE-BENZONI, Kimberly. *Environment, etichs and behavior:* the psychology of environmental valuation and degradation. San Francisco: The New Lexington Press, 1997.

ATIENZA, Manuel; RUIZ MANERO, Juan. *Las piezas del Derecho*: teoría de los enunciados jurídicos. Barcelona: Ariel, 1996.

ÁVILA, Humberto. *Teoria dos princípios*: da definição à aplicação dos princípios jurídicos. 5. ed. São Paulo: Malheiros, 2005.

AZEVEDO, Plauto Faraco de. *Aplicação do direito e contexto social*. 2. ed. São Paulo: RT, 1998.

BACIGALUPO, Enrique. *Justicia Penal y derechos fundamentales*. Madrid: Marcial Pons, 2004.

——. *Principios de Derecho Penal:* parte general. 3. ed. Madrid: Akal, 2004.

BACILA, Carlos Roberto. Os princípios de avaliação das provas no processo penal e as garantias fundamentais. *In* BONATTO, Gilson (org.). *Garantias constitucionais e processo penal*. Rio de Janeiro: Lumen Juris, 2002.

BALDÍ, Frederick. *My unwelcome guests*. Philadephia: Lippincott Company, 1959.

BALZAC, Honoré de. *A mulher de trinta anos*. São Paulo: Martin Claret, 2006.

BATISTA, Nilo. *Introdução crítica ao Direito Penal Brasileiro*. 4. ed. Rio de Janeiro: Revan, 1990.

——. *Matrizes Ibéricas do sistema penal brasileiro*. Rio de Janeiro: Freitas Bastos, 2000.

BAUDRILLARD, Jean. *A sociedade de consumo*. Edições 70: Lisboa, s/a.

BAUMAN, Zygmunt. *O mal-estar da pós-modernidade*. Rio de Janeiro: Jorge Zahar Editor, 1998.

——. *Vidas desperdiçadas*. Rio de Janeiro: Jorge Zahar Editor, 2005.

BECCARIA, Cesare. *Dos delitos e das penas*. São Paulo: Hemus, 1998.

BECKER, Lawrence C. *On justifying moral judgments*. New York: New York Humanities Press, 1973.

BELLI, Benoni. *Tolerância zero e democracia no Brasil:* visões da segurança pública na década de 90. São Paulo: Perspectiva, 2004.

BENEDETTI, Juliana Cardoso. Justiça restaurativa: contribuições para seu aprimoramento teórico e prático. *In* SÁ, Alvino Augusto; SCHECAIRA, Sérgio Salomão (orgs.). *Criminologia e os problemas da atualidade*. São Paulo: Atlas, 2008.

BITENCOURT, Cezar. *Falência da pena de prisão*: causas e alternativas. 2. ed. São Paulo: Saraiva, 2001.

——. *Tratado de Direito Penal:* parte geral. v. 1. São Paulo: Saraiva, 2007.

BOBBIO, Norberto. *Estado, governo, sociedade*: para uma teoria geral da política. 7. ed. Rio de Janeiro: Paz e Terra, 1999.

BLACKBURN, Simon. *Being good:* an introduction to ethics. Oxford: Oxford Press, 2001.

——. *Ruling Passions.* Oxford: Clarendon Press, 1998.

BOSCHI, José Antônio Paganella. *Das penas e seus critérios de aplicação.* Porto Alegre: Livraria do Advogado, 2000.

BOSSELMANN, Klaus. *Human Rights and the Environment* – a critical review. Ciclo de Conferências apresentadas no Programa de Pós-graduação em Direito – Doutorado. Promoção do Programa dos Cursos de Mestrado e Doutorado em Direito da Pontifícia Universidade Católica do Rio Grande do Sul, em 29 de maio de 2007.

BRUNO, Aníbal. *Das penas.* Rio de Janeiro: Editora Rio, 1976.

CADEMARTORI, Sérgio. *Estado de Direito e legitimidade*: uma abordagem garantista. Porto Alegre: Livraria do Advogado, 1999.

CALAMANDREI, Piero. *Eles, os juízes, vistos por um advogado.* São Paulo: Martins Fontes, 2000.

CAPEZ, Fernando. *Curso de Processo Penal.* 13. ed. São Paulo: Saraiva, 2006.

CARVALHO, Amilton Bueno de. O juiz e a jurisprudência: um desabafo crítico *in* BONATTO, Gilson (org.). *Garantias constitucionais e processo penal.* Rio de Janeiro: Lúmen Júris, 2002.

CARVALHO, Salo de. A co-responsabilidade do Estado nos crimes econômicos: fundamentos doutrinários e aplicabilidade judicial. *In* GAUER, Ruth (org.). *Criminologia e sistemas jurídico--penais contemporâneos.* Porto Alegre: EDIPUCRS, 2008.

——. *Anti-Manual de Criminologia.* Rio de Janeiro: Lumen Juris, 2008.

——. Criminologia, garantismo penal e teoria crítica dos direitos humanos: ensaio sobre o exercício dos poderes punitivos. *In* MARTINEZ, Alejandro Rosillo *et. al. Teoria crítica dos direitos humanos no século XXI.* Porto Alegre: EDIPUCRS, 2008.

——. Memória e esquecimento nas práticas punitivas. *In* GAUER, Ruth (org.). *Criminologia e sistemas jurídico-penais contemporâneos.* Porto Alegre: EDIPUCRS, 2008.

——. *Pena e garantias.* 2. ed. Rio de Janeiro: Lumen Juris, 2003.

——. *Pena e garantias*: uma leitura do garantismo de Luigi Ferrajoli no Brasil. Rio de Janeiro: Lumen Juris, 2001.

CANOTILHO, José Joaquim Gomes. *Estudos sobre direitos fundamentais.* Coimbra: Coimbra Editora, 2004.

CAPUTO, John D. *Against Ethics*: contributions to a poetics of obligation with constant reference to desconstruction. Indianapolis: Indiana University Press, 1993.

COSTA, Jurandir Freire da. *A ética e o espelho da cultura.* 3.ed. Rio de Janeiro: Rocco, 2000.

COSTA, Tailson Pires. *A dignidade da pessoa humana diante da sanção penal.* São Paulo: Fiúza, 2004.

COSTA JÚNIOR, Paulo José da. *Curso de Direito Penal.* 9. ed. São Paulo: Saraiva, 2008.

DALLARI, Dalmo de Abreu. *O poder dos juízes.* São Paulo: Saraiva, 1996.

DENARI, Zelmo; COSTA JÚNIOR, Paulo José. *Infrações tributárias e delitos fiscais.* São Paulo: Saraiva, 1995.

DELMAS-MARTY, Mireille. *A imprecisão do Direito*: do Código Penal aos direitos humanos. São Paulo: Manole, 2005.

——. *Os grandes sistemas de política criminal.* São Paulo: Manole, 2004.

DESPOIX, Phillippe. On the possibility of a Philosophy of values. *In* BURNHEIM, John (org.). *The social philosophy of Agnes Heller.* Rodopi: Amsterdam, 1994.

DE ZAN, Julio. *La ética, los derechos y la justicia.* Montevideo: Mastergraf, 2004.

DIAS, Fábio Freitas. Direito Penal de intervenção mínima e a noção de bem jurídico aplicada às infrações tributárias – Uma análise à luz da concepção de Estado Social e Democrático de Direito. *in* D'ÁVILA, Fábio Roberto; SOUZA, Paulo Vinicius S. de (coord.). *Direito Penal Secundário:* estudos sobre crimes econômicos, ambientais, informáticos e outras questões. São Paulo: RT, 2006.

DIAS, Jorge Figueiredo; ANDRADE, Manoel da Costa. *Criminologia:* o homem delinqüente e a sociedade criminógena. 2. reimpressão. Coimbra: Coimbra Editora, 1997.

———. *Direito Penal Português:* as conseqüências jurídicas do crime. Coimbra: Coimbra Editora, 2005.

———. *Liberdade, culpa, Direito Penal.* 3. ed. Coimbra: Coimbra Editora, 1995.

———. *Questões fundamentais de Direito Penal revisitadas.* São Paulo: RT, 1999.

DÍEZ RIPOLLÉS, José Luis. *A racionalidade das leis penais:* teoria e prática. São Paulo: RT, 2005.

DIMOULIS, Dimitri. Elementos e problemas da dogmática dos direitos fundamentais. *In* SARLET, Ingo Wolfgang (org.). *Jurisdição e direitos fundamentais.* v. 1. Porto Alegre: Livraria do Advogado, 2003.

DOTTI, René Ariel. *Bases e alternativas para o sistema de penas.* 2.ed. São Paulo: RT, 1998.

DWORKIN, Ronald. *A virtude soberana:* teoria e prática da igualdade. São Paulo: Martins Fontes, 2005.

———. *Domínio da vida:* aborto, eutanásia e liberdades individuais. São Paulo: Martins Fontes, 2003.

———. *Law's Empire.* Cambridge: Harvard Press, 1986.

———. *Levando os direitos a sério.* São Paulo: Martins Fontes, 2002.

FACCHINI NETO, Eugênio. O juiz não é só de Direito. *in* ZIMERMAN, David; COLTRO, Antônio (orgs.). *Aspectos psicológicos na prática jurídica.* São Paulo: Millennium, 2002.

FELDENS, Luciano. *A Constituição Penal:* a dupla face da proporcionalidade no controle de normas penais. Porto Alegre: Livraria do Advogado, 2005.

———. *Direitos Fundamentais e Direito Penal.* Porto Alegre: Livraria do Advogado, 2008.

FERNÁNDEZ SEGADO, Francisco. La dignidad de la persona como valor supremo del ordenamiento jurídico español y como fuente de todos los derechos. *In* SARLET, Ingo Wolfgang (org.). *Jurisdição e Direitos Fundamentais.* v. 1. Porto Alegre: Livraria do Advogado, 2004.

FERRAJOLI, Luigi. *Derechos y garantías:* la ley del más débil. Madrid: Trotta, 1999.

———. *Direito e Razão:* teoria do garantismo penal. São Paulo: RT, 2002.

FORSYTH, Murray. Hobbe's contractarianism: a comparative analysis. *In* BOUCHER, David; KELLY, Paul (orgs.). *The social contract from Hobbes to Rawls.* New York: Routledge, 1994.

FOUCAULT, Michel. *Vigiar e Punir.* 22. ed. Petrópolis: Vozes, 2000

FREITAS, Juarez. *A interpretação sistemática do Direito.* 4. ed. São Paulo: Malheiros, 2004.

———. Responsabilidade objetiva do Estado, proporcionalidade e precaução, *in Revista Direito & Justiça* da Faculdade de Direito da Pontifícia Universidade Católica do Rio Grande do Sul. V. 31. ano XXVII. Porto Alegre: EDIPUCRS, 2005.

FREITAS, Vladimir Passos de; FREITAS, Gilberto Passos de. *Crimes contra a natureza.* 8. ed. São Paulo: RT, 2006.

FREUD, Sigmund. *O futuro de uma ilusão.* Rio de Janeiro: Imago, 1997.

FRIEDMAN, Howard S.; SCHUSTACK, Miriam W. *Teorias da Personalidade.* São Paulo: Prentice Hall, 2004

GARCÍA VITOR, Enrique. Responsabilidad penal de las personas jurídicas *in* ZAFFARONI, Baigún; PIERANGELI, García-Pablos (coord). *De las penas.* Buenos Aires: Depalma, 1997.

GAROFALO, Rafael. *Criminologia.* São Paulo: Peritas, 1997.

GOFFMAN, Erving. *Estigma:* notas sobre a manipulação da identidade deteriorada. 4. ed. Rio de Janeiro: LTC, 1988.

GOLASH, Deidre. *The case against punishment:* retribution, crime prevention, and the law. New York: New York University Press, 2005.

GOMES, Luiz Flávio; JORGE YACOBUCCI, Guillermo. *As grandes transformações do Direito Penal tradicional:* série sobre as ciências criminais no século XXI. v. 13. São Paulo: RT, 2005.

——. *Princípio da ofensividade no Direito Penal.* v. 6. São Paulo: RT, 2002.

GUARNIERI, Carlo; PEDERZOLI, Patrizia. *La democrazia giudiziaria.* Il Mulino: Bologna, 1997.

GUASTINI, Riccardo. *Distinguiendo.* Barcelona: Gedisa, 1999.

GUIMARÃES, Aquiles Côrtes. Prefácio. *In* MADEIRA, Ronaldo Tanus. *A estrutura jurídica da culpabilidade.* Rio de Janeiro: Lumen Juris, 1999.

GRAU, Eros Roberto. *Ensaio e discurso sobre a interpretação/aplicação do Direito.* 3. ed. São Paulo: Malheiros, 2005.

HÄBERLE, Peter. A dignidade humana como fundamento da comunidade estatal. *In* SARLET, Ingo Wolfgang (org.). *Dimensões da dignidade:* ensaios de Filosofia do Direito e Direito Constitucional. Porto Alegre: Livraria do Advogado, 2005.

HABERMAS, Jürgen. *Consciência moral e agir comunicativo.* Rio de Janeiro: Tempo Brasileiro, 1989.

HALLIDAY, Roy. *What good is punishment?* Disponível em: http://royhalliday.home.mindspring.com/a2html. Acesso em: 21 de agosto de 2009.

HAMPSHIRE, Stuart. *Justice is conflict.* New Jersey: Princeton Press, 2000.

HARZER, Regina. La independencia y su significación para la teoría de la pena, *in* CASABONA, Carlos María Romeo (org.). *La insostenible situación del Derecho Penal.* Granada: Comares, 2000.

HASSEMER, Wienfried. *Fundamentos del Derecho Penal.* Barcelona: Bosch, 1984.

——. Processo penal e direitos fundamentais. *In Revista Del Rey Jurídica.* n. 16. ano 8. São Paulo: Del Rey, 2006.

HEGEL, Georg Wilhelm Friedrich. *Princípios da Filosofia do Direito.* São Paulo: Martins Fontes, 1997.

HELLER, Agnes. *Além da justiça.* Rio de Janeiro: Civilização Brasileira, 1998.

——. A reply to my critics. *In* BURNHEIM, John (org.). *The social philosophy of Agnes Heller.* Rodopi: Amsterdam, 1994.

——. *Crítica de la Ilustración.* Barcelona: Península, 1984.

——. *El hombre del Renacimiento.* Barcelona: Península: 1980.

——. *Historia y futuro: ¿sobrivivirá la humanidad?.* Barcelona: Península, 1991.

——. *La revolución de la vida cotidiana.* Barcelona: Península, 1982.

——. *O cotidiano e a história.* 6.ed. São Paulo: Paz e Terra, 2000.

——. On retributive justice. *In* GAILEY, Christine W. *Dialectical Anthropology.* Disponível em: http://www.springerlink.com/content/n5244537815tg544/. Acesso em: 24 de abril de 2010.

——. Uma crise global da civilização: os desafios futuros. *In* HELLER, Agnes (et al). *A crise dos paradigmas em ciências sociais e os desafios para o século XXI.* Rio de Janeiro: Contraponto, 1999.

——. *Una filosofía de la historia en fragmentos.* Barcelona: Gedisa, 1993.

——. *Una revisión de la teoría de las necesidades.* Barcelona: Paidós, 1996.

HELLER, Agnes; FEHÉR, Ferenc. *El péndulo de la modernidad*: una lectura de la era moderna después de la caída del comunismo. Barcelona: Península, 1992.

HIMMELFARB, Gertrude. *One nation, two cultures.* New York: Vintage Books, 1999.

HINSCH, Wilfried; STEPANIANS, Markus. Human Rights and moral claim rights. *In* MARTIN, Rex; REIDY, David (orgs.). *Rawls's law of peoples:* a realistic utopia? Malden: Blackwell Publishing, 2006.

HOBBES, Thomas. *Leviatã.* São Paulo: Martin Claret, 2006.

HULSMAN, Louk; CELIS, Jacqueline Bernat. *Penas pedidas:* a perda de legitimidade do sistema penal. 2. ed. Rio de Janeiro: Luam, 1997.

JAKOBS, Günther. *Ciência do Direito e Ciência do Direito Penal.* São Paulo: Manole, 2003.

——. *Sociedade, norma e pessoa.* São Paulo: Manole, 2003.

——. *Teoria da pena:* suicídio e homicídio a pedido. São Paulo: Manole, 2003.

JONAS, Hans. *El principio de responsabilidad:* ensayo de una ética para la civilización tecnológica. Barcelona: Herder, 1995.

JOHNSON, Lawrence E. *A morally deep world:* an essay on moral significance and environmental ethics. Cambridge: Cambridge University Press, 1991.

KELSEN, Hans. *A ilusão da Justiça.* São Paulo: Martins Fontes, 2000.

——. *A Justiça e o Direito Natural.* Coimbra: Almedina, 2002.

——. *O problema da justiça.* São Paulo: Martins Fontes, 1998.

——. *O que é Justiça?* São Paulo: Martins Fontes, 1998.

——. *Teoria Geral das normas.* Porto Alegre: Fabris, 1986.

——. *Teoria Geral do Direito e do Estado.* São Paulo: Martins Fontes, 2000.

——. *Teoria Pura do Direito.* São Paulo: Martins Fontes,1999.

KOLM, Serge-Christophe. *Teorias modernas da Justiça.* São Paulo: Martins Fontes, 2000.

LA TAILLE, Ives de. *Moral e ética:* dimensões intelectuais e afetivas. Porto Alegre: Artmed, 2006.

LIPOVETSKY, Gilles. *El crepúsculo del deber:* la ética indolora de los nuevos tiempos democráticos. Barcelona: Anagrama, 1994.

LOMBROSO, Cesare. *O homem delinquente.* Porto Alegre: Ricardo Lenz, 2001.

LOPES JUNIOR, Aury. *Introdução crítica ao processo penal.* Rio de Janeiro: Lumen Juris, 2004.

LÓPEZ LÓPEZ, Pablo. La persona humana como mínimo y máximo. *In* MURILLO, Ildefonso (co-ord.). *Filosofía Práctica y persona humana.* Salamanca: Ediciones Diálogo Filosófico, 2004.

LUHMANN, Niklas. *Sociologia do Direito II.* Rio de Janeiro: Tempo Brasileiro, 1985.

MACHADO, Marta Rodriguez de Assis. *Sociedade do risco e Direito Penal:* uma avaliação de novas tendências político-criminais. São Paulo: IBCCrim, 2005.

MACINTYRE, Alasdair. *Justiça de quem? Qual racionalidade?* São Paulo: Loyola, 1991.

MADEIRA, Ronaldo Tanus. *A estrutura jurídica da culpabilidade.* Rio de Janeiro: Lumen Juris, 1999.

MARQUES, Bráulio. A efetividade da norma penal: abordagem psicanalítica, *in* FAYET JÚNIOR, Ney e WEDY, Miguel Tedesco (orgs.). *Estudos críticos de Direito e Processo Penal.* Porto Alegre: Livraria do Advogado, 2004.

MARQUES, Oswaldo Henrique Duek. *Fundamentos da Pena.* São Paulo: Juarez de Oliveira, 2000.

MATES, Reyes. En torno a una justicia anamnética. *In* MARDONES, José M; MATE, Reyes (eds.). *La ética ante las victimas.* Barcelona: Antrophos, 2003.

MAURER, Béatrice. Notas sobre o respeito da dignidade da pessoa humana...ou pequena fuga incompleta em torno de um tema central. *In* SARLET, Ingo Wolfgang (org.). *Dimensões da dignidade:* ensaios de Filosofia do Direito e Direito Constitucional. Porto Alegre: Livraria do Advogado, 2005.

MESSUTI, Ana. *O tempo como pena.* São Paulo: RT, 2003.

MIRANDA, Pontes de. *À margem do Direito:* ensaio de Psicologia Jurídica. Campinas: Bookseller, 2002.

MUÑOZ CONDE, Francisco. *Direito Penal e controle social.* Rio de Janeiro: Forense, 2005.

——; GARCÍA ARÁN, Mercedes. *Derecho Penal* – parte general. 2. ed. Valencia: Tirant lo Blanch, 1996.

NADER, Paulo. *Introdução ao Estudo do Direito.* 23. ed. São Paulo: Forense, 2003.

NASH, Roderick Frazier. *The rights of nature:* a history of environmental ethics. Wisconsin: Wisconsin University Press, 1989.

NUSSBAUM, Martha. *The therapy of desire*: theory and practice in hellenistic ethics. Princeton: Princeton Press, 1994.

OLIVEIRA, Marco Aurélio Costa Moreira de. *Justiça e ética*: ensaios sobre o uso das togas. Porto Alegre: Livraria do Advogado, 2006.

O'NEILL, Onora. *Towards justice and virtue:* a constructive account of pratical reasoning. Cambridge: Cambridge Press, 1996.

ORDEIG, Enrique Gimbernat. *O futuro do Direito Penal.* São Paulo: Manole, 2004.

PABLOS DE MOLINA, Antonio García; GOMES, Luiz Flávio. *Criminologia.* 4.ed. São Paulo: RT, 2002.

PASCHOAL, Janaina Conceição. *Constituição, criminalização e Direito Penal mínimo.* São Paulo: RT, 2001.

PASSOS, Paulo Roberto da Silva. *Elementos de criminologia e política criminal.* São Paulo: Edipro, 1994.

PERELMAN, Chaïm. *Ética e Direito.* São Paulo: Martins Fontes, 1996.

PÉREZ LUÑO, Antonio-Enrique. *Derechos humanos y constitucionalismo en la actualidad.* Madrid: Marcial Pons, 1996.

PERRY, Michael J. *Morality, Politics & Law.* New York: Oxford University Press, 1988.

PERVIN, Lawrence e JOHN, Oliver. *Personalidade:* teoria e pesquisa. 8. ed. São Paulo: Artmed, 2004.

PIERANGELI, José Henrique. De las penas: tiempos primitivos y legislaciones antiguas. *In* ZAFFARONI, Baigún; PIERANGELI, García-Pablos. *De las penas.* Buenos Aires: Depalma, 1997.

PINTO, Emerson de Lima. *A criminalidade econômico-tributária:* a (des) ordem da lei e a lei da (des) ordem. Porto Alegre: Livraria do Advogado, 2001.

PIZZORNO, Alessandro. *Il potere dei giudici:* stato democratico e controllo della virtù. Roma: Laterza,1998.

PRADO, Geraldo. *Sistema acusatório:* a conformidade constitucional das leis processuais penais. Rio de Janeiro: Lumen Juris, 1999.

PRADO, Lídia. *O juiz e a emoção:* aspectos da lógica da decisão judicial. 3. ed. São Paulo: Millenium, 2005.

PRADO, Luiz Regis. *Direito Penal Ambiental:* problemas fundamentais. São Paulo: RT, 1992.

QUEIROZ, Paulo de Souza. *Direito Penal:* introdução crítica. São Paulo: Saraiva, 2001.

RAMÓN CAPELLA, Juan. *Fruto Proibido:* uma aproximação histórico-teórica ao estudo do Direito e do Estado. Porto Alegre: Livraria do Advogado, 2002.

RANGEL, Paulo. *Direito Processual Penal.* 8. ed. Rio de Janeiro: Lumen Juris, 2004.

RAWLS, John. *Justice as fairness:* a restatement. Cambridge: Harvard Press, 2001.

——. *Justiça como equidade:* uma reformulação. São Paulo: Martins Fontes, 2003.

——. *Uma teoria da Justiça.* São Paulo: Martins Fontes, 2002.

ROBERT, Philippe. *Sociologia do crime.* Petrópolis: Vozes, 2007.

ROCHA, Álvaro Filipe Oxley da. *Sociologia do Direito:* a magistratura no espelho. São Leopoldo: Unisinos, 2002.

RODRIGUES, Marcelo Abelha. *Elementos de Direito Ambiental* – parte geral. 2. ed. São Paulo; RT, 2005.

ROUSSEAU, Jean Jacques. *Do contrato social.* São Paulo: Martin Claret, 2006.

ROXIN, Claus. *La evolución de la política criminal, el derecho penal y el proceso penal.* Valencia: Tirant lo Blanch, 2000.

SANTOS, Boaventura de Sousa. Reinventar a democracia: entre o pré-contratualismo e o pós-contratualismo. *in* HELLER, Agnes (et al). *A crise dos paradigmas em ciências sociais e os desafios para o século XXI.* Rio de Janeiro: Contraponto, 1999.

SARLET, Ingo Wolfgang. *A Constituição concretizada:* construindo pontes com o público e o privado. Porto Alegre: Livraria do Advogado, 2000.

——. *A eficácia dos direitos fundamentais.* 6. ed. Porto Alegre: Livraria do Advogado, 2006.

——. ——. 7. ed. Porto Alegre: Livraria do Advogado, 2007.

——. *Dignidade da pessoa humana e direitos fundamentais na Constituição Federal de 1988.* Porto Alegre: Livraria do Advogado, 2001.

——. As dimensões da dignidade da pessoa humana: construindo uma compreensão jurídico-constitucional necessária e possível. *In* SARLET, Ingo Wolfgang (org.). *Dimensões da dignidade:* ensaios de Filosofia do Direito e Direito Constitucional. Porto Alegre: Livraria do Advogado, 2005.

——. Constituição e proporcionalidade: o direito penal e os direitos fundamentais entre a proibição de excesso e de insuficiência. *In Revista Brasileira de Ciências Criminais.* n. 47, ano 12. São Paulo, 2004.

——. Direitos fundamentais e proporcionalidade: notas a respeito dos limites e possibilidades da aplicação das categorias da proibição de excesso e de insuficiência em matéria criminal. *In* GAUER, Ruth (org.). *Criminologia e sistemas jurídico-penais contemporâneos.* Porto Alegre: EDIPUCRS, 2008.

SARTRE, Jean-Paul. *O existencialismo é um humanismo.* São Paulo: Abril, 1973.

SCHECAIRA, Sérgio Salomão; CORRÊA JÚNIOR, Alceu. *Teoria da Pena:* finalidades, Direito Positivo, jurisprudência e outros estudos de ciência criminal. São Paulo: RT, 2002.

SCHMIDT, Andrei Zenkner. *O princípio da legalidade penal no Estado Democrático de Direito.* Porto Alegre: Livraria do Advogado, 2001.

SIRVINSKAS, Luís Paulo. *Manual de Direito Ambiental.* 3. ed. São Paulo: Saraiva, 2005.

SOUZA JUNIOR, Cezar Saldanha. A supremacia do Direito no Estado Democrático e seus modelos básicos. Porto Alegre: s/e, 2002.

STERNBERG, Robert J. *Psicologia Cognitiva.* Porto Alegre: Artmed, 2000.

SWAMINATHAN, M. S. *Uncommon Opportunities:* an agenda for peace and equitable development. New Jersey: Zed Books, 1994.

TARELLO, Giovane. *Cultura jurídica y política del derecho.* México: Fondo de Cultura Económica,1998.

TOLEDO, Francisco de Assis. *Princípios Básicos de Direito Penal.* 5. ed. São Paulo: Saraiva, 1994.

THOMPSON, Augusto. *Quem são os criminosos?* Rio de Janeiro: Lumen Juris, 1998.

TUGENDHAT, Ernst. *Lições sobre Ética.* Petrópolis: Vozes, 2003.

VON IHERING, Rudolf. *A luta pelo Direito.* 22. ed. Rio de Janeiro: Forense, 2003.

WACQUANT, Loïc. *As prisões da miséria.* Rio de Janeiro: Zahar, 2001.

WEBER, Thadeu. *Ética e Filosofia Política:* Hegel e o formalismo kantiano. Porto Alegre: EDIPUCRS, 1999.

WELZEL, Hans. *O novo sistema jurídico-penal*: uma introdução à doutrina da ação finalista. São Paulo: RT, 2001.

WOLFF, Maria Palma. *Antologia de vidas e histórias na prisão:* emergência e injunção de controle social. Rio de Janeiro: Lumen Juris, 2005.

WOLFF, Robert Paul. On violence. *In* STEGER, Manfred; LIND, Nancy (orgs.). *Violence and its alternatives:* an interdisciplinary reader. New York: St. Martin's Press, 1999.

WILSON, James Q. *The moral sense.* New York: First Free Press, 1993.

ZAFFARONI, Eugenio Raúl. La globalización y las actuales orientaciones de la política criminal. *In* ZAFFARONI, Eugenio Raúl; PIERANGELI, José Henrique; CERVINI, Raúl. *Direito Criminal.* Del Rey: Belo Horizonte, 2000.

——. *Em busca das penas perdidas:* a perda de legitimidade do sistema penal. Rio de Janeiro: Revan, 1991.

——. *O inimigo no Direito Penal.* 2. ed. Rio de Janeiro: Revan, 2007.

——; PIERANGELI, José Henrique. *Manual de Direito Penal Brasileiro.* v. 1. 7.ed. São Paulo: RT, 2007.

ZAGURY, Tania. *Limites sem trauma:* construindo cidadãos. 18. ed. São Paulo: Record, 2001.

Impressão:
Evangraf
Rua Waldomiro Schapke, 77 - POA/RS
Fone: (51) 3336.2466 - (51) 3336.0422
E-mail: evangraf.adm@terra.com.br